新知
文库

XINZHI

Why Not Kill Them All?:
The Logic and Prevention
of Mass Political Murder

Why Not Kill Them All? : The Logic and Prevention of Mass Political Murder / Daniel Chirot and Clark McCauley.
Copyright © 2006, 2010 by Princeton University Press
All rights reserved.
No part of this book may be reproduced or transmitted in any form or by any means, electronic or mechanical, including photocopying, recording or by any information storage and retrieval system, without permission in writing from the Publisher.

为什么不杀光？

种族大屠杀的反思

［美］丹尼尔·希罗、克拉克·麦考利 著

薛绚 译

生活·讀書·新知 三联书店

Simplified Chinese Copyright © 2012 by SDX Joint Publishing Company.
All Rights Reserved.

本作品中文简体版权由生活·读书·新知三联书店所有。
未经许可，不得翻印。

图书在版编目（CIP）数据

为什么不杀光？种族大屠杀的反思／（美）丹尼尔·希罗、克拉克·麦考利著；薛绚译．
—北京：生活·读书·新知三联书店，2012.9　（2024.11 重印）
（新知文库）

ISBN 978-7-108-04027-5

Ⅰ．①为…　Ⅱ．①希…　②麦…　③薛…　Ⅲ．①种族歧视-研究　Ⅳ．①D066

中国版本图书馆 CIP 数据核字（2012）第 026922 号

责任编辑　徐国强
封扉设计　陆智昌　朴　实
责任印制　董　欢
出版发行　生活·讀書·新知三联书店
　　　　　北京市东城区美术馆东街 22 号
邮　　编　100010
图　　字　01-2018-7180
经　　销　新华书店
印　　刷　北京隆昌伟业印刷有限公司
版　　次　2012 年 9 月北京第 1 版
　　　　　2024 年 11 月北京第 7 次印刷
开　　本　635 毫米 × 965 毫米　1/16　印张 15.5
字　　数　210 千字
印　　数　28,001-30,000 册
定　　价　28.00 元

新知文库

出版说明

在今天三联书店的前身——生活书店、读书出版社和新知书店的出版史上，介绍新知识和新观念的图书曾占有很大比重。熟悉三联的读者也都会记得，20世纪80年代后期，我们曾以"新知文库"的名义，出版过一批译介西方现代人文社会科学知识的图书。今年是生活·读书·新知三联书店恢复独立建制20周年，我们再次推出"新知文库"，正是为了接续这一传统。

近半个世纪以来，无论在自然科学方面，还是在人文社会科学方面，知识都在以前所未有的速度更新。涉及自然环境、社会文化等领域的新发现、新探索和新成果层出不穷，并以同样前所未有的深度和广度影响人类的社会和生活。了解这种知识成果的内容，思考其与我们生活的关系，固然是明了社会变迁趋势的必需，但更为重要的，乃是通过知识演进的背景和过程，领悟和体会隐藏其中的理性精神和科学规律。

"新知文库"拟选编一些介绍人文社会科学和自然科学新知识及其如何被发现和传播的图书，陆续出版。希望读者能在愉悦的阅读中获取新知，开阔视野，启迪思维，激发好奇心和想象力。

生活·读书·新知 三联书店
2006年3月

这是采用全新观点与复杂视角探讨集体屠杀问题的一本力作。两位作者遍引全世界由古到今的各类实例，证明灭族屠杀与其他大规模酷行是相对较少发生的。作者认为，人性深处原有为恶的能力，但也具有友好解决冲突的意向。可能撕裂人群关系的威胁永远存在，但是联系人群的关系也是一样强韧的。人类社会面临的挑战是，如何培养可以导向团结而远离冲突的社会、文化、政治趋势。全书结论所提出的见解，值得每一位研究者、决策者、有心的公民深思。

——魏兹（Eric D. Weitz），明尼苏达大学历史教授，《灭族屠杀一世纪》（*A Century of Genocide*）作者

两位作者探讨集体屠杀的议题，引用了极丰富的族裔冲突文献，并且特别提醒读者注意人类在集体生活中发展的各种控制冲突的制度与方法。本书必将成为大学讨论灭族屠杀与政治性滥杀的课程中首选的课本。

——格罗斯（Jan T. Gross），《邻人：波兰耶瓦布尼犹太社区之消灭》（*Neighbors：The Destruction of the Jewish Community in Jedwabne，Poland*）作者

集体杀戮与灭族屠杀的起因是什么？这是近年来很多社会评论家在思索的问题，本书呈现的历史与社会学的广度却是所有同类研究所不及的。两位作者从社会心理学层面探索暴力被合理化的根源，比任何同类研究都深入。这部结合心理学与历史社会学的佳作，为集体暴力的研究打开了新的视野。不论专家或一般读者都会受益良多。

——赫夫纳（Robert Hefner），波士顿大学人类学教授

这是教导吾人理解灭族屠杀等恐怖暴行的一部重要著作。两位作者从反直觉的问题切入：为什么此类暴行没有发生得更普遍？——并且提醒读者，我们虽然觉得灭族事件已经太多，其实相较于人类社会群体之间存在的诉诸暴力的无数动机与机会，确实是少之又少。作者一一举出多数社会中已经在应用的缓和暴力的机制，从而点出未来防止灭族屠杀的对策方向。

——瓦伦蒂诺（Ben Valention），达特茅斯学院心理学教授，《最后解决》（*Final Solutions*）作者

献给我们的孩子

克莱尔·希罗、劳拉·希罗
以及
托马斯·麦考利、理查德·麦考利、威廉·麦考利

目 录

作者平装本序	1
导论 我们是嗜杀者还是致力和平者？	7
第一章 为什么要灭族屠杀？古今有别吗？	17
导致政治性集体谋杀的四个主要动机	25
现代的灭族屠杀和族裔净化是不同的吗？	
重返部落状态与现代的国家政府	49
第二章 灭族屠杀行为的心理依据	54
怎样把常人变成屠杀者	55
组织	60
诉诸情绪：领导者与跟随者	61
将他人简化为"本质"	83
差异越小越可怖	88
灭族屠杀的条件	91
第三章 有限度的作战为什么比灭族屠杀常见？	96
衡量灭族冲突的成本	98

  限制战争造成的损伤   99
  异族通婚：化敌为亲   103
  建立作战与交流规范以约束暴力   110
  异族通婚的规则、行为准则、夸富馈赠的意义何在 114
  商业的强制力   119
  道德观念的理直气壮   131
  企望解决之道   140

第四章 降低政治性大屠杀的现行对策   142
  降低族群冲突的国家政策   147
  怎样约束申冤与报复的要求   169
  促进宽容的方法   175
  国家政府在促进和平交流中的关键角色   186
  个人权利与多元文化的历史   189

结论 最终的答案   197
致谢   205
参考书目   207

作者平装本序

自本书精装本在 2005 年问世以来，世界已发生了很大的变化。然而令人嗟叹的是，本书，尤其是第四章所讨论的当代的冲突形势大多没有什么改善，发生更多灾难的可能性仍然很大。因此我们确信，五年前书里的论断仍然有用，并未过时。

鲜见的改善是在北爱尔兰，但和平进程早在 1998 年就已经实质性地完成。尽管彼此不信任的历史遗留问题仍然存在，但爱尔兰和英国成为欧盟成员，外加爱尔兰的逐步现代化，已经消除了造成共和派与保皇派分野的大部分原因。双方已因长期的争斗疲惫不堪，同时英美两国政府也在推动双方的和解，这些都起到了重要作用。

不过，达尔富尔的灾难仍然在继续，只是表现形式变得更复杂，相对平和，焦点也不那么突出。同时，苏丹南北双方正面临新一轮战争的威胁，南部多个族群间的暴力冲突也在逐步升级。即使克罗地亚和塞尔维亚之间不爆发新的战争，波斯尼亚或科索沃也都不会有真正的种族和解。以色列与巴勒斯坦的和平还遥遥无期。残酷的俄罗斯—车臣之战暂告停息，但战争根源远未解决，莫斯科在车臣军阀里的盟友继续对当地实行镇压。缅甸还存在着种族战争和普遍压迫。巴基斯坦正陷于一场新的种族—宗教内战，预计将造成大量平民的死亡。我们曾花费笔墨讲述过的科特迪瓦内战，终以南北方在 2007 年达成协议而宣告结束，但 2009 年 7 月 2 日国际危机组织（International Crisis Group）的一份简报说明，双方争议的重要问题迄今没有一个得到解决。对立的军队和各种民兵组织依旧严阵以待，控制着该国的大量地区，即使现在还没有出现杀戮，但 2002—2003 年的事件很可能会重演。我们可以继续罗列所有的老问题，它们持续存在并导致大规模的屠杀，比如刚果（金）东部或阿富汗的情形。在这张清单上还可以加上有可能造成大量平民死亡的新问题，它们刚刚涌现或者沉寂了一段时间又死灰复燃，比如印度部分地区或尼泊尔的情形；但我们的目的不在于罗列，而只是援引其中的一些来说明重要的观点。

我们仍然坚持书中曾反复提到的观点：对于大多数潜在的种族、宗教、经济、意识形态、地区性或国际性的紧张局势，人们的应对方式并不那么极端。跟现实存在的各类冲突相比，大规模的种族屠杀事件和不共戴天的全面战争非常少见。一直以来都是如此。在某些激烈的冲突中，也会出现根据平民的身份归属，特别是彼此开战时所在的敌对阵营而进行大规模屠杀的情况。不过，这类冲突的不断出现说明了一个事实：冲突一旦上升到这种层面，解决起来就难上加难。预防这种局面形成的最好方法，是在事情不可挽回之前就意识到有可能出现致命的冲突。一些非常出色的国际组织致力于探讨那些危险的冲突，并提请世人予以注意，其中尤值一提的是国际危机组织（http://www.crisisgroup.org）和冲突预止组织（http://beforeproject.org）。经历过严重内部冲突的国家在这方面提供了越来越多的有益经验——比如，库马尔·鲁帕辛哈（Kumar Rupesinghe）编著的《内战反思：对第三代预警和预反应系统的考察》（*Responding to Civil War: An Examination of a Third Generation Early Warning and Early Response System*, published in Colombo, Sri Lanka in 2009 by Foundation for Co–Existence）。

有些人不仅能够理解世界特定地区的政治动态，还懂得从心理学角度去理解那些会激化情绪的形势。对他们来说，要察觉到预警信号并非真的那么困难。本书要做的就是详细说明这些政治动态，并解释极端暴行参与者的心理，从而帮助那些关注于特定形势的观察家们评估发生灾难性冲突的可能性。

自从本书精装本问世以来，关于种族灭绝性政治性大屠杀又出现了许多新的研究。研究之多，意味着全部加以罗列需要一篇很长的书目提要文章，但在这里还是有一些新书不得不提。本·基尔南（Ben Kiernan）的《血与土：从斯巴达到达尔富尔的世界种族灭绝史》(*Blood and Soil: A World History of Genocide and Extermination from Sparta to Darfur*, Yale University Press, 2007）对各类不同案例展开了相当全面而广泛的讨论，其中每个案例的考察都非常详尽。两本有关亚美尼亚案例的书表明这个领域近来的学术研究愈加兼顾各种意见：一本出版于2005年，但我们没有注意到；另一本则出版时间略晚。这两本书是唐纳德·布洛斯罕（Donald Bloxham）的《种族屠杀的大博弈：帝国主义、民族主义以及土耳其亚美尼亚人的毁灭》(*The Great Game of Genocide: Imperialism, Nationalism, and the Destruction of the Ottoman Armenians*, Oxford University Press, 2005）和坦纳·阿克查姆（Taner Akçam）的《可耻的行为：亚美尼亚人大屠杀与土耳其的责任问题》(*A Shameful Act: The Armenian Genocide and the Question of Turkish Responsibility*, Metropolitan Books, 2006）。稍后又有两本关于非洲中部的杰作面世：杰拉德·普吕尼耶（Gérard Punier）的《非洲的世界大战：刚果（金）、卢旺达大屠杀以及一场大洲性灾难的形成》(*Africa's World War: Congo, the Rwandan Genocide, and the Making of a Continental Catastrophe*, Oxford University Press, 2009），以及勒内·勒马尔尚（René Lemarchand）的《非洲中部暴行动态》(*The Dynamics of Violence in Central Africa*, University of Pennsylvania

Press，2009）。这些都是论述详细的、以历史为依据的"案例研究"，向读者展示了冲突局面是如何恶化为种族大屠杀的；较之传统政治学家普遍偏爱的往往过度简化的定量数据，这些案例在很多方面都提供了更多的洞察机会。

2009年，丹尼尔·戈尔德哈根（Daniel Goldhagen）出版了《比战争还糟：种族屠杀、灭绝主义与现行的人性践踏》(*Worse than War：Genocide，Eliminationism，and the Ongoing Assault on Humanity*，Public Affairs）。戈尔德哈根是一位有争议的学者，他擅长把他人看来复杂得多的问题进行清晰的道德裁判以吸引公众的广泛注意。但不管人们对这本书评价如何，它指出了包括本届美国政府在内的多国政府在预防政治大屠杀时的举措不力，这番控诉无疑把这个话题再度摆到世人面前。

有关怎样防止政治性大屠杀的书近些年来不断激增，但这并不必然说明我们就真的比从前更明白怎样去做。将当事人二分为"无辜的受害者"和"邪恶的行凶者"对我们来说非常有吸引力。这种划分促使人们呼吁更多的国际正义，似乎在一定程度上强制推行一个国际刑事法庭就能预防甚至阻止"按类屠杀"——其对象包括了根据种族、宗教或政治身份来定义的平民。本书，尤其第四章讨论过这种做法的局限性，但也许仍不够深入。直接的军事干预也是一种可行措施，但如果说美国在伊拉克和阿富汗的战争或者联合国军队对刚果（金）的介入让我们长了点教训的话，那就是明白了现实中"人道主义"的干预代价高昂，往往无效，而且这种干预通常不是出于纯粹的善意，因此在道德上又容易被质疑。

联合国对于"种族屠杀"的法理定义正是起因于纳粹对犹太人有组织的蓄意屠杀。从某些方面来讲，这让人感到很不幸，因为二战时期的犹太人大屠杀是如此极端的一个例子。只有反犹分子中最极端的种族主义者才会深信犹太人的存在对德国构成了威胁。犹太人没有制造过叛乱，也没对德国领土提出过主张。而且，对犹太人力量的臆想不得不忽视了如下事实：1933年德国人口中的犹太人数量不足1%。然而另一方面，在20世纪乃至21世纪头十年所出现的大多数其他的种族屠杀暴行中，不同族群之间的矛盾过去是，现在仍然是相当真实而极具威胁的。高风险并不能成为种族灭绝或者任何大屠杀的借口，因为受害者中无助的平民总是多得不合比例，而他们扮演的政治角色通常无足轻重；但仅仅控诉行凶者的罪行，就会遗漏一点：他们本身或许正处于绝望之中。事实上，尽管我们大多数人或许很难理解，但希特勒的动机既不是玩世不恭也不是投机取巧。他即使找不到任何现实证据的支持，仍然发自内心地相信犹太人对德国而言是致命的威胁，是一种必须扫除的"病害"。我们想要指出的是，在揭露行凶者罪行的同时，理解其背后的动机、恐惧和希望也极为重要。

当然，正如基尔南在其新作中所指出的，也正如我们在第一章里所讨论过的，历史上的大屠杀与种族清洗几乎都源于贪婪和便利——屠戮当地居民以攫取其土地的办法称得上简单易行。欧洲殖民者们常常会对这种做法怀有罪恶感。但是近几十年来，这种玩世不恭的暴行已经不太可能发生，行凶者很少会在并无实质性威胁的情况下，只因贪婪和冷酷而妄动杀念。这正是人权普及运动的重要贡献之一。这项运动的主要动机是将伤害、权利与正义这些观念推广于全人类，而不再仅限于西方国家的公民。然而另一方面，当涉及稀缺资源、国家权力以及意识形态与宗教信仰的纯洁性时，不顾一切的对抗从未消失。

致力于防止族群间暴行尤其是种族屠杀的各种组织，从国际性非政府组织到大型政府机构，甚至包括联合国，都存在一种倾向，即其倡议的解决措施并未充分处理争端各方所感受到的恐惧和威胁。当然，要做到这些的话，会使任何可能的补救行动都变得极为复杂，因此，在演变到大屠杀那一步的很久之前就要着手解决问题才会如此重要。

就此而言，我们相信本书第三章所引用的古典人类学的研究——

它解释了前现代社会怎样设法限制冲突的破坏力——对于我们仍然有用。同样的，我们在第四章中根据这些研究为现代案例提出的应对冲突的建议也仍然是中肯的。

在美国，奥巴马总统领导下的新政府将政治大屠杀的预防与控制放到了国内国际事务中前所未有的高度。萨曼莎·鲍威尔（Samantha Power）——本书曾引用了她的著作——已担任美国国家安全委员会多边事务主任，这是一个负责政策问题的职位。美国驻联合国新任大使苏珊·赖斯（Susan Rice）将这类问题列为优先处理的等级，尽管这种做法的效果如何还有待观察。一个由玛德琳·奥尔布赖特（Madeline Albright）和威廉·科恩（William Cohen）共同主持的调查团体已经发布了一份不太长的书面报告《防止种族灭绝：美国政治决策者的蓝图》(*Preventing Genocide：A Blueprint for U. S. Policymakers*，2008年12月由美国大屠杀纪念馆、美国外交学院和美国和平研究所联合发布）。这份报告说明了在这个问题上有所作为会有怎样的回报，而践行起来又是如何的困难。只有着眼于这些暴行的一众起因，以及处理这些起因所需要的多种方式，我们在这个问题上才能取得真正的进展。最后，我们相信持续的进步必将部分地来自于"我们的敌人和我们一样"这个理念的传播，我们既需要构建某种秩序以达成更大的交流和控制，从而降低冲突的可能，但是也同样需要理解"敌人"的恐惧和希望。我们仍然乐观地认为这是能够达到的目标，因为回顾历史就会发现，人们为限制冲突的破坏力想出了许多办法。现在，我们知道这些努力和规则在怎样的情况下会失效，所以比起仅仅是两三代人之前，也更明白怎样做能避免这样的失效。冲突和暴行绝不会完全止息，但对之加以限制则是可以做到的。

作者于 2010 年[*]

---

[*] 此篇序言由颜筝补译，徐国强校订。——编者按

导论
我们是嗜杀者还是致力和平者？

> 你们听见有话说："以眼还眼，以牙还牙。"只是我告诉你们，不要与恶人作对。有人打你的右脸，连左脸也转过来由他打……我告诉你们，要爱你们的仇敌，为那逼迫你们的祷告。这样就可以做你们天父的儿子，因为他叫日头照好人也照歹人，降雨给义人也给不义的人。

——《马太福音》第5章第38—45节

我们如今的世界是充满危险的。以前也向来充满危险，但是现在科技的水平、全球化的经济、便利的通信、大规模的迁徙，都能迅速把某一地的危机传到其他地方。我们的确已经生活在"地球村"里了，却和古代的乡村社会一样，仍然隶属自己的宗族和部落，守着自己的领土地盘，彼此的竞争冲突可能恶化成为暴力行动，甚至发生灭族屠杀。我们仍然和几千年前尚未形成国家政府的农业社会与农业文明一样，各有互不相容的宗教信仰。这些宗教信仰虽然并存，却是界限分明的，越界的后果可能是极凶暴的战争与灭族杀戮。我们也仍然和19、20世纪兴起的近代工业社会一样，拥有彼此相抗的民族主义，努力要因应现代化带来的所有变迁。我们仍然会产生新的意识形态，采纳旧有的意识形态，用来支持现代世界中互相冲突的需求所制造的争执的某一方。这些状况都曾经在20世纪导致大规模的灭族暴力，以后也可能再爆发这种后果。

即便有严酷的前景，我们这本书打算证明，我们无须绝望。未有政府以前的社会、农业国家、不同的宗教信仰、近代以来的国家社会，都曾经设计出缓和冲突的方法，所以冲突并不尽然是激烈的，演变至灭族屠杀的也比较少。如果不曾有这些缓和冲突的办法，人类历史会更加悲惨，如今的人类也不会有长久存活的希望。我们可以从前人的努力中学习克制暴力，也可以想出新的办法来处理可能导致政治性大杀戮的危机。

冲突会演变成灭族屠杀，是因为握有强大力量的一方认为消灭对方才是自己如愿的最有效手段。如果动机是报仇，杀戮会一样惨，甚或更惨。极大的恐惧会导致最惨的杀戮，一旦认为敌方存活会危及我方存活，就可能要杀尽敌方才甘休。假如对立的团体（包括基于族裔文化的、宗教的、阶级的、意识形态的原因而对立）觉得对方损坏了生活环境，只要对方存在，自己就无法过正常生活，就会发生最不可理喻的灭族杀戮。

我们要在本书中说明，有许多方法可以阻止冲突恶化到这种地步。对立双方展开交流，可以降低冲突扩大至屠杀规模的一般几率。共遵的行为准则、道德教化、约束冲突的正式条文，都有一些效用。我们要探讨自认绝对正确而诉诸最后解决手段把敌人杀尽的意识形态，同时也会发现，有些意识形态很能包容异己而且接受妥协。这些未必是求和主义的思考方式，而是以反对一味地自以为是为出发点的。17—18世纪萌芽的启蒙运动思想，可以节制走极端的行为。我们若能揭露那些可能导致灭族屠杀的神话的真实原貌，除掉其中非史实的虚构，并且客观地检视过往发生的事，也就不那么容易被煽起灭族屠杀的激情。强调个人的价值，重视人人各有不同的特质，承认每一个人的权利应当优先于无视个人的群体，也都可以大大降低偏执封闭的团体吸收足够成员而为害的可能性。如今要借启蒙理性的思考来防止导致杀戮的冲突，也许是越来越不牢靠了，但这毕竟是一条路，即便是起源于西方的，而且正因为甚至在西方也面临挑战，所以格外值得努力把它保住。

即便是保守的说，化解冲突的方法也有很多，我们要谈到真相调查与和解的委员会。这类组织并不提供放诸四海皆准的解决方案，但是在某些情况下是能发挥功用的。有的时候，权力下放与地方自治可以大幅消灭内部的紧张。建立公民社会的制度，尤其是一些能够结合不同族裔文化与宗教信仰团体的制度，也可以渐渐除掉一些易燃的火苗，使许多领袖人物无法利用它们来煽起杀戮的冲动。存心要制造森林大火的人总是有的，但他们如果找不到可以轻易下手的地方，就难以得逞了。

我们要谈到，设计政策来防止竞争行为发展成暴力相向，也是可行的。除了我们熟知的一些支持和平与减少冲突的国际性机制，第四章会谈到许多地方性的、小规模的类似组织。这些都是值得推行的，不但有纷争的地方需要，所有地方都需要，因为冲突永远在发生。寻求这类策略的成本虽然低，却需要以耐心与谦卑来执行，因为这些都不是可以用强力施加或迅速成功的。

我们探讨那些弥漫着"杀光他们"冲动的案例，一方面是剖析人类历史最黑暗的一面，同时也从中找出希望。因为人都知道要改过向善。理解现今世界里究竟有些什么样的险恶冲突，乃是理解过激行为为什么会发生的重要一步。我们可以基于这种理解而规划以减少与约束暴力冲突为目标的政策。这样也可以大幅减少灭族屠杀及其他类型政治残杀发生的可能。

我们谈的是一个有争议的主题。谈论灭族屠杀或政治性滥杀，会扰动深层的情绪。灭族屠杀如何定义？历史上的灭族屠杀事件真相是什么？谁该为这些事件负责？牺牲了多少人？当时是否有办法防止惨剧发生？有没有设法防止？对于这些问题，许多学者、决策者、一般大众的看法是严重分歧的。至今仍有人否认纳粹党或奥斯曼帝国曾经进行灭族屠杀，这当然是显而易见的歪曲事实。不过除此之外，还有许多例子不是这么显而易见的。例如，19世纪中叶的英国政府坐视爱尔兰的饥馑不管，算不算是灭族屠杀？当时的马铃薯歉收造成上百万人死亡，但是并没有死亡集中营，也没有到处追杀人的队伍，只有政府该伸援手却不作为的可以算是罪行的政策。又如，美国轰炸广岛算不算灭族屠杀？轰炸导致上万妇孺与平民男性死亡，但这是战争行动的一部分。有人说这样做能使战争及早结束，其实是保全了更多人命；也有人认为这是20世纪最严重的罪行之一。还有，美国政府对切若基族（Cherokees）等印第安原住民进行族裔净化，强迫驱逐而导致数千人死亡，这算不算灭族屠杀？这些事例中的大多数丧命者是因为不堪困苦、饥饿、疾病的折磨，不是被处决杀害，也算是大屠杀吗？我们也要讨论这类事例，而读者未必都能同意我们的结论。

　　有人也许认为不应该拿比较不明确的、死亡人数没那么多的杀戮例子来讨论。其实，把比较不极端的暴力——如酿成重大伤亡的族裔暴动或地区性的杀戮——与惨烈的灭族屠杀相提并论，或许会使谴责灭族屠杀的道德立场不那么鲜明。有关灭族屠杀如何定义的讨论中，已经有人提出这个论点。认为纳粹屠杀犹太人之全面与凶残的程度独一无二的人士，不容许拿规模不及的屠杀罪行相提并论，而且认为这无异于不承认纳粹屠杀犹太人的史实。至于只着眼于近代罪行的人士，会认为去探讨有政府的社会形成以前的旧事是把题目琐碎化了。我们虽然可以同情这些观点，却不赞同这样的看法。

　　我们的中心论点之一就是，杀戮罪行不论大小都有其背后的理由和说辞，犯下罪行的人总有某种自圆其说的理由，这些人的领袖更不在话下，而我们必须严肃地看待他们的推理，即便我们并不同意，也不能嗤之以鼻便罢。例如，有人说奥斯曼帝国当局发动灭除亚美尼亚人的屠杀乃是因为恐怕亚美尼亚人危及帝国存亡，甚至威胁到土耳其国家独立。有些亚美尼亚民族主义者认为根本没有这种威胁，一切不过是土耳其人的盲目偏见，他们听见前者的论点就怒不可遏。我们可以讨论是否真有这样的威胁存在，但我们也不可否认，奥斯曼的领导人认为真有这种威胁所以采取屠杀行动。怎样叫作合理性，是很难明确界定的，但我们一般都相信，多数的政治性大屠杀是相当蓄意的，而且，即便实际进行杀戮时是利用人们在此种情境中的一时冲动与嗜杀欲，其实仍有当权者在指导，或至少是当权者赞同的。这些行动背后的理由可能是以错误的或假的资讯为根据，可能是以被实质化了的偏见为依据，也可能是以利己多于逻辑的推理为依据。不论是哪一种，事实都一样：犯此罪行的人认为应当诉诸大规模杀戮。

凡是有关防止大规模杀戮的议题讨论，总不免有争议发生。讨论如何解决与防止冲突的文献很多，而且在迅速增加中，但是大家对于怎样做有效、怎样做无效并没有共识。应该把引发大屠杀的领导者揪出来绳之以法吗？应该强化国际制裁力吗？应该消弭贫穷吗？建立公民社会？促进真相调查与和解委员会？这些对策，以及其他办法都曾被提出过，本书也将逐一讨论。我们会审慎看待各种不同的对策，因为显然没有哪一个方法提出了全面的解决之道。

我们绝不会自认已经为这个重要课题做成了最终结论。研究大规模政治性屠杀的新著作持续发表，新的案例也不断在发生。未来会发生更多灭族屠杀的事件，其中有些会是大规模的。我们的研究并没有暗示挑起这类大屠杀的理由已经消失，也不表示这类理由可能不久就不存在了。反之，如今的世界似乎摆出要诉诸全然不同以往屠杀手段的架势，可能是以宗教信仰为由的杀戮行动，既有 20 世纪政府鼓动的屠杀之恐怖，也兼有更早以前因意识形态的不容异己引发的宗教战争的那种血腥程度。但是同时也有比以往更多的国际组织在为了防止流血冲突、创造较宜化解冲突的环境条件、推动降低暴力杀戮几率的机制而努力。我们希望为这些努力贡献一份力量,但同时也要以务实的态度看待我们面对的种种危险。

我们在第四章中提出可行的对策之前,第一章要先说清楚为政治目的进行大屠杀的起因,把这种行动的主要理由一一述明。有时候人们会觉得索性把碍事的敌人消灭殆尽或强迫驱逐是一了百了的法子,这种情形古代有,近代以来也有。大规模的驱逐必定会导致高死亡率,20世纪90年代南斯拉夫的族裔净化行动,21世纪初苏丹达尔富(Darfur)的屠杀,都是实例。报复的心理,恐怕仇敌未消灭殆尽可能反扑,也都曾经引起了大屠杀。最可怕的就是认为仇敌存在是世界的污点或损害,必须全部除尽。希特勒(Adolf Hitler)眼中的犹太人是如此,柬埔寨红色高棉眼中的越南人与受越南思想感染的柬埔寨人是如此,卢旺达的胡图族统治阶级眼中的图西族人是如此,欧洲宗教战争期间的某些新教徒与天主教徒彼此眼中的对方也是如此。《圣经》就讲到许多这类例子。

这又带到我们在第一章里要谈的另一个重要的争议。像希特勒犯下的这种灭族屠杀,或是斯大林(Joseph Stalin)的整肃与数以百万条人命计的杀戮,是否只会在现代社会发生?没有人会否认杀戮行为从来都是层出不穷的,但现代的杀戮规模之大与彻底,是否远超过古时候?我们将在文中证明,特别惨烈的灭族屠杀虽然自古就有,现代的国家却能借助把我们全都变成猜忌的部落而提高冲突的赌注。部落之间相互猜忌乃是人类以小型社会生活时期的常态,一旦国与国之间的战争变成两国统治阶级竞争的成分增多——两国人民大众互斗的成分减少,那种状态也就变少了,但是我们仍旧可以说是被全面部落化了。

第二章要从心理学的角度深究灭族屠杀发生的原因。心理学家斯蒂文·平克(Steven Pinker)一向主张,人类的许多行为是固有的,而且是生理因素决定的。他曾经说过,凡是认为人类本性就是暴力的或天生爱好和平的过于简化的论点,都没有切中要旨。

> 暴力普遍盛行……并不表示人类都有求死意愿，或是天生嗜血，或是受了领域性的驱迫。一个高智能的物种有充足的演化上的理由要和平生存。……所以，虽然凡是人皆会有冲突，凡是人也都会寻求解决冲突之道。所有的族群都不免有卑劣残酷的动机，却也都有更多人是比较仁厚温和的。……一群人会或不会投入暴力行动，端看他们是受哪一类动机的牵引。(Pinker 2002, 58)

我们都知道，每一个人基于各种不同的心理性向，会成为比较容易诉诸暴力或宁愿和解。由不同的族裔文化、宗教信仰、阶级划分所形成的群体与社会亦然。不同的国家政府与民族的好斗习性也是不同的。环境条件改变可以把倾向诉诸暴力的个人、团体、社会变成比较爱好和平，反之亦然，这乃是事实。历史证明这是事实，如今也仍然是事实。

我们进行讨论的立足点是：大肆屠杀既不是失去理性的行为，也绝不是"发了疯"。人类往往会以偏概全地看待自己的群体以外的对手群体——也就是把非我族类刻板化，这显然极容易变成把自己认定的敌对者全体妖魔化。我们一旦觉得自己受到威胁，就可能被情绪——愤怒、羞辱、恐惧、怨恨——带着走向暴力，继而对阻碍我们或危及我们安全最甚的人进行滥杀。然而，心理的倾向一样会带着我们往反方向走——变成表现爱心而厌恶杀戮。我们必须承认有这种吊诡，并且探究是什么推理过程走到暴力或谋和平的一步，我们才可能真正开始掌控自己阴暗面的冲动。

因此，本书要探讨的是，不同的社会之间或一个社会里的不同团体之间的竞争冲突，在什么情况下会变成动武。这种冲突又是如何才会恶化至灭族屠杀的程度？有什么缓和冲突的机制可以使这样剧烈的后果发生的几率降低？我们要在第三章中谈到有国家政府以前与以后的社会有哪些化解冲突的机制，并且解释多数的冲突——甚至战争——为什么没有演变为灭族屠杀。有一些很古老的约束暴力的方法一直延续到现代。然而，这些方法有时候会失灵——过去与现在皆然，结果就导致血流成河。

一百年来发生的灭族屠杀——1915年亚美尼亚人被屠杀、20世纪30年代斯大林实施整肃、1941—1945年纳粹屠杀犹太人、1975—1979年柬埔寨人口被杀了四分之一、1994年卢旺达的灭族屠杀、20世纪90年代南斯拉夫战事的大举杀戮、近几年苏丹达尔富尔发生的族裔净化行动（这是本书将写完的时候正在发生的），每一件都引起世人瞩目，死亡数字都大得惊人。但也有许多不曾传遍全世界的事件在其他国家发生，有的杀人数以万计，有的以千计，还有一些死亡人数仅几百。我们的论点是，这些杀人数目远不及大规模灭族屠杀的事件，发端时的冲动其实与大规模灭族屠杀是大同小异的，杀的人即便相对而言是比较少的，却同样对锁定的敌人不分男女老幼一律屠杀。大规模的灭族屠杀需要借政府的组织力量来进行；杀戮数量比较少的也许不需要这么大的组织力量，却几乎必然有地方当局串通共谋。

近年来有许多关于这个课题的极精辟的研究，其中以20世纪的重大灭族屠杀事件的研究最为详尽，20世纪以前的事件探讨也不在少数，本书将会引用到这些资料。不过本书的主旨就三方面而言是范围比较广的。第一，我们认为，要证实此种屠杀有常态性，必须同时呈现古代与现代的实例。世界上每一个大陆、每一个时代、每一种文明都发生过这种暴力。第二，我们认为，强弱悬殊的情况下虽然容易发生大屠杀，但其实不尽然。不同群体发生暴力冲突的胜利一方，通常并不试图把败者及其家小亲属全部杀死，为什么不？我们要从这个观点来讨论大杀戮会遭遇哪些心理上的、文化上的、制度上的阻遏，而且要就从古到今的各种政治形态来谈。第三个主旨或许也是最重要的一个，是说明屠杀行为可以由小看大，可以从检视残害人命较少的杀戮进而了解最恐怖的屠杀实例。

我们认为，知道如何控制比较小规模的政治性屠杀，乃是走向控制大规模灭族屠杀的必要步骤。希特勒一旦掌控了德国，打败了欧洲多数国家，决定要消灭犹太民族，这时候再来控制他为时已晚，只能用武力打败他、毁掉他的军事力量。防止希特勒暴行的时机应该是在他独揽大权以前，甚至十几二十年之前。防止类似的其他惨剧发生也一样需要及早。最终的恐怖行动可能发生得非常快而且是无法预料的，造成最终后果的那些环境条件却不是一夕之间生成的。知道了事情如何酝酿，才可以在危险迫近之前有所觉察。

我们也要从这种视角来看未有国家政府以前的灭族屠杀事件，可想而知，在社会规模只是小群自治亲族的时代，即便两个族群的冲突导致要将敌方赶尽杀绝，死亡人数也不会太多。但是对于惨遭屠杀的家族、村庄、氏族而言，后果并不亚于现代的灭族屠杀。我们认为，如果讨论只从现代大规模灭族屠杀事例着眼，会使我们理解事发过程与防止方法的范围缩小。因此，为了要把政治性大屠杀的现象解释清楚，我们必须检视古往今来各种大小屠杀事件。

社会内部的冲突、不同社会之间的冲突都是在所难免的，陷入冲突的人有时候就会诉诸暴力。我们的社会却已经发展出许多缓和冲突的方法，就潜在的与实际存在的冲突数量而言，多数不是彼此不共戴天的，也不是毁灭性极强的。大规模的灭族屠杀相当少，比较小规模的通常也可以避免。事情会演变到最恶劣的境地，都是因为缓和冲突的机制失灵，或是因为发生了不同于以往的状态，还来不及建立应对的机制。我们相信，检视国家政府形成之前与之后的克制冲突机制，有助于理解一般的大举杀戮现象。人类并不是生来就是嗜血恶魔或爱好和平的天使；是情境与制度，以及群体赞同的解读情境与制度的方式，会导引人类采取和平或暴力的行动。

我们探讨以往爆发大战与灭族屠杀的理由，研究人类社会如何设法制止这类的暴力，可以教我们看清人性中的矛盾、可怕，以及救赎。这也是我们研究这个课题的原因。还有一个更重要的原因。我们生活在重回部落习性的、充满危险的、通信与科技疾速进步的世界里，必须发展可以降低灭族屠杀发生几率的政策。第四章便是以此为题，要提出各种可行的策略。我们会先从大规模的做法讲起，由大至小来讨论。我们也要再次提醒读者，灭族屠杀发生的原因不止一个，问题没有现成的答案，也往往没有是非绝对分明的解决之道。

导论开端引用了耶稣基督的"登山宝训"，两千年后的今天，这些话的实现似乎仍然遥遥无期。虽然为了方便、为了安全、为了报复、为了所谓的净化而进行的政治性屠杀在每个世纪都曾发生，20世纪的事例却是有史以来最惨烈的。21世纪才刚开始，却已有了可能不会改善，甚或更恶化的迹象。

人世间有恶，也有善，这本书不会把所有篇幅用于谴责作恶的人。我们的宗旨是要理解为什么恶会发生，为什么人类的任何群体都有为善与作恶的可能。我们认为，唯有循这个方法努力，才可能找出可以制止大屠杀的有效方法，也唯有如此，我们才能了解自己相互矛盾的冲动。

第一章
为什么要灭族屠杀？古今有别吗？

保持沉默的人似乎是在赞同。

——摘自驻西南非德军司令冯·特罗塔将军（von Trotha）
于1905年致德国首相冯·比洛（von Bülow）的一封信

"灭族屠杀"（genocide）这个用语是1944年新创的，于1948年由联合国定为国际罪行（Lemkin 1944，L. Kuper 1981，210-214）。"族裔净化"（ethnic cleansing）这个用语的历史更短，是在20世纪90年代初的南斯拉夫战争期间开始通行，于1993年由联合国宣告为危害人类的罪行（Teitel 1996，81）。两个用语虽然有别，意义上却有相当多的重叠之处。就实际行动而言，现代的族裔净化事件导致死亡人数之多，往往已经符合联合国所谓灭族屠杀的定义，也就是，企图将"国家的、族裔文化的、种族的、宗教的群体整个或部分"消灭（Fein 1990，1；Freeman 1995，209）。诺曼·奈马克（Norman Naimark）曾经记述20世纪欧洲发生的这种惨剧（包括1915年在安纳托利亚发生的亚美尼亚人被灭族屠杀），证实有些事件一开始是政府发动的族裔净化，却迅速演变成以蓄意谋杀、虐待、饥馑、疾病为手段的大屠杀。例如第二次世界大战结束时东欧许多地区的德国人被逐，大约1150万德国人被"清除"出去，其中有超过250万人丧命。多数的驱逐行动与死亡事件是在"二战"的最后一年发生，但是也有 50 万人以上是在战后死亡，其中又以从波兰和捷克驱逐的人最多 (Naimark 2001，14，110-138，187）。

灭族屠杀和族裔净化都不是到了 20 世纪才发生的。1938 年间，美国东南部的切若基族印第安人被驱逐，虽然美国政府当时没有设定目标要消灭这一族，结果造成的死亡人数的确可以算是一次灭族屠杀。经历艰苦行程与疾病折磨而到达目的地（即现今的俄克拉荷马州）的人，在当地安顿下来，算是没有再被骚扰了。按近期的人口统计学估算，走上这条"流泪之路"的 16000 切若基族人，20%死在路上。如果把刚定居在那段时间因病死亡的人数算上，可能将近 50%。按我们现在的界定标准，切若基族的折损确实达到灭族屠杀的程度。

"灭族屠杀"和"族裔净化"已经渐渐成为差不多的意思，都用于指政治上的强势群体（也就是在一个政治实体之内自称代表大多数人民者）试图除掉他们视为敌人的族裔或种族的极端实例。"族裔"的定义其实很不明确。例如纳粹认定犹太人的族裔是以其遗传为依据，也就是所谓的种族，并不是按宗教信仰定义的。波斯尼亚的穆斯林、信奉东正教的塞尔维亚人、信奉天主教的克罗地亚人，互相视对方为另一个族裔或种族，并不只是当作不同宗教信仰的群体而已。1915 年间奥斯曼帝国当局锁定亚美尼亚人为清除目标，也不是基于宗教信仰，而是把亚美尼亚人当作一个民族，认为他们是一群文化相同、遗传相近、一心要在安纳托利亚中心建立一个敌对国家的人。这些迫害行动都没有强调宗教皈依或祈祷方式的问题（Browning 1992a；Glenny 1993；Suny 1993）。20 世纪末发生的最严重的灭族屠杀，乃卢旺达的胡图族于 1994 年屠杀图西族人，这也是完全与宗教信仰无关的案例。但是如果要说图西族与当权的胡图族属于不同族裔，根本难以成立。因为两族人通婚已有四百年历史，不但使用同一种语言，也信奉相同的宗教。杰哈·普鲁尼埃（Gerard Prunier）认为他们应该算是分属社会学者马克斯·韦伯（Max Weber）所说的不同"地位群体"，不算是不同的族裔群体（1997）。即便如此，世人都觉得胡图人与图西人是不同族裔的，许多胡图人与图西人也这么认为。如此认定会强化一种印象：灭族屠杀是族裔净化行为的最极端。由于现代灭族屠杀与族裔净化的事件触目惊心，或许也由于联合国重视这类事件，一般普遍认为这乃是政治性集体屠杀最常用的一种方式。

目前虽然通行这样的解读，我们却不可认为集体杀害与驱逐都只是对付族裔上的异己才使用的手段。自古以来的集体屠杀目标可能根据宗教信仰、意识形态、经济阶级而锁定，甚至只凭居住的地区而决定。假如宗教信仰的考量在20世纪的事件中似乎是次要的，假如宗教信仰在欧洲人到美洲和大洋洲扩张势力时似乎是次要的，以往并不是一向如此；就算在20世纪，某些族群遭受集体驱逐与杀害也不仅仅是以族裔和国籍为理由。

犹太人于1492年被西班牙以宗教信仰为由而驱逐，不同于面临希特勒灭族屠杀的犹太人的是，他们只要改奉天主教就可以免于被逐的命运。西班牙的这次"净化"是宗教性质的，而非特别针对族裔，至少国王斐迪南（Ferdinand）与王后伊莎贝拉（Isabella）是这么认定的，而他们下这个驱逐令乃是迫于天主教教会的宗教法庭施压。居住在西班牙的8万犹太人，大约有半数在1492年间逃离，留下来的大多改奉了天主教。从将要下驱逐令之前到1503年左右的这近四十年中，大约有2000名改奉天主教的犹太人被处死，但大多数皈依者渐渐融入了西班牙天主教社会。这次事件的动机与其他相似事件的一样复杂，改奉天主教的犹太人继续受迫害也表明，有些宗教法庭审判官根本是反犹太人的，动机其实不是纯粹宗教上的，而是族裔上的。不过西班牙的国王与王后都声明，他们不以迫害犹太人为目的，而且已经设法保护改奉天主教的犹太人了（Kamen 1998，16-27，56-60）。

四百多年后发生的、血腥程度远远有过之的灭族屠杀迫害，也没有具体指明有族裔性,即使苏联统治者斯大林在20世纪20年代末至30年代初执行的,造成大约800万所谓的"富农"及其家属被杀死,或在极严酷的条件下被送入死亡劳改营,只因为他们被界定为反社会主义的经济阶级。另外有数以百万计的人随后在30年代晚期遭到杀害或被关入劳改营——往往在营中因过劳或饥寒交迫而死,原因是被贴上反共标签,或被指为路线错误——是托洛斯基派、布哈林派等等(Courtois et al. 1999,146-202)。正因为有这种政策,联合国在第二次世界大战后决议灭族屠杀违法的时候,苏联极力阻挠西方强国提出的条款,把基于意识形态或阶级地位而进行的集体迫害排除在灭族屠杀涵盖的项目之外(L. Kuper 1981,138-150)。

我们再退回九个世纪以前,看看另一个未借族裔文化的、宗教信仰的、意识形态的理由施加的迫害,而只是一个单纯基于地区政治考量而发生的事件。征服者威廉(William the Conqueror)自立为英格兰国王三年后,于1069年下令清除约克郡(Yorkshire)的所有百姓,借此卸除这个地区的盎格鲁—撒克逊贵族抵抗诺曼人征服的力量。确实的死亡人数是多少,我们不得而知。但是,有系统地毁掉村庄和农作物、凶杀遍行、难民逃往约克郡四周的山里——随即沦落为山区苏格兰部落的奴隶或饿死,都使人口严重折损。二十年后,约克郡部分地区迁入了来自英格兰其他地方的移民,由掌控可耕地的诺曼贵族治理,人口密度却只有邻郡的五分之一(Kapelle 1979,118-190)。这是纯粹政治地理因素导致的集体驱逐,因为比较顺从征服者的那些地区的盎格鲁—撒克逊百姓并没有遭到这种处置,与诺曼统治阶级配合的那些盎格鲁—撒克逊贵族也渐渐融入了统治阶级。

我们可以把这些事例都定为政治性的集体杀害与驱逐,因为,不论用什么方式区隔目标群体,其目的都是政治性的。也就是说,某个群体被认定为对当权者构成了威胁,所以必须予以消灭。这类行动各有其不同的理由与动机,但宗旨都是同一个。

第二次世界大战过后，苏联与其在东欧的政治盟友都认为，他们所控制的区域之内的德国人口构成了长远的威胁，恐怕他们会像1938—1939年以至后来那样，再度坐大成为强势的德国而与美国联合来索取东边的领土。苏联与东欧的斯拉夫帝国都认为，纳粹曾经犯下的罪行就是向所有德国人报复的充足理由(Naimark 2001，108-110)。20世纪90年代南斯拉夫战争期间的波士尼亚，11世纪遭受威廉肆虐的约克郡，虽然是拿祖传拥有权或一报还一报为理由，大体上都是为了领土控制权（Glenny 2000，626-649）。西班牙宗教法庭和王室认定犹太教徒是在怂恿改奉天主教的人反悔，所以会危害西班牙变成彻底天主教社会的计划（Kamen 1998，20）。被扣上托洛斯基派帽子的人，加上富农、"破坏分子"（也就是斯大林厌恶的党内盟友），以及各式各样不受欢迎的人，都被当作威胁斯大林统治与目标的意识形态阻碍。他们的存在被用为斯大林经济政策失败的借口，必须把他们除掉才能建立起斯大林式的社会主义（Lih 1995）。美国乔治亚州和邻近各州的切若基印第安人被驱逐，是因为白种殖民者要他们的土地。切若基人并不构成直接的政治威胁，他们的土地却是白种人垂涎的，让他们留在原地就使夺占土地变得很麻烦了（R. Davis 1979，129-147）。图西人被看成威胁胡图统治阶级政治权势的力量（Prunier 1997，192-212）。亚美尼亚人被当作可能使土耳其人的穆斯林奥斯曼帝国灭亡产生威胁（Adanir 2001，71-78）。而希特勒，把犹太人视为玷污世界的人种，是威胁德国雅利安种族纯正性的疾病，而且是一股企图推翻他的政府而使德国衰亡的世界性阴谋。希特勒要保持雅利安种族纯正已经走火入魔，他有计划地杀害同性恋者、智能障碍者、吉普赛人都是证据。但是这些都还不到非斩尽杀绝的地步，因为只有犹太人是危害他的。"种族"的最险恶敌人（Burleigh & Wippermann 1991）。希特勒的看法、斯大林的看法，或其他犯下灭族屠杀罪的人的看法究竟有几分正确，其实根本不重要。指定的受害者都被当作政治上的威胁，或起码也是当权者遂愿之路上的重大阻碍。必须用某种方法把他们除掉，当权者才能完成其目标。

我们因而有两个必须解答的重要问题。第一个是：**什么背景条件导致集体谋杀或集体驱逐**？这类灭族屠杀式的政策是什么原因造成的？显而易见，原因当然不止一个。从上述的几个实例看来，意识形态的、社会的环境条件都有很大差异。征服者威廉、乔治亚州州长朗普金（Wilson Lumpkin，曾极力鼓吹将切若基人赶走）和希特勒除了有志一同要除掉威胁自己利益的分子之外，各有很不一样的动机。威廉没有种族上或族裔文化上的偏见，只是想顺利掌握统治权。配合其要求的盎格鲁—撒克逊的贵族可以被纳入他的统治精英阶级，农民则是供他役使与课税的，只要不威胁到他的统治权，不必把他们除掉。至于他们属于哪个族裔，是无关紧要的。朗普金州长却瞧不起切若基族人，而且说所有的印第安原住民都是"不信上帝的蛮族"。不过印第安人在他眼中可厌的成分多于构成威胁，他只想把他们赶得远远的，到那些他认为白种美国公民不会感兴趣的地方。他甚至口口声声说，这是为了切若基族人着想，以免他们陷入与一个"优越"种族竞争的困境（Lumpkin 1969，1:57，2:150）。至于希特勒，犹太人在他眼中不只可厌，而且是可怕的疾病。他于1942年2月22日与纳粹党卫军（Schutzstaffel，简称SS）的头子希姆莱（Heinrich Himmler）共进晚餐的时候说："发现犹太人病毒是世界上有史以来最了不起的革命。我们如今从事的战役，和巴斯德(Louis Pasteur)与科赫（Robert Koch）上个世纪发动的战争是同一类型。有多少疾病是从犹太病毒来的啊！"［Hitler（1941—1943）1973，332］。

这些例子可以用来说明，却还不能成为条理分明的归类系统。要达到这一步，必须先给"灭族屠杀"作下够简明的定义，才可以排除有关意识形态与历史事件的争论，厘清什么是蓄意的、什么是有意外成分的、什么是有复杂的理由可说的、什么是当然的罪行。比较简便的定义是：灭族集体谋杀乃是出于政治动机的暴行，直接或间接杀死目标族群很多人口，不分军人平民或男女老幼。集体谋杀不分事前计划的——如纳粹屠杀犹太人，或驱逐造成的附带后果——如切若基族人的遭遇，都包括在这个定义之内。我们的定义分类之中，屠杀行为的意图与其背后的意识形态是重要的，不过因事件不同而可能有很大差异，但就蓄意性、公正性或不公正性来判定各种说辞孰是孰非，则几乎是不可能的。亚美尼亚人的灭族屠杀就是一个例子，讨论文献虽然极多，至今仍旧是争论不断的题目，即便态度严谨的历史学家都不否认的确发生了惨剧。这并不表示我们讨论灭族屠杀的时候应该避免作任何道德判断；而是表示，如果没有一个通用的归类系统，我们往往会把每个事件都看成是少数卑劣的个人才会做出来的事。其实我们已经渐渐看出，灭族屠杀事件既然如此常见，就不能说只是不正常的行为罢了。事实上，只要环境条件恰好配合，正常的人把他人划定为目标族群而杀之是轻而易举的事。

假如被定为目标的族群人数少而且只限于某一个地点，死亡人数也许只有几百；如果人数多而分布广，死亡也许上百万。集体谋杀的人数越多，通常越可能成为研究的题目，最大规模的灭族屠杀案例也是在这个课题的文献中占据篇幅最多的。由于我们的论点是，理解这种行为发生的原因不能只着眼于最广为人知的那些例子，如果只按数字来界定何谓"灭族屠杀"或"集体谋杀"，就违背我们的初衷了。假如印度一个市镇的一百多名穆斯林被极端派的印度教徒谋害了（见 Varshney 2002，本书第四章将有讨论），即便相对于印度境内一亿五千万以上的穆斯林而言是很小的数目，这仍然算是灭族屠杀的行为。假如高地新几内亚一个小村子的所有人口都因战争而丧命（此事确实发生过），虽然人数远远比不上集体大屠杀事件，却仍可算是灭族。多数的集体政治屠杀研究着重在死亡人数最多的案例，也就是无异议公认可以算是灭族屠杀的案例，所以我们的类型界定要以这些严重事件的已知资讯为基础。稍后我们再来谈许多死亡人数比较少的事件，以便证明我们的观点,然后我们会解释为什么必须不分事件大小一律要讨论。

有了一个归类系统,可以说清楚在哪些情况较可能发生灭族杀戮,我们就可以回答这类研究提出的第二个重要问题:**现代的灭族屠杀与族裔净化和以前的不同吗**?稍有历史知识的人都知道,把平民百姓集体杀死、驱逐整个族群走上死亡之路,都是自古就有的。许多精深的理论家却相信,20世纪的这种罪行之彻底、规模之大,都超过以往任何时代的事件,而且这是现代条件造成的。齐格蒙特·鲍曼(Zygmunt Bauman)曾经说(也许是夸张地说):"我们现代化的理性社会不屑于成吉思汗和隐修士彼得(Peter the Hermit,曾于第一次十字军东征期间鼓吹屠杀犹太人)那样的冒险者和外行人……现代化理性社会乃是为斯大林和希特勒这样懂得实践冷静、彻底、有系统的灭族屠杀的人士而铺路准备。"(Bauman 1989, 90)

汉娜·阿伦特(Hannah Arendt)是研究极权主义罪行的权威理论家,至今仍然最常为各界所引用。她认为,现代生活的疏离是斯大林与希特勒主义暴行发生的根本原因(Arendt 1951)。《艾希曼在耶路撒冷》(*Eichmann in Jerusalem*)的主题也是这种"现代主义观点"——这种事情之所以可能发生,是因为借现代官僚系统听命办事使上力(Arendt 1963)。她很清楚以前的时代暴行有多么血腥,却仍然认为,20世纪极权政府之下发生的属于另一种现象。奈马克前几年发表的一本族裔净化论著,也赞同阿伦特的看法,他所探讨的20世纪欧洲一些有计划的族裔净化事件,都是比以往的政治集体谋杀及驱逐更为彻底的(Naimark 2001, 190-191)。

如果只列举近代以前的灭族屠杀行为(其中不乏规模极大的,例如成吉思汗在中亚与波斯所为),并不能完全驳倒鲍曼与阿伦特的古今有别论点。这当然也不只是一个学术问题,因为这关系到我们想要防止类似罪行再发生的宗旨。假如说咎责是在现代化本身,过去几百年社会变迁的一些根本道德观就要受到质疑了。鲍曼和阿伦特都来自高度怀疑的现代价值观的知识传统，而鲍曼已经成为拥护后现代价值的主要人物。他的理论是否经得起严密检视，仍未成定论。

导致政治性集体谋杀的四个主要动机

政治性集体谋杀的最基本条件，当然就是某个群体的势力远远凌驾于另一个群体之上。优势可能只是人数众多，或是因为科技与组织上的优势使一方势力强得难以对抗。以现代而言，通常都是国家的力量造成灭族屠杀与族裔净化。问题是，族群冲突往往出现强弱悬殊的情形，但是历史上的势力不均例子比比皆是，远比灭族屠杀和族裔净化的事例常见。因此我们有必要说清楚，强弱悬殊为什么有时候会导致集体谋杀。

我们先不谈灭族屠杀包含的道德评断。不论是直接杀害大量人口，或是强迫驱逐造成大量人口死亡，我们都应该从犯罪行者的观点来检视这类事件。从这种观点检视就会发现，许多事件看来好像是基于理性的抉择；但是也有许多事件牵涉的不仅止于冷酷的成本效益计算。我们要从明显是纯粹为达到某目的而进行的集体屠杀与集体驱逐的例子谈起，随后再谈比较复杂的动机。我们用的归类是参考法兰克·乔克（Frank Chalk）与库尔特·乔纳松（Kurt Jonassohn）提出的方法（1990，29-32）。

便利

一群人凭武力优势想要得逞其物质的或政治的野心，如果遭到抵抗就不能顺利遂愿。处理抵抗者的方法很多。可以用贿赂或收买，或是劝说或强迫他们放弃自己的部分权益，以便满足较强势一方的要求。可是，领导抵抗的人也许认为让步的成本比抵抗的成本还高。

持续抵抗当然会使想要一逞野心的一方成本提高，强势者于是会想到用集体驱逐或集体谋杀乃是最廉价的解决办法。征服者威廉把约克郡"净化"的时候就是这么盘算的。约克郡基于历史与地理的缘故，是威廉刚征服的英格兰领土之中最顽抗的一郡。威廉试图把约克郡的贵族吸收过来，但随即认为如此持续抵抗对他自己在全英格兰的统治权威胁太大，不能再拖下去，因此使出极端的手段。

切若基族人被驱逐的情形不大一样，因为他们既没有实力也没有意愿发动认真的军事抵抗。不过他们表明自己拥有合法的土地所有权，因此被想夺占土地的白种人当作是障碍。因为切若基族人势力薄弱，而且后来没有抵抗，所以美国政府付出的人力物力成本都很少。但是这个案例有一项元素是威廉驱逐约克郡百姓时没有的：美国公民之中有人觉得这么做是伤害族裔与违法的，所以主要的成本之一是道德上的。因此，推动这个政策的人竭尽所能要消除其中明显的不道德，口口声声说他们自己是站在公理这一边的，又说切若基人是劣等人种，不应受美国政府的保护。他们当然是想用这一派胡言来支付自己行为的道德成本。

切若基族被驱逐是 1838 年的事，但是之前早有一长串准备决策，包括在杰克逊总统（Andrew Jackson）任内（1829—1837）通过的法条，再由继任的范布伦总统（Martin Van Buren，任期 1837—1841）执行。切若基族人曾经努力要仿效白种人的生活方式。他们把组织松散的酋长制改成合乎宪法的州，发明了书写本族语言的系统，也达到颇高的识字比例。他们也实行了土地私有制，有些地主甚至模仿白种人也蓄养黑奴。这些改变却于事无补，因为白种美国人口持续增加，需要更多土地来种植棉花，赶走印第安人成为势在必行。在切若基族领域发现黄金之后，要求驱逐原住民的压力也变得更大（R. Davis 1979；Hoig 1998, 101-132；McLoughlin 1986, 428-474；Perdue 1979；Persico 1979）。

要求驱逐切若基族与其他原住民的那些人，用有宗教虔诚心的、慈善的说辞和编造出来的法律术语来陈述他们的用意，其实一切主要出于贪婪与根深蒂固的偏见。他们深信美洲的原住民不可能真正被"文明化"，所以不能以劳工身份为国土开发有所贡献，即便印第安人在毛皮交易时代就已经是市场上的一员。当然，农业扩展把毛皮交易的时代终结了。朗普金成为乔治亚州州长之前，曾以众议员身份在美国国会发表长篇演说，这样陈述驱逐切若基族的理由："诸位如果反对这个法案（本书作者按：即是把切若基人从美国东南部驱逐到现今的俄克拉荷马州的法案），等于鼓励印第安人的妄想，这是自称印第安人之友与盟友的人明明知道不可能实现的希望。这个法案若被否决，将是鼓励与邀请印第安人做出必然使他们受责难和伤害的不智之举与冒动，使每位正直仁慈的同胞都深感遗憾。"（Lumpkin 1969，1：57）

杰克逊总统说的也是这一套理由：美洲原住民没有能力在白种人形成的竞争环境中生存，所以，应该趁他们未被消灭之前，把他们运走，送到白种人很久以后才可能去殖民的西部。历史学界在这件事上有颇多辩论，有人认为杰克逊不过就是个容不下印第安人的伪君子，有人则认为他确实相信强迫印第安人移居他乡是保住他们所谓的"残余"人口的唯一办法（Remini 1977，257-279；Satz 1991，29-54；有关杰克逊的一般讨论见 Remini 2001）。姑且不论杰克逊到底是怎么想的，总之，他故意漠视最高法院按切若基人缔约的权益不得予以驱逐的决定，又怂恿国会公然违抗最高法院判决，通过了把这些最"文明的"（意指美国化的）印第安人赶走（McLoughlin 1986，444—446）。

驱逐切若基族人并不是单一的事例。杰克逊与范布伦任期内，被强制迁离的美国原住民达十多万。1831年，法国政治家托克维尔（Alexis de Tocqueville）观察到另一族原住民被驱逐时离开本乡越过密西西比河的景况。后来他这样写道："这种强制迁徙带来的可怕磨难是超乎想象的。被迁徙的人已经心力交瘁；他们来到的地方又已经有别的族群居住，还得承受敌意排斥。饥饿接踵而至，战争就在眼前，四面八方袭来的都是困苦……我目睹的是我不知该如何描述的磨难。"［Tocqueville（1835—1840）1954，1：352］托克维尔预料切若基族人也将难逃这样的命运，在他的《民主制度在美国》（*Democracy in America*）这部经典的此一节中作了如下的结论："西班牙人用使自己永世蒙羞的空前残暴手段未能把印第安民族消灭。……美利坚联邦的美国人却用独一无二的得体方式，平静地、合法地、出于善意地做到了。……如此奉行人性法则的消灭人群的手段，世上不可能有第二件。"(369)

另一件事例是1860年在俄罗斯发生的。俄罗斯帝国征伐西北高加索山区的切尔卡西亚（Circassia）长达将近一个世纪而未见胜负，俄帝确定这些信奉伊斯兰教的切尔卡西亚人是无法平定的，就把他们界定为"蛮族"和"匪帮"，换言之，惯用的吸收其酋长为俄罗斯贵族、把其余当地人变成农奴的方式是行不通的了。切尔卡西亚人生活在贫瘠艰困的山区，这里无甚资源可言，却是战略要地，控制了一部分的黑海海岸以及通往奥斯曼帝国的要冲。沙皇派兵发动长达四年的战事，借断粮、烧、杀、驱逐来对付剩余的约二百万切尔卡西亚人。结果将近一半的人死亡，有十二万至十五万人被赶到俄罗斯境内其他地方安身，大约七十万人逃往奥斯曼帝国，留在山区家乡的人不到二十万。信奉东正教的乌克兰人和俄罗斯人随即迁入，补上当地暴减的人口，并且稳住俄罗斯对领土的掌控。有些研究者把这个事件与差不多同期的美国迫害原住民的事件相提并论（Shenfield 1999）。其实这比较类似11世纪约克郡的事件，因为俄罗斯人通常很愿意吸收非斯拉夫民族的统治阶级，只因为其他方式都行不通了，才会诉诸成本必然越来越高的军事行动。

从这一类例子可以归纳出一套简单的核算。原住民会惹麻烦，既不服控制又不能剥夺其财产。让他们留在原住土地上会降低国家领土的价值，不能发挥战略上经济上的利用价值。原住民因为军事力量薄弱而好欺负，所以应该把他们扑杀或是赶走。这也是英国到澳大利亚的殖民者消灭塔斯马尼亚（Tasmania）与其他地方的原住民时所依据的理由。白种人在塔斯马尼亚岛上养羊，把这个岛改头换面，原住民便起而反抗。他们的武力虽然不值一提，却被白种人视为险恶的为害者，是不能接受文明的——也就是不肯听白种人使唤劳动的——一群人。于是他们被围捕后关入集中营，之后全都死在里面（Hughes 1988，414-424）。

历史上诸如此类的事件很多。恺撒大帝（Julius Caesar）在征服高卢期间执行过这种"净化"，与灭族屠杀仅一步之差。例如公元前53年，莱茵河西岸的日耳曼民族——埃布隆族（Eburon）被杀得一个不剩。恺撒对付被征服的高卢部落和日耳曼部落，通常只要他们肯做顺民就担保他们安全，埃布隆人顺服在先，后来又违背约定，杀死了许多罗马士兵。恺撒认为必须把他们的国王安比奥里（Ambiorix）除掉，而为了除掉安比奥里，他就把全体埃布隆人当成目标（Harmand 1984，92-93）。《恺撒之高卢战记》的《评注》之中解释了这项行动：

> 恺撒自己出动去掳掠蹂躏安比奥里的领土。酋长落荒而逃。恺撒已经放弃可能迫使他顺从的希望，认为以维护自己的威信为计，退而求其次之策是除尽该地的居民、屋舍、牲畜，因此使幸而能够保住活命的人怨恨其酋长。……大军派入安比奥里的领土进行烧杀掳掠；一切如摧枯拉朽，大批百姓或丧命或被俘。
> ［Caesar-&-Hirtius（51-50 B. C.）1980，189］

这个事件是出于实利盘算，虽然加上了报复心引起的灭族屠杀行为，仍是有实利动机的。

成吉思汗的许多屠杀行动是效益盘算与报复兼而有之，与一些故意以平民百姓为靶子的现代作战策略相似。蒙古大军于 1219 年至 1220 年横扫现今的阿富汗地区，当时也里城（Herat）归降了，所以幸保毫发无伤。后来也里城又反叛蒙古人，成吉思汗一怒之下命令屠尽城中男女老幼，连城墙也摧毁了。按波斯历史学家的说法，丧命者有两百万之多。这当然是言过其实了，当时聚居城中的人可能在三十万到五十万之间，其中包括城外逃来的难民。波斯史书也说，屠城后大约有四十人留得活命。不过蒙古人并不是对每个城都如此凶残。也里城这样的屠城是为了报复，但也是杀鸡儆猴的战略——让有意与蒙古人为敌者知道归降是免于毁灭的明智选择，归降后再反叛的下场就是灭亡。这正是历史学家戴维·摩根（David Morgan）所谓的 1945 年间的"杜鲁门式"战略——不投降就面对城市与人民全毁。蒙古人对待归降者和美国人的态度一样，是十分宽容的（Morgan 1986，73-83，91-93）。

投下原子弹轰炸日本的争议永远无法尘埃落定。但是，有人说英、美两国在第二次世界大战的最后一年里——也是德、日两国等于无力抵御空袭的时候——大举轰炸德、日的非军事目标，动机是"这些侵略者活该"，多少是可以成立的论点。话虽如此，这种轰炸战略在当时显然有不证自明的理由：采行"恐怖轰炸"可以打垮敌人的斗志，从而达成战胜目标（Pape 1995）。战争一旦结束，英、美两国都停止这种屠杀，可见战略用意的理由是站得住脚的（Frank 1999；Garrett 1993；Neillands 2001）。如果要把这种为促成有限目的而采取的杀戮平民的战略（不拘是近代以前或以后的例子），与纳粹的蓄意消灭整个民族混为一谈，乃是一种误导，虽然对于死去的人而言两者无甚差别。这些古今的案例，不论是 1945 年的德累斯顿和广岛、1221 年的也里城、1069 年的约克郡，目标地区内的死亡人数都达到灭族屠杀的比例了。

报复

　　成吉思汗与恺撒在征服战中做出灭族屠杀式的行为，乃是控制被征服地人民的一种战略。消灭他们乃是下下策，为的是教训他们不归降，把他们构成的障碍除掉，并且以此警示其他可能想抵抗的族群。这些事例，以及第二次世界大战期间轰炸某些城市的行动，却也含有报复的成分。恺撒在安比奥里的王国"大开杀戒"是因为用别的方法制伏不了这个地方，也因为这个族群的"背叛"行为惹怒了他。历史学家雅克·阿尔芒（Jacques Harmand）认为，"这是高卢征服史上一次特别残酷的歼灭战，但是不可否认，这也是回报罗马士兵秋季遭屠杀的唯一办法"（1984，93）。安比奥里曾经承诺归降，却背信杀了留守的罗马军，所以必须予以报复。

　　刻意标榜"威信"与"荣誉"是警告所有潜在敌人的一条合理策略。要人人都知道，攻击"我们"会招致祸殃，因为"我们"有仇必报。将这种立场与"我们"认定的某种公理正义联结，到时候就可以理直气壮做出极端残酷的行为。按苏珊·P. 马特恩（Susan P. Mattern）的解读，罗马帝国的外交政策基本上正是从这种心态而来，精心操弄外族对罗马威信与荣誉的轻慢，直到能够募集成功一支不共戴天的军队，送上前线，发动惩罚之战，才有益巩固自己的霸权。提醒潜在敌人谨记罗马有仇必报——哪怕往往是几年后才报，乃是罗马帝国一大方略，重要程度远超过任何立即的政策或经济目标。犯此忌者如果被视为难管的刁钻分子，或是伤害罗马威信太过，往往就会成为被彻底消灭的目标。这是完全顺理成章的，理由却不是因为可以赢得什么立即的物质利益；而是因为罗马人相信，帝国的久盛不衰端赖其维护威望与有仇必报的名声。"这种远征战事的目的通常都不是'防卫的'。打这种仗不是为了把罗马领土上的蛮族赶出去；有许多次是罗马军队到达之前敌人应该已经离开了。发动战争的目的是惩罚、报复、恐吓——也就是强化敌人的某种心态,甚至是维持一种道德上的均势。"(Mattern 1999,166-167)这并不是说维持边境平静没有经济上、战略上的重要性,而是要强调,罗马人自认这些措施是关乎正义与荣誉的,只要他们的势力强得足以执行他们所理解的国际"道德准则",他们就会维持下去。

然而,报复的程度会超出单纯的成本效益盘算。把一套是非准则内化的人,会按准则把报复列为主要目标。因此,许多个人之间的、群体之间的激烈冲突会演变成似乎违背了自身的利益,许多重大的战争亦然。自己受辱引起的愤怒,变成了首要的动机。

德国于1904年至1905年消灭西南非殖民地(现今的纳米比亚)的赫雷罗人(Herero),是没有明显利益盘算的报复式灭族屠杀最惨的事例之一。这一处殖民地的战略价值与经济价值都太少,德国本来已经在考虑要卖给美国人。1904年间,赫雷罗人反叛了德国人的残暴统治,起初曾将驻守殖民地的那一点德国军事力量打败。消息传到柏林,德皇威廉二世认为,是总督太软弱太息事宁人才导致这次的反叛与兵败,于是把西南非殖民地交给军队统理,这样便可以躲过国会干预。冯特罗塔将军奉德皇之命率领近万名军队去镇压,"不论手段正当与否"。武力简陋的赫雷罗人当然就被这支当时全世界最厉害的军队打败,随即逃入沙漠地区。冯特罗塔便将殖民地的边界整个用栅栏围起来,不准赫雷罗人返回故土。他发布的公告值得一读:

> 本人以德国大将军身份告示赫雷罗族人。赫雷罗人已不再是德国子民。他们已犯下谋杀盗窃罪,割下伤兵的耳朵与其他器官,如今又胆怯逃遁。本人在此告知他们……赫雷罗人必须离境,否则本人势必以大炮轰之。留在德属领土境内之赫雷罗人,不论武装与否,有无携带牲畜,一律枪毙。本人不再收留妇孺。本人会将之驱逐至其族人所在处——或下令予以射杀。

> 德皇陛下麾下大将军冯特罗塔谨署
>
> (Dedering 1999，211)

当时德国有一些小册子发行，指这是定义不明确的、对赫雷罗人执行的"最终解决"(definitive Regelung)，但那还不是纳粹党当权时代(Dedering 1999，215)。后来，这次镇压事件的惨况消息传回德国，国会中的社会民主党人大哗。政府在压力之下发布了改采宽容措施的命令，但是时间拖到足够冯特罗塔贯彻原先的命令。德国人于1911年再做西南非殖民地人口普查，原来约八万的人数只剩一万五千。大约有五千人逃到了英属好望角与贝专纳兰（Bechuanaland，现今的博茨瓦纳）。按此，1904年至1905年被杀死或故意饿死的赫雷罗人口至少占75%。冯特罗塔回到德国之后，还荣获德皇亲自颁勋（Drechsler 1980）。

这次灭族屠杀与族裔净化，部分起因是为了便利——使德国人能比较顺遂地统治西南非，但是更重要的理由是维护威信，为了报复赫雷罗人背叛，以及他们起初打败德军使德国"蒙羞"。这同时也是为了宣示日耳曼帝国的"威望"，警告其他人不可贸然侵犯，妄动者将有被消灭的下场。毕竟这就是维护"威信"的主要目的。自认威望被侵犯受损的人可能成为他人眼中的孱弱者，可能因而助长了敌人的威风。德军认为自己必须表现出在镇压反叛者的时候不会手软，除此之外，还有纯粹报复的动机，结果才会导致残害赫雷罗人的程度远远超过要求顺从的警告。

第二次世界大战期间，德国人在东欧与苏联境内一贯采取这种行动，在以外地区也这样做过。1944年6月，德国人把法国的奥哈杜尔(Oradour)村民全体赶入一座教堂，再放火将他们烧死，企图逃走的人都遭到射杀。动机主要是因为愤恨奥哈杜尔人排斥他们这些侵略者。法国的这个地区的抵抗运动很活跃，德军这次屠杀极有可能是事先谋划的,并不是一怒之下的冲动。就时间点而言,根本已不可能对战争结果有什么实质影响,纯粹是为了泄愤(Farmer 1999)。

个人若是觉得自己受了屈辱,会想讨回公道。尽管大家都说公道与报复应该界限分明,事实往往不是如此。讨公道很容易变成争一口气。为了向一个群体争一口气与讨回公道的理由而向该群体报复,不论这个群体是一个家族、一个村庄、一个氏族、一个部落或一整个国家,报复者会把屠杀行为可能引起的一切良心不安都抛诸脑后。被报复者也许只是在防御贪婪的入侵者,也可能是侵略者。但是,一旦势强的一方声称自己站在公理的这一边,对方是被侵犯者或侵犯者已经无所谓了。

为过去曾受屈辱而心心念念要报复,不会只图立即动手。人类能记得过了很久的事,而且习惯根据遥远的过去来解释现在的处境,这包括对于久远以前发生的事——甚或可能并没有发生的事——心存报复。《圣经》描述了报复心切的上帝指示以色列人屠杀所有的米甸人(Midianite),只放过没出嫁的少女。上帝吩咐摩西说:

> "你要在米甸人身上报以色列人的仇。……"摩西吩咐百姓说:"要从你们中间叫人带兵器出去攻击米甸,好在米甸人身上为耶和华报仇。……"他们就照耶和华所吩咐摩西的,与米甸人打仗,杀了所有的男丁。……以色列人掳了米甸人的妇女孩子,并将他们的牲畜、羊群和所有的财物都夺了过来,当作掳物。又用火焚烧他们所住的城邑……摩西向打仗回来的军长……发怒,对他们说:"你们要存留这一切妇女的活命么?这些妇女,因巴兰的计谋叫以色列人在毗珥的事上得罪耶和华,以致耶和华的会众遭遇瘟疫。所以你们要把一切的男孩和所有已嫁的女子都杀了。但女孩子中凡没有出嫁的,你们都可以存留她的活命。"(《民数记》第31章)

按考古学家和《圣经》学者最近的评估，这个文本很可能是公元前 7 世纪写成的，距离事件发生的时间至少已有六百年了。但是要点不在事件是否真正发生过（Finkelstein & Silberman 2001，94-122，281-295）。这段经文说得十分明白的是：理直气壮的报仇可以诉诸灭族屠杀。为了报复而灭族的例子太多了，这一段叙述根本不足为奇。1402 年，明朝燕王朱棣发动内战篡夺皇位成功后，试图使儒士们支持他。方孝孺等人士不服，新登基的明成祖永乐便诛其十族，杀人数以千计（Chan 1988，196-202）。这样杀儒生本来是全然有实效考量的，因为明成祖正打算削弱儒生的势力，此后儒生也确有相当长一段时间发挥不了影响力。这既没有族裔因素也不是宗教信仰的问题，而是冲着知识分子精英而来的一则前现代的阶级灭族屠杀。然而，其中若不是含有报复的成分，明成祖可以只杀儒士的领袖人物再据夺其权力，便可达到目的。他把逃走的人都追捕回来，而且诛十族，可见动机已不仅止于实际层面的考量了（Dardess 1983，288）。

有时候，杀人数目虽然比较少，报复的屠杀痕迹依然清楚可见。国家政府功能弱或根本没有国家政府存在的社会里，例如中古世纪的冰岛（Samson 1991），甚或不久以前的科西嘉（Gould 1999）以及美国南方（Reed 1993；Reed & Reed 1996，272-273），杀人事件很平常，家族之间的世仇可能持续很久。因为不能仰赖政府或警察保护财产，家族得靠自己维护自家的荣誉，否则就会受外人欺辱。"暴力文化"因此与"荣誉"有着极端重要的关系（Nisbett & Cohen 1996）。某个家族或氏族如果受辱而不讨回公道，表示这个群体已经没有能力动员集体行为，所以会成为他人劫掠的目标。把群体规模扩大到族裔文化的、宗教信仰的、阶级的、地区的，这个原则仍然适用，同样可能启动灭族式的报复杀戮。有仇不报会招致祸殃，既然如此，就更有理由允许诉诸极端凶残的手段了。

日军在 1937 年至 1938 年间大肆蹂躏刚攻陷的南京城，是含有报复动机的。因为中国人竟敢奋力抵抗入侵的日本人，损及了日军的威风，而日本皇军是当时少数把尊严看得重于一切的现代化军队。即便武士道精神是反对杀戮平民的，日军却用六个星期的时间强奸了数以万计的妇女，有计划地拷打、割残肢体、斩首或以其他方式杀死了多达三十万的中国人。整个行动无疑是日军最高指挥部门下的命令，因为暴行持续得太久、太有条不紊，不可能是"战场上的狂暴失控"，也不可能是担心已投降的南京城抵抗（Brook 1999；I. Chang 1998；Fogel 2000）。从这种任意的残酷行为可以看出，自尊受损引起的仇恨情绪可能使暴行的程度远超过有效的报复所需。如果日军的用意是要让中国人知道不可抵抗，立即处死一些从军年龄的男性就可以达到目的。他们的暴行却延续这么久，做得这么凶残，显然情绪反应早已超过效益盘算。

单纯的恐惧

为保全"荣誉"非报复不可，是有部分预防用意的——可以教训潜在的敌人，也有要讨回公道的动机，另外还有恐惧：害怕不施以报复终将使敌人有机会再壮大起来反扑。就极端的例子而言，激起灭族屠杀冲动最快的，莫过于害怕自己被敌人消灭。一个群体——不论规模大小——如果觉得不除掉侵害者（或潜在的侵害者）自己将会灭亡，为了自救而毫不犹豫地屠杀敌人。将无辜百姓视为潜在的凶险敌人而杀之的例子，多得数不清。老斤里（No Gun Ri）的美国军人于1950年慌忙撤离时可能屠杀了韩国百姓，也许就是出于这种反应（Moss 2000）。美军屠杀梅莱（My Lai）越南百姓的事件，虽然许多评论者试图探究其深层原因，其实就是恐惧加上报复意念所导致的（D. Anderson 1998；Laster 1996）。

恐惧却可能比混乱战场上体验的一时害怕复杂得多，往往是长期盘踞心头的疑虑，时时唯恐敌人一旦有力量就要消灭"我们"。历史上近代以前的王朝或皇室家族，几乎个个都有血腥屠杀的一页，正是出于这种恐惧。王族成员争权的互斗之中，凡是可能有继承王位资格的人，连婴幼儿在内，都难逃杀身之祸，因为总会有人利用他的身份号召群众来夺权。因此，只要王位继承权受到质疑或是继位人选不够明确的时候，杀害兄弟、异母兄弟、父亲、儿子、姻亲甚至远亲，都是司空见惯的事。

最极端的例子就是15至17世纪奥斯曼帝国皇族持续不断的兄弟相残。接掌大权的这个儿子把同胞兄弟和异母兄弟都勒死，把他们的妻子和已经怀有身孕的妾一个个缝进加了重物的大口袋，抛进博斯普鲁斯海峡。这些人都是继位者眼中的潜在谋篡者，所以必须除尽（Nicolson 1962，250）。假如斩草不除根，存活下来的人会引起争夺皇位的内战（Fine 1994，500）。因此，对登上皇位者而言，先把他们都杀了要保险得多，可能也是避免自己、自己的儿女与妻妾反遭对方毒手的必要对策。

19世纪民族主义兴起以前，奥斯曼帝国对于少数族裔与其他宗教一般都是相当宽容的；但如果当权者觉得自己的势力受到这些族群的威胁，情况就不一样了。"阴狠的塞利姆"（Selim the Grim）于1513年登上皇位之前经历过十分激烈的手足相残之战，稳坐苏丹宝座之后，他把注意力转向什叶派萨菲王朝（Safavids）的波斯帝国。他唯恐奥斯曼领土内的什叶派异端（在正统逊尼派穆斯林眼中算是异端）会形成支持波斯的势力，于是先发制人，把四万名什叶派信徒或杀死或监禁（Parry 1975，410-411；Zarinebaf-Sahr 1997）。不论是可能有资格继承王位的亲属，或是可能会支持敌对势力的宗教异端，只要整个群体被当成险恶的敌人，他们所构成的威胁就会招致一连串以防卫为由的屠杀与驱逐。

西班牙的基督徒于1492年与穆斯林的决战得胜之后，掳掠奴隶、劫夺财物、屠杀持续了一百多年，穆斯林的海盗以西班牙为目标，基督徒在北非地区的行为也毫不逊色。劫掠不断之外，每隔一段时间，就有居留西班牙的穆斯林起事反抗，通常都有摩里斯科们（Moriscos，即改奉天主教的穆斯林，在西班牙仍被当作基督徒以外的群体对待）加入帮忙。到了16世纪末叶，西班牙人眼中的法国新教徒异端构成另一股威胁，冲突更趋严重。终于，在一连串的叛变与杀戮之后，三十万摩里斯科（已改宗的摩尔人）——其中90%以上在西班牙境内——于1609年间被驱逐到北非。这是历史上最彻底的前现代族裔宗教净化事件之一（Taylor 1997, 78-99）。

酿成死伤的族裔暴动——唐纳德·霍罗威茨（Donald Horowitz）称之为"原始灭族屠杀"，以及许多的死伤惨重的族裔净化，往往都是恐惧挑起的。做这种事的人害怕目标群体势力会渐渐壮大起来，继而会欺压、侮辱自己，使自己变穷，甚至消灭自己，所以必须把目标群体消灭，或至少也要用暴力把这种威胁压制下去（2001, 180-182, 431-435）。

塞尔维亚人与克罗地亚人的关系，在第一次世界大战后南斯拉夫建国的头二十年渐渐趋于紧张，经过第二次世界大战期间的族裔屠杀，到20世纪80年代末至90年代初的紧张急剧升高，情况与16世纪西班牙的基督徒与穆斯林——或摩里斯科——之间的互相敌视其实没有多大差别。我们不谈南斯拉夫情势的细节，也可以看出族群之间有资源竞争，彼此越来越觉得若不借屠杀驱逐消灭对方，对方就要把"我们"屠杀驱逐。第二次世界大战期间曾经发生屠杀；到了20世纪90年代初，屠杀他族的行为又开始，唯恐对方诉诸屠杀于是成为合理的担忧，先发制人的暴行也就理直气壮了（Oberschall 2001）。20世纪的南斯拉夫和16—17世纪的西班牙，都有主张节制与互谅的呼声，也都有极端分子主张用最激烈的报复手段一了百了。结果都是极端的立场占上风，主要原因都是不久前发生过的暴力冲突多得足以相信恐惧乃属合理。南斯拉夫人不断引据中古世纪的战役，高呼旧仇不可不报，用编造的古史言之凿凿要求族裔隔离与族裔净化。这一切的背后其实是眼前的恐惧：恐怕敌人不灭亡就是自己灭亡，或至少也会在敌人强大后自己变成穷人或被边缘化。这种恐惧是否合理已经无关紧要，因为各方的领袖都使自己的群众相信这是事实了（Banac 1984；Djilas 1991；Judah 1997）。

斯大林对付富农以及后来的潜在破坏分子、托洛斯基党等等，都用了杀害、饿死、流放等手段，背后的原因主要都是他自己恐惧背叛，恐惧这些人的阶级出身和错误意识形态会毁掉社会主义，所以非除掉不可。此外，他在1938年大举整肃了军官，被杀的人数在四万名上下，包括当时五名元帅中的三名，十六名陆军司令官之中的十五名，六十七名军长之中的六十名，一百九十九名师长之中的一百三十六名。被杀的军官中不少人是家小一并被杀。主要原因就是斯大林在害怕，他怕自己的军队在未来的战争中会败给德国，之后败军会像第一次世界大战中兵败的俄军找沙皇算账那样找上他自己（Laqueur 1990，91；Tucker 1990，514-515）。

后来，斯大林的迫害行为再扩大到许多族裔团体。1944年对高加索地区的车臣与印谷什（Ingushetia）进行的族裔净化都是大规模的，用的理由是车臣人和印谷什人与德国侵略者勾结，所以要惩罚他们。但也因为他们是难以同化的族群，在战略要地上威胁了苏联的统治权——与19世纪不服帝俄统治的某些高加索民族一样。大约有五十万车臣人和印谷什人被驱逐，其中20%因不堪折磨而死。大约二十万的克里米亚半岛鞑靼人也在这个时候被逐离家园，流放到中亚地区，其中多达45%的人丧命。黑海地区的希腊人、亚美尼亚人、保加利亚人也基于同样的理由在此期间被流放（Naimark 2001，92-107）。由于这些族群都比较小，净化行动的主要目的是除掉障碍与报复。斯大林唯恐敌意族群背叛的心理，却因为这些族群不乏与第二次世界大战时的德军合作的例子而加剧了。

他最终的族裔目标是犹太人，迫害的理由又比上述其他的更复杂了。从 1917 年革命的时候起，到 20 世纪 20、30 年代，犹太人在共产党里所占的分量都非常之大。这是因为犹太人可以供应共产党需要的白领阶级技能工作者、专业人才、知识分子，而且都是与沙俄旧政权没有瓜葛的，因为沙皇政府是反犹太人的。1937、1938 年的共产党大肃清之后，许多怀有传统反犹太主义观念的俄罗斯人进入党组织，斯大林就除掉了党内旧领导人物之中的多数犹太人。他最强的对手托洛斯基、季诺维也夫（Zinovyev）、加米涅夫（Kamenev）都是犹太人。第二次世界大战期间，犹太人仍是苏联国务中的要角，也不可能被扣上与纳粹勾结的帽子。战争结束后，位居要津的犹太人却开始遭受攻击，显而易见，斯大林打算把所有的犹太人都驱逐到西伯利亚。他嫌恶犹太人已是明白的事实。苏联媒体的反犹太言论越来越凶，迫害犹太人的运动已经开始，却在 1953 年斯大林死亡时喊停了（Slezkine 2004, 218-249；Vaksberg 1994；Weiner 2001, 138-162, 191-235）。

斯大林迫害各种不同族群的规模之大，不能用政治考量引起的恐惧或复仇的欲望来解释。如果要理解是什么嗜杀的妄想狂在推动他的行为，我们就要谈到最后一个也是最极端的一个理由。我们也会发现，苏联杀戮、纳粹灭族屠杀的最严重事例，以及许多其他大屠杀事件，不分现代与现代以前，都有相同的思路可循。

恐惧污染

不论以族裔文化、宗教信仰、意识形态、阶级差异为由的集体屠杀或放逐，都有可能是恐惧污染引起的。这是作用最强烈的理由，恐惧者认为某个族群的败坏力极大，他们存在就是大祸殃。不这么想的人是难以理解这种心理的。如果目标族群显然是弱势者或无力还击者，迫害者讲的这种理由似乎格外荒诞，但是我们仍应理解其中的缘故。

1857 年印度"大叛变"期间，发生了一连串英国殖民者被屠杀的事件。上百的英国人——包括妇孺——被杀，是因为印度人恐惧且厌恶英国人统治,想要一举把英国人除尽,既是报复,也是为了防止英国势力卷土重来。最为人知的是在坎普尔(Kanpur)发生的事件,屠杀当众进行,上千名印度居民围观。屠杀行为乃是宗教上认可的,而且是盛大庆祝活动的一部分,庆祝根除英国人的统治。后来英国军队逼近,正在向邻近村落进行严酷报复的时候,坎普尔市又私下处决了不久前捕捉到的一批妇孺,可能是要灭口,以免他们指证叛变的领袖。第一次的屠杀是要把印度的白种基督徒清除掉;第二次是叛变领袖们恐惧的反应,因为害怕英军报复(Mu-kherjee 1990)。

库德朗殊·穆克吉(Kudrangshu Mukherjee)指出,英国人就屠杀事件成立的调查委员会本来认定叛乱者必然强奸了很多英国妇女,结果发现一件强奸案例也没有。原因是,对于信奉伊斯兰教和印度教的叛变者而言,造反与杀人都是为了要把玷污印度的"异教人"清除,异教的外国人玷污了种姓的纯净,也触犯了伊斯兰教和印度教的律法。不但强奸异教者是不洁净的,连"口说异教者的名字"也是不洁净的。所以,屠杀英国人既是为了报复,也是出于恐惧被污染的反应。第一次屠杀是示众的仪式,不像第二次是在慌乱中完成,动机全然只是普通的害怕敌人报复(Mukhejee 1990, 115-116)。

16世纪的法国曾经发生新教徒与天主教徒的多次宗教战争,死亡人数达到七十五万。我们要想理解这些战争凶恶的程度,也必须从正确评估恐惧污染着手。"massacre"(大屠杀)这个词就是从这些宗教战争发生以后才有了现在的词义,1540年以前的这个词只限于指屠宰业的砧板。1545年清除新教徒异端的行动中,普罗旺斯(Provence)全体人口被杀,村庄被烧,才有人用"massacre"来形容这种事件(Greengrass 1999, 70; Holt 1995)。宗教战争都是复杂的,起因不一,有的是经济方面的,有的与贵族不同氏族之间的争执相关,有的关系到掌控法国王权的斗争。但是其中总有真正神学观点的因素,例如1572年圣巴多罗买节(St. Bartholomew's)的血腥大屠杀,以及达到这个顶峰之前的多桩杀戮事件。最惨烈的集体杀害行为都有一个相同的核心动机：要赶紧清除天主教之中的异端污点（Crouzer 1990；N. Davis 1975）。马克·格林格拉斯（Mark Greengrass 1999）把这些宗教战争的许多文献作了概述："所以对待新教徒的酷行格外残忍，甚至在杀死他们之后变态地残害尸体。这与我们所理解的虐待狂并不一样。信奉异端者被视为非人类、恶魔的代理者。而追杀异端者的人们乃是上帝暗中差遣的复仇天使。"许多极端的事例正是如此，天主教暴民在屠杀事件中每每认为不但要置新教徒于死地，而且必须烧光他们的财物、割毁他们的尸体，乃是要把异端的敌人当畜生一般从法国清除干净。这种净化仪式中，男尸的生殖器被割掉、怀孕女尸的肚子被剖开、新教徒聚会礼拜的地方被放火烧光(Holt 1995, 2, 86-93)。

这令人想起 1965 年与 1966 年初在印度尼西亚发生的恐怖酷行，这是 20 世纪后半期最惨的屠杀百姓事件。印度尼西亚的左派与右派原有很长一段时间紧张持续升高，也有公然直接的冲突，许多乡村地区的土地所有权之争的暴力事件频传，终于发生左翼政变。政变未成便被迅速瓦解，保守派的军官们乘胜展开肃清共产党的行动。结果有至少五十万人丧命，甚至可能多达百万，其中大多数是有军方为后盾的平民动手杀害的（Crouch 1978, 97-157）。东爪哇是一些最惨烈酷行发生的所在，这里的屠杀行为经常带有一种仪式色彩，完全不是现代共产党与非共产党政治斗争一向的表现。目标群体不但全家被毁，而且通常都遭到刑讯与毁伤肢体。"人头、性器官、臂腿都陈列在巴苏鲁万市（Pasuruan）市外的干道旁。运河里塞满了尸体。"穆斯林青年团体屠杀他们指控的共产党人与反穆斯林者最为积极而凶狠（Hefner 1990, 210）。有嫌疑的人常常是与他们饲养的狗一起被绑住（穆斯林认为狗是极不洁净的动物），借此显示狗主人不是端正的穆斯林。"共产党徒"被割断喉咙，虽然大量出血却不会迅速死亡，然后与捆在一起的狗被扔进溪流或运河而淹死。（这是曾经参与屠杀的穆斯林青年于1986年在东爪哇的玛琅附近告诉丹尼尔·布罗与罗伯特·海夫纳的。）这种发狂的、仪式化的杀戮与法国宗教战争中的酷行一般无二，因为我们从其中也看见要清除异教徒污染的动机。

旧有的仇恨，加上要把造成宗教污染的民族从自己的领土上清除的意念，在前文引述《旧约》的那一段文字之中明显可见。因为米甸人导致"耶和华的会众遭遇瘟疫"，所以要把他们杀尽。后来，耶和华又通过撒母耳命令以色列人把亚玛力人消灭，还要灭尽他们所有的牲畜。耶和华也因为扫罗没有按他的指示把他们灭绝净尽而愤怒。迈克尔·格兰特（Michael Grant）称这次屠杀亚玛力人的事件是"狂热愤怒"的事端（1984，72），其中可能反映了犹太教律法学家的想法。以色列王国于公元前722年被亚述摧毁，这些人逃到耶路撒冷安身之后，写下经文警告幸存的南方犹太王国，耶和华对于违抗旨意的人是绝不宽容。〔这是芬克尔斯坦（Finkelstein）与西伯曼（Silberman）于2001年提出的《旧约》前五记解读。〕《申命记》之中时刻挂念着不洁污染的律法，也是同一时期写成的。这些禁制在以色列人流亡巴比伦的时期又经过提炼，成为团结以色列人的力量，以免堕入敌人同化的大灾祸（Douglas 1984，42-43，54-58，107；Finkelstein & Silberman 2001，296；Lane Fox 1992，181-182）。

恐惧污染的情绪最尖锐的时候，是害怕不完成社会的自然界的秩序净化仪式将会招致灾祸的时候，或是有可怕的事发生而大家在寻找原因的时候——原因往往是以往曾经不谨守洁净要求。在这种时候，"狂热的愤怒"——恐慌与激昂的混合体——加上复仇意念，形成发了狂似的欲望，非要把罪魁祸首的污秽除尽了才甘休。1965年的印度尼西亚、16世纪法国的宗教之战、《圣经》的故事里，都有这种最尖锐的恐惧。

中古世纪基督教史弥漫对犹太人的憎恶，也是一种恐惧被污染的情绪。这种强烈反感背后的动机不论是什么——贪图犹太人的钱财？

在不顺遂的时候找替罪羔羊？厌恶商人和放高利贷者？——都是更深层的东西喂养出来的。乔治斯·迪比（Georges Duby）指出，法国加洛林王朝初期构想的君王本分包括："……领导全基督宗教世界的命运……导向其救赎。……其另一职责乃是压制——或至少要遏制——犹太社群之扩张，因为犹太人是精神上的异议中坚，虽然被排斥，仍充满力量"（1977，7）。

基督宗教世界的十字军第一次出征中，最初的暴力行动是以法国人为目标，继而冲着日耳曼人而来，然后是东欧犹太人，最后才是圣地巴勒斯坦的犹太人。动机照例是多元混合的，但是，复仇与宗教纯净化——清除犹太人背叛基督的可耻污点，却比任何经济方面的动机都重要。犹太人一般都有两条路可选：改奉基督教或者死亡。虽然教会法规其实是禁止强迫他人皈依的，高层神职人员也反对这么做，"一旦十字军东征被宣传为敬爱上帝和友爱兄弟的表现，教会的人就控制不住十字军的诉求鼓动那些情绪了。于是，整个12世纪里的每一次号召十字军出征，都会引发大肆屠杀迫害犹太人"（Riley-Smith 1987，16-17）。

时局如果不太平，即便没有招募十字军，犹太人的不洁净仍会成为发动屠杀的理由。1320年与1321年间，在法国和伊比利亚半岛北部的诸王国都发生过这种事。由于这一次麻风病人和犹太人都是被锁定的目标，恐惧污染的意思格外明确。12世纪的英国诺曼族诗人温伯恩的瓦尔特（Walter of Wimborne）先前写过一首诗，把烂脓、排泄物、麻风病、贪婪、犹太人、背叛、腐败的意象结合在一起（Nirenberg 1996，62-63）。犹太人曾于1306年被逐出法国（1290年被逐出英国），又于1315年再获准居留法国，所以，饥馑与普遍的怨尤导致1320年间的不安定又怪罪到犹太人头上，而且间接怪罪准许犹太人回来的国王。结果，法国国王不得不出面庇护犹太人，并且把刚刚开始的暴乱压下去（Jordan 1996，113，170）。

反犹太主义是一个十分多面向的现象,不可能当成一个统一的整体来解释,其中是含有许多个不同部分的。在20世纪初期的维也纳,奉犹太教的犹太人和改奉基督教的犹太人一样,都在专业人士与知识分子中占了很大的比重,哈布斯堡王朝(Hapsburg)统治的奥匈帝国官方立场是包容的,实际上却是越来越敌视犹太人(Beller 1989)。比较开放自由的时代正在终结,是因为社会急速变迁,也因为"外来者"日益进展,更因为崇尚纯正化的日耳曼民族主义信仰正在滋长。就在社会变迁、固守族裔文化的新风气、怨恨情绪逐渐加剧的时候,恰巧盛行起有关种族与优生学的伪科学言论,这些又与保守的宗教反现代主义一拍即合。年轻的希特勒就是在这个时期的维也纳吸收了塑造他日后世界观的各种有关种族和历史的通俗理论(Schorske 1981,120-146)。19世纪末与20世纪初的中欧(就像15世纪末驱逐犹太人的西班牙),也正是重提犹太人有杀基督教儿童仪式的传闻之地,说来并不是巧合(Kieval 1997)。

如果只凭单纯的实质考量把恐惧污染的心理交代过去,例如说那是阶级冲突互斗的一种形态,或说是愤世冷血的统治阶级在操弄容易受骗的一般大众,根本没说中要点:被恐惧牵着走的人为什么会毫不手软地犯下显然罔顾任何实质盘算的可怕罪行。也许是因为基本上是正派的人难以相信恐惧者会狂热到这种地步,所以要另外找比较"合乎理性"的解释方法。例如德柏拉·李普史塔特(Deborah Lipstadt)讨论美国人对纳粹屠杀犹太人的反应,就说当时不愿正视问题之严重——甚至在1942年以后证据越来越明确的时候仍抱持怀疑,是有充足理由的。因为新闻界仍记得第一次世界大战时有关德国人残酷行为的夸大不实报道,而且来自中欧与东欧的屠杀犹太人传闻根本教人难以置信(Lipstadt 1986)。这也不无道理,观念自由开放的人根本无法忖度是多么深的厌恨与恐惧在左右德国当时的官方政策。

这种"难以置信"的态度,多少有些类似某些德国历史学者的合理化推论,他们说,纳粹针对种族的灭族屠杀是为避免阶级灭族屠杀的一种自保反应。如果我们完全忘记希特勒对犹太人的痛恨与恐惧,这种说法好像也有道理(Kershaw & Lewin 1997,7)。多亏心理学家瓦尔特·兰格(Walter Langer)在战时做了机密的希特勒心理状态研究(后来于1972年发表),指出希特勒在自己的著作中不时提到恐惧疾病、恐惧污染、恐惧邪惑、恐惧堕落,以及把他所恐惧的这一切都将由种族相混带来,尤其会被犹太人的疾病传来。希特勒深信种族相混会导致灭亡,他在《我的奋斗》(*Meine Kampf*)之中写道:"血统相混与随之而来的种族水准低落,乃是古老文化会消失的唯一原因:人不会因战败而消亡,乃因为丧失了只有纯净血统才含有的抵抗力。"[Hitler(1925—1926)1971,296]他在一段最著名的话中又说:"黑发的犹太少男脸上带着邪恶的窃喜,鬼鬼祟祟等着未存戒心的少女,他以自己的血玷污她,从而把她自亲族中抢走。他用一切方法毁掉他处心积虑要征服的人们的种族根基。"(325)希特勒的意识形态中固然有很多伪科学的优生观念,他的这一段话,以及他的著作和演说中的许多其他段落,却都显示他对犹太人的厌恶恐惧并不只是误解了演化论思想,而是与走火入魔的追求纯净有关联。

现代人追求完美的乌托邦社会——不论是种族纯净的或意识形态纯粹的乌托邦社会,都与以前人追求宗教信仰纯净的社会非常相似,这些又都非常类似现代人的另一种理想追求:阶级纯净。

红色高棉在1975年至1979年间杀害了柬埔寨四分之一的人口——约两百万人,即是一个令人毛骨悚然的例子。这次事件中的净化行动是多样的:要清除高棉人之中的所有越南血统痕迹,以完成种族净化的目标;要消灭阶级敌人及其家人,以完成阶级净化的目标;要清空都市中的人,以完成扫荡西方现代化堕落的污点;要完成肃清所有背叛及反对势力的目标。这时净化目标都起于一种乌托邦的愿景,这个愿景又来自法国历史学家创造的、波尔布特及其周围大员们吸收过来的一个幻想：古高棉帝国曾是完美的农业理想国，红色高棉可以再创造这个理想国。不过，新理想国的规模更大（Heuveline 2001；Kiernan 1996，7-8；Kiernan 2001）。他们的动机最表露无遗的地方就是，遭屠杀的许多高棉人被红色高棉指为受越南人影响玷污了，所以变成"身是高棉人，心是越南人"（Kiernan 1996，424-425）。

坏分子、捣乱者与托洛斯基派、高棉身体越南心、犹太疾病、新教异端者，这些带来污染的人，在杀害他们的那些人眼中都是致命的危害。我们可以再看《旧约》之中一则这种理解模式的例子。约书亚率众征服迦南，一连串血腥的灭族大屠杀，如在耶利哥"将城中所有的，不拘男女、老少、牛羊和驴，都用刀杀尽"（《约书亚记》第3—22章）。之后他对以色列人说："因为耶和华已经把又大又强的国民，从你们面前赶出。……你们要分外谨慎，爱耶和华你们的上帝。你们若稍微转去，与你们中间所剩下的这些国民联络、彼此结亲、互相往来。你们要确实知道，耶和华你们的上帝必不再将他们从你们眼前赶出；他们却要成为你们的网罗、机槛、肋上的鞭、眼中的刺，直到你们在耶和华你们上帝所赐的这美地上灭亡"（《约书亚记》第23章第9—13节）。

以色列人听过这些警告之后却没有按约书亚的盼咐做。《士师记》第一章里的一连串迦南城市，都没有遭到以色列人灭族屠杀或驱逐。这令耶和华震怒了，但是随后发生的事更糟。以色列人"去叩拜别的神，就是四围列国的神"。耶和华就惩罚以色列人，把他们交在敌人手中，但是一再不忍，再给了以色列人屠杀敌人的机会，以色列人却又一再重蹈覆辙（《士师记》第2—11章）。经文上说得很明白，他们是因为与非以色列人通婚，所以一直在拜假的神。大力士参孙的故事（《士师记》16章）就是一个严厉的警告：爱上不可以爱的外族人会带来杀身之祸。

撰写这些经文的时代中，与外族通婚和文化上被外族同化，都是犹太人眼中导致自己民族灭亡的威胁，因为犹太民族会因通婚与同化丧失其特有的宗教信仰，不再是上帝的选民。为了避免这种事发生，他们必须把自己的近亲——异端的、不信唯一真神的迦南人——妖魔化。除此之外，情势极端紧急的时候，也就是犹太人面临政治大败的时候，因为必须解释怎会发展到这步田地，就把一切归咎于他们自己没能做到洁净自己——没有遵照上帝指示把敌人除净。20世纪为意识形态而进行屠杀的人，也在避免犯这种过错。

四种动机如何区别？

上述的四种动机彼此没有排他性。乔治亚州的朗普金州长其实是个歧视原住民的人，认为切若基族人比白种美国人低等，种族混合是杂质污染。所以，他的族裔净化即便是最明显有效益考量的，却也不是完全不含其他动机的。不过最主要的原因仍是想要夺占切若基人的土地，一旦把切若基人赶走了，土地取到手，也就不再需要把他们消灭了。首要动机是贪婪，不是报复，也不是恐惧污染而非把切若基族消灭不可。

前文说过，报复与恐惧这两种动机往往会重叠，因为以暴制暴者害怕不报复会使敌人势力变大，潜在的敌人也会以为不报复者是可欺的。恐惧可以使报复行为变得合理，即使并没有要讨回公道的义愤感也无所谓。下一章里会再讨论这个主题。当然，我们谈到的许多例子是以一个动机为主的。我们很难相信德国军队会恐惧被彻底打败的赫雷罗人，他们执行灭族屠杀除了报复之外，我们也很难想象有其他原因。

如果事件背后的动机是混杂的，每个动机是按什么理由成立的，都必须一一厘清，才能理解事情为什么会发生。例如希特勒心心念念要把全世界的犹太人都清除干净，若有人说他的主要动机是夺取犹太人的财产，或是报复犹太人过去的行为，根本都曲解了他对犹太人的深恶痛绝。同理，我们若不先理解恐惧污染的情绪，就不可能理解欧洲宗教战争与斯大林杀害上百万人的原因。区分清楚不同的动机,有助于从心理层面了解是什么力量在推动集体谋杀的行为。这些都将在第二章中详论。

现代的灭族屠杀和族裔净化是不同的吗?
重返部落状态与现代的国家政府

略谈过灭族屠杀行为的主要起因之后,我们可以进而讨论现代版本的政治性集体谋杀是否有什么不一样。希特勒、斯大林都体现了现代的国家政府理论以及以学理为凭的讲究,如果只把他们解释为返祖的例子而归入成吉思汗的一类,是不对的。但是,这两个暴君非要除尽自己社会中种族的、阶级的杂质才甘休,其实也并不够现代。希特勒在追求理想境界的纯净,有"狂热的愤怒",也极度恐惧净化不彻底的后果。这种观感是很古老的,以往也曾是许多次大屠杀的起因,只不过昔时事件的规模不如现代有官僚体系的政府做起来那么大。

20世纪发生的其他集体屠杀与族裔净化事件——亚美尼亚人的、赫雷罗人的、波斯尼亚穆斯林的、图西族人的、东欧德国人的,以及东南亚、南亚、中东、巴尔干半岛、非洲的许多导致大量死亡的集体强迫迁移与伤亡惨重的社群暴力事件,都符合以上所述的一项或多项类别。解释这些事件,以及更早以前发生的事件,都必须同时用到上述的四类动机:实质势力的考量、报复与讨回公道、恐惧敌人、以为非用血腥消灭的手段不可。

有学者认为,现代的事件比昔时的有过之而无不及,其实不无道理。这一派学者并不是欠缺历史观的人,许多深入的研究也确实指出,20世纪灭族屠杀与族裔净化背后的民族主义是一个现代现象,为配合现代化国家政府需要而建构。也可以说是现代化国家政府面对的一种反作用，因为掌权阶级企图把自己的民族主义强加在语言或宗教信仰与自己不同的族裔群体上。霍布斯鲍姆（E. Hobsbawm，1992）、安德森（B. Anderson，1991）、格林菲尔德（Liah Greenfidld，1992）、盖尔纳（E. Gellner，1983）诸位强调的重点虽然各有不同，却都赞同这样的论点。格林菲尔德认定纳粹党和斯大林的残杀行动有日耳曼民族主义和俄罗斯民族主义作祟。其他几位也持相同看法，不过表述不及格林菲尔德直接。甚至安东尼·史密斯（Anthony Smith；被指为民族主义的"原始论者"，亦即主张民族主义源自古老的族裔意识，不是近代产物）也同意，19世纪以降的近代民族主义是有其不同于往昔的地方。

这里不再详论民族主义之兴起与发展了。我们只需要说明，研究这个课题的当代专家几乎一致认为，现代的民族主义要求更高的文化同质性，方式可能是要求人民采行共同的语言和同一套价值标准（如美国的方式），或是接受族裔的或宗教信仰的同质性（或两者兼备）。法国大革命以后，加上英、法启蒙思想传布的影响，一个文化的群体——或称民族——应有自治的权力，成为西欧的标准理念（Gellner 1983，Kedourie 1966）。而西欧人自己的帝国主义势力扩张违反了这个理念原则，又促成反帝国主义的民族主义广泛传布，以及20世纪后半期的反殖民主义道德观兴起（B. Anderson 1991）。另一个观念——一个民族应当由一个国家代表——是与民族主义互补的。因为有这种观念，许多纷争不断的文化异质性高的地区——包括从巴尔干半岛到苏俄、从非洲到中亚、南亚、东南亚——要谋求和平更加困难。

国家等同民族，意思就是说，现代人认同的民族和过去时代的人认同的村庄、氏族、部落、小城邦一样。格林菲尔德（1992）说得明确有力：人走入现代，就是变成比较大的民族的一员，不再只是某个村子、地区、宗教信仰的一员。如今多数人认同的主要政治本体是民族，如果基于某种原因认为自己生活的国家不能名正言顺代表自己的族群，就要离开这个国家，或是另外建立自己的民族国家。现代的世界其实已经重新部落化了,新的部落是民族,包含的成员远比以往时代的部落多。

阿伦特与鲍曼等社会科学及哲学界人士会觉得 20 世纪的一些灭族屠杀可能有完全不同于以往之处,并不只是因为这些事件毫无节制、规模极大、突如其来。近代以来发生的族裔净化事件,比直接把敌人杀尽的事件多得太多。自 19 世纪中叶起,到整个 20 世纪,曾经长久和谐共处的人群纷纷分裂,罗杰·布鲁贝克(Roger Brubaker)称之为"不混合"(unmixing)。哈布斯堡帝国、奥斯曼帝国、英国统治的印度,以及晚近的殖民地非洲等多族裔组成的国家解体之后,随即发生不同族裔语言的群体或不同族裔宗教的族体"不混合",这确实是以往少见的,因为以往的兴盛国家一般都是反其道而行。

帝国和王国会借征服的手段把不相同的群体聚集起来,统治者才能够使收益最大化,只有在遭遇激烈抵抗的时候才会诉诸集体屠杀或驱逐。现代的情形相反,帝国解体后出现的国家纷纷要求除去一些有生产力的人口,因为这些人已被视为有害的威胁,不再是收益的来源。某些群体变成应除掉的目标,可能只是因为所说的语言或所奉的宗教与对方的不一样(Barkey & von Hagen 1997;Burbaker 1996)。奥斯曼帝国对亚美尼亚人的灭族屠杀、纳粹对犹太人的灭族屠杀、卢旺达的图西族被灭族屠杀,其实都是彻底族裔净化行动的一部分。这是要把几百年来一直生活在同一个国家里——而且大部分时候是和平共处——的人口完全"不混合"。如果是在以往的时代,是在征服者发现无法使被征服者顺从的时候,或是在征服者无法利用被征服土地的时候,才会发生族裔净化。只要被征服者是可以不用极端手段就压制住的,通常不会被逐出他们长久居住的故土。

20 世纪欧洲的彻底族裔净化模式,以往的时代不是没有发生过,只是不多罢了。例子之一就是中古世纪一些欧洲国家驱逐犹太人,其实当时的犹太人并不足以构成军事上或政治上的威胁。1942 年的西班牙犹太人被逐,是以创造"纯净血统"之社会为目标的,显然颇有"现代味儿"了。不过,细察之下会发现,"净化"做得其实不如前辈历史学家所想的那么彻底 (Kamen 1998,32-34)。

这样看来,20 世纪一件件导致灭族屠杀的净化行动,都是一种当代趋势吗?泰德·古尔 (Ted Gurr 1993) 是这么认为的。他曾列出二百三十三个"有风险的少数族群"——人数接近十亿了。当然,现在的潜在冲突也和以往一样,未必都会演变至极端状况。古尔却在书中指出,有些确实演变为极端,未来也还会再如此。假如这种大惨剧的确比较属于现代,也许会像 20 世纪那样越来越多。

国境之内若是有任何群体基于文化理由不承认政府的正当性,就会威胁到国家的完整性、国家的存在,以及国家所代表的民族。即便某个文化群体想要忠于自己生活于其中的国家,如果被怀疑它是不可靠的,就可能危害到国家,而且招致迫害。一旦卷入激烈冲突,报复、讨回公道、恐惧被击败等动机都会发生作用。这些都会被仪式化、合理化,变成持久不衰的厌恨与可能启动杀机的不共戴天之仇。

宗教热情与民族主义结合而形成的一股力量,已经酿成严重流血事件,这种力量以后极可能越演越烈 (Juergensmeyer 1993)。现在表现得最明显的是伊斯兰教 (Tibi 1998),但是别处也是有的 (Juergensmeyer 2000)。萨达姆·侯赛因 (Saddam Hussein) 和米洛舍维奇 (Slobodan Milošević) 的行为;斯里兰卡与阿富汗发生的族裔的、宗教的极端主义;卢旺达、布隆迪、刚果、苏丹接二连三的屠杀;高加索地区新爆发的战争和暴行;印度尼西亚的不同社群之间的杀戮;许多虔诚犹太教徒与穆斯林在以色列与巴勒斯坦之争上的顽固态度,以及许多其他案例,都不是脱离常规的特例。如果是,"例外"可就太多了(Jowitt 1992)。当然也有相反的情形,例如南非,主张慈悲与宽恕的声音盖过了报复心与族裔猜忌。但是,如果以为这是一个明显无误的趋势,就太大意了。

如今，屠杀他族的所有理由之中的第一个——纯粹为方便，已经不像以往时代那么容易得到认同了，这也许是一线希望。现代的屠杀者不论是多么卑劣的独裁者，也都会说是为了更高层次的道德原则才会做这种事——是为了成就社会主义、民主体制、种族纯净、国家安全，或其他的崇高目标。恺撒大帝消灭不顺从的高卢部落的事如果发生在 21 世纪，恺撒会让公关人员说，这是为了使高卢人能更充分地享有罗马帝国升平时期的福利。早在第 1 世纪，人们就知道要控制媒体。塔西佗［Tacitus（A. D. 98）1964，SEC 30］在公元 98 年以反讽之笔写不列颠之被罗马征服："他们给抢劫、杀戮、掠夺冠上帝国这个骗人的名号；他们制造了一片荒凉而后称之为和平。"

而现在，每当情势关系到假定的重大利害、民族存亡、民族荣誉、宗教信仰与意识形态的纯正、深仇大恨，就有可能导致政治性的大屠杀。灭族屠杀发生的可能性从来不曾消失，在现代的世界里，掌控政府却变得格外重要，经济困顿与政治不安稳的地区里尤其是这样。原因有二，第一，因为政府掌握的资源可能是经济发展的关键，甚至是实质存亡的关键。第二个原因比第一个还重要：如果民族每名成员都应支持政府，巩固政府的合法地位，那么，凡是无法掌握政府决策的文化群体势必担心自己可能灭亡。输赢的赌注越大，不同群体竞争盟主权也越激烈。这也就是说，20 世纪发生过的那些为政治目的而执行的集体屠杀与驱逐，在 21 世纪仍很可能再度发生。

第二章

灭族屠杀行为的心理依据

> 看见一百具尸体、五百具、一千具尸体躺成一堆,这意味着什么,你们大多数人都知道。经历过这种事,却能够——除了少数暴露人性弱点的例外——面不改色,这才使我们变得强硬。
>
> ——希姆莱于1943年对负责屠杀犹太人的纳粹党卫军首领讲话

第一章讲过的灭族屠杀行为的四种理由是:(1)为达到实质的、有形的目的而除掉构成阻力的反对者;(2)自认受了欺侮而要讨回公道;(3)恐惧敌人;(4)认为必须除掉异己才可保持生活环境清净。但是还不仅止于此,因为我们知道,除非对于极端残暴行为习以为常的人,或是少数面对血腥暴力不会有正常情绪反应的人,多数的人会在从事或目睹大屠杀的时候被吓到。欧洲最著名的战争理论家卡尔·冯·克劳塞维茨(Carl von Clausewitz, 1780—1831)乃是身经百战的军人,却在给妻子的家书中说,拿破仑的军队于1812年撤出莫斯科时遭到俄罗斯哥萨克骑兵追杀是"吓人的"景象。他说:"如果不是我心肠已经变硬,那是会使我发疯的,即便如此,假若要我在回忆当时目睹的景象时不再吓得发抖,总得再过几年。"(见 Keegan 1994, 8)人的心肠如何能变硬?为什么有那么多人能下得了手去大肆屠杀?多数人面对这种景象时产生的反感与害怕,是凭什么心理机制克服的?

我们细读这方面的心理研究时会发现，其实有很多方法可以达到这个目的。而且我们后来会明白，只要环境条件正符合，这种事之所以发生的缘故不难解释。我们多数人想到杀人就觉得憎恶，但只要把杀人变成例行公事而使动手杀人者变得麻木，或是利用训练、利用有效的组织，就可以克服这种反感。厉害的领导者会诉诸部下的情绪和责任感，从而使部下做出残忍行为。把强烈的恐惧、愤怒、仇恨做成任一种组合，都足以使灭族屠杀行为变得理直气壮。受了敌人欺凌会引起讨回公道的报复心，这种意念很容易挑起恐惧、愤怒、仇恨的情绪，并且使这些情绪变成持续不灭的观感，从而制造出更多暴力的冲突与循环。结果，许多正常的个人就很轻易地被变成凶残的杀人者。当然，并不是每个人都如此。

怎样把常人变成屠杀者

纳粹屠杀犹太人期间，党卫军头子希姆莱知道这种事会引起强烈反感，据说他自己第一次目睹犹太人被屠杀时当场就呕吐了，或起码也曾经吓得面色惨白（Padfield 1990，342-343）。因此，起初用的近距离集体枪毙的屠杀法（使执行者身上溅满脑浆和血），改成移送死亡集中营执行，这里的处决没有个人感觉，是用化学方法的，比较不血腥，大都是在正规军人看不到的地方进行（Browning 1992b，24-25，49-50）。把很多人杀死是沉重而令人不快的工作，几乎没有人会认为在专门杀人的地方工作是件乐事。

保罗·罗金（Paul Rozin）的研究也发现，纳粹改送至死亡集中营处绝不无道理。因为，一般人多会对于可能联想到自己的动物性的事物有反感，所以我们会用各式各样的仪式来包装性、吃、卫生、排泄分泌、分娩，当然，死亡也在此例（Rozin etal. 2000）。目睹别人被屠杀，会使我们想到自己的脆弱与以后的下场。动手屠杀的人必须设法把这个行为仪式化，拉远自己与屠杀行为的距离，避免把自己想成与被杀者一样。

事实证明，执行屠杀的人必须有动机而且受过调教，才能够排除可能阻碍行动的种种顾虑。第一章中说过，成吉思汗有时候会下令集体屠杀——也里城便是一个例子，他手下的军队显然不会积极想做这种事，因此，蒙古军必须把杀死的敌人的耳朵割下来交给上级，以证明自己处理的人数达到规定标准（Chalk & Jonassohn 1990, 109）。蒙古战士会在不作战的时候参加极大规模的围猎。这种围猎是将整个行猎区包围，然后将包围圈子逐渐收紧，猎区里的大型动物也逐渐被逼入中心，终至被集体屠杀。这不但是蒙古骑兵的一种训练，也可以使人在受训中对于被认可的大规模屠杀习以为常（Morgan 1986, 84-85）。

克里斯托弗·布朗宁（Christopher Browning）的《灭族屠杀之路》(*The Path to Genocide*) 是报道纳粹屠杀犹太人的巨著。书中说，执刑的纳粹党人会在行动之前大量饮酒壮胆，而且时常令本地人（通常是乌克兰人、拉脱维亚人、立陶宛人）来做，这些人也被灌酒，同时施以威迫利诱（Browning 1992b, 52, 80, 163）。杀过几回以后，杀人者变麻木了，再做也就比较容易了。只要过了第一道难关，能杀几个无力反抗的人，要进而变成杀人魔王并不是多难的事。

目睹大屠杀而能够不生憎恶反感，必须具备另一个条件，即是否杀得名正言顺。大多数的人会觉得人与人的关系应该做到公道（Homans 1974），最原始的公道观念就是一报还一报（Cialdini 2001）。某人帮了你、对你好、支持你，或是送你一样东西，你就应该帮他、对他好、支持他、回送他东西。同理，如果某人羞辱了你、伤害了你、夺了你的东西，你就可以以羞辱他、惩罚他、抢回他夺去的东西。怎样算是帮忙或伤害，因文化不同而各异，一报还一报的原则却是每个文化中都有的。一报还一报的意思也就是：杀死显然构成直接威胁的人是公道的，杀死不可能伤害我们的人就比较可疑了。

训练军队的人、带兵的人都很清楚，人会不愿意去杀没有威胁自己安危的人。军中的许多隆重礼数都是要把杀人仪式化、名正言顺化的精心设计。作战时教军人去和敌军拼命是比较容易的，因为敌军本来就可能要他们的命。如果是教军人去杀看来不具威胁的平民，就困难多了。心理学家欧文·斯托布（Ervin Staub）指出，美国军人受指示去杀看来像是老百姓的人，会表现不愿意的反应。但是，在上级命令之下做，有了经验以后，就可以克服这种顾虑，杀状似老百姓的人也就变成常例的事（Staub 1989，26，126）。

克服这种不愿意的合理化过程，心理学上叫做"认知失调"（dissonance theory）。失调感是觉得自己要去做错的、愚蠢的、卑劣的事的时候产生的一种不舒服的情绪反应。所谓错的、愚蠢的、卑劣的事，就是不符合我们正面自我形象的事（Sabini 1995）。我们这样做时受外界压力所迫的成分越小，越没有理由给自己开脱，失调感也就越强。 即使我们可以说"我是听命行事"，杀人通常难免使人自责。因此，为了摆脱认知失调，我们会改变自己的是非原则，使信念与行为达到一致。美国人说对印第安人进行族裔净化是"为他们着想"，因而减轻了自己公开宣示的理念与迫害原住民行为之间的失调。正是这种合理化令托克维尔愤慨而予以严厉批评［Tocqueville（1835—1840）1954，1∶369］。

斯坦利·米尔格伦（Stamley Milgram）著名的"服从"实验，就是这种合理化影响心理的一个鲜明例证。这个实验的基础版本是，征来的一名受试者被告知要参加一个学习实验，实验中除了受试者和实验者，还有另一名受试者，其实这另一名受试者是实验者的实验伙伴。经过一次事先动了手脚的抽签，真正的受试者抽中担任老师角色，实验者的同谋（即冒充另一名受试者的人）抽中学习者身份。实验者便告诉两人，由老师来发问，学习者答错一次，老师就予以电击一次，再答错一次，电击量要比第一次的强，依此类推。结果另一名受试者（即同谋）学习表现很差，频频出错。经过多组实验，统计的结果令人吃惊。多数受试者会把电击量一路加上去，从15伏特起，到30、45伏特，最后高达450伏特，也就是仪表板（其实是假的）上标示"危险，强电击，×××"的量。换言之，被安排来使用电击教笨学生的受试者，大多数愿意在每次答错时把电击越加越强，以致"学习者"叫痛了，甚至说他自己有心脏病、不言不语了、停止反应了，也不予放松。担任老师的受试者不分男女，不论是澳大利亚人、日本人、意大利人、德国人、美国人，实验结果都差不多（Blass 1999）。

为什么有三分之二的受试者同意持续加重电击量，强度甚至超过学习者以沉默表示受伤或甚而死亡的程度？（在此要特别说明，由于这是令专业心理学家甚感忧虑的一项实验，如今已列为各大学及研究中心禁止采用的实验之一。）相关的讨论大都强调实验者在其中的权威，他显然是个有官方身份的、知道轻重对错的科学家，会在有人试图中止电击的时候说："实验的规定是这样，必须继续进行。"

这个实验还有一个变更版，凸显了另一个现象。变更版之中有两名"同谋"冒充受试者，另外有一位是真正的受试者。同样是用动了手脚的抽签决定真正的受试者担任老师，一名同谋抽中担任学习者，另一名同谋成为第二任"老师"，与真正的受试者站在一边。这第二任老师（即同谋者）负责评定学习者的回答是对或错，真正的受试者负责的是拉那一根传出电击的电闸。一副官员模样的实验者因某个借口被人叫走了，第二号老师就想出每次答错增高电击量的主意。这个版本之中仍由真正的受试者负责发出电击，不同的是，主张每错一次都要增高电量的是假受试者担任的老师，不是实验者。结果，真正的受试者有20%一路把惩罚加到450伏特。五分之一自然比三分之二要少很多，这个差距代表的是主持实验的"科学家"的权威所占的分量。20%的配合度也表示狠心折磨"学习者"的人多得出奇，而下命令用可能杀死人的电击惩罚学习者的人，竟是受试者眼中随机征来的、没有专业权威的另一名受试者。

这种结果可能是合理化作用造成的。按认知失调理论，人会为了解释自己的行为有道理而改变自己的观点。假如我们做了什么愚蠢的或不正当的事，尤其可能想出一些理由为自己开脱（Sabini 1995）。按失调理论的解读，20%的受试者会在没有权威指导的情况下使用450伏特电击的理由如下：一次只增加一点点的电击模式，是很容易掉进去的陷阱，决定再增加一点的最充分理由就是，前一次的电击量只比这一次的多一点点。假如再加一点量就出问题，那肯定是前一次的量有问题。如果前面的这一次电击量没出问题，紧接下来的这个量只比前一次多15伏特，就不可能出问题。结果就是，有20%的受试者不停地往上加，从很轻微的量一直加到足以致死的量。用电击惩罚了学习者几次之后，有些受试者觉得应该证明自己这么做是有正当理由的，以维持自己是正人君子的自我形象。于是，证明前一次电击用得没问题，就把接下来的增量合理化了。

这便是麻木作用与常例化作用可被强化的心理学原理。每再杀一次人，都可以使下一次再动手时更为容易，因为每次的杀人行为都导致想法与价值观的改变，使刚犯下的杀人行为有了正当理由：我杀人乃是在执行命令；被杀的人犯了过错；他们妨碍正事；他们活该被杀；他们威胁到我们的人；他们不是常人；他们是有害的、污染的。杀戮的麻木化与常例化可以从两方面来作用。一是减少死亡本来会有的不安刺激引起的情绪冲击，另一方面则是认知上、道德上将这个行为合理化越来越巩固。杀戮行为一旦开始，两种作用彼此强化可使规模越扩越大。杀人者的行为与合理化解释从第一次动手开始成为一种施压力量，使杀人者再杀戮，进而借着把杀人当作必要之事的正当化，逐步减少认知失调。

其中很重要的一点是，我们不必认为参与大规模杀害平民百姓的人是心理不正常的。认为不正常的人才会做这种事,甚至可能会误导。其实,只要环境条件对了,把相当高比例的正常人变成集体谋杀犯,殊非难事。杀人行为可能引起的嫌恶感、为被杀者设身处地、对被杀者的亏欠感,都是可以克服的,而且向来都用训练与亲身经验克服了。

组　织

只是使杀人者变得麻木还不够;如果杀戮并不只是偶一为之的,还必须把杀人者组织起来。大规模灭族屠杀不可没有组织,是最显而易见的。鲁道夫·鲁梅尔(Rudolf Rummel)的《政治杀人》(Death by Government 1994)一书估计,20世纪的战争中被杀的人约有4000万,丧命的平民百姓却多达1.4亿。平民百姓之中半数以上并不是死于战争造成的意外伤亡,而是故意致死——挨饿或工作致死、被屠杀、死于集中营或监狱之中、因受迫害而逃亡中或藏在家中致死。要将大数量的人置于死地,必须有高度的组织,以及杀人者明显居于优势的势力悬殊。

更重要的是,实际执行屠杀的人如果是组织精密而且有人领导的,运作会更有效率,也会克服道德上的顾虑。隶属一个杀人者群体的身份,可以形成很强固的团结关系,这种团结一体的关系能使杀戮具有正当性,也能减轻执行杀戮时的认知失调。团结精神为什么可以助长杀戮行为?原因是,如果团体被派给了困难且龌龊的任务,成员之中只要有人没有做满自己应执行的数量,就等于加重了伙伴的负担(Stouffer et al. 1949)。布朗宁(1992b)一再指出,团体的后盾是负责屠杀犹太人的纳粹秘密警察的重要支持力。卢旺达的惨剧中,许多杀戮是各地区的人杀自己的邻居。邻居杀来杀去却不是完成灭族屠杀的可靠而连贯的办法,于是,胡图族青少年组成由中央指导的、有组织的杀手队——作战同志团（Interahamwe）出动，带着人们挨家挨户搜出图西族人。地方上的人若是不愿参与屠杀，杀手队也会到场帮忙（Mamdani 2001，212）。杀手队也和纳粹的精锐党卫军一样，并不是所有杀戮都亲自动手，而是提供"专家"，负责指导谋杀，以及坚定比较欠缺组织的杀人者的意志。有组织的、领导有方的团体，加上福祸与共的认知，才能够更有效率地执行这种不易完成的任务。邻居互杀可能伤亡惨重，但是如果没有组织精良的专门杀手在背后支援，这种杀来杀去是有一定限度的。

正是因为暴乱的群众不是训练有素而有组织的屠杀者，所以族裔冲突即便酿成杀人事件，通常都不至于有大批人因而丧命。族裔冲突的暴动中，人们会犯下暴行，会断人手脚、强奸、杀人，但是如果不是权威当局派来的、有政治动机的、有组织的领导者在执行，杀戮的威力相对而言是弱的。按霍罗威兹的研究（2001，22-23），一百五十件酿成杀人的族裔暴动之中，几乎没有一件接近灭族屠杀的程度；把整个目标社群杀光的例子十分罕见，甚至地方性的也没有。话虽如此，欠缺组织的、自发成分居多的族裔暴动或宗教暴动既然会杀死目标群体的一些人，仍是值得探讨参考的，因为激发这类事件的许多情绪和灭族屠杀行为背后的那些动机是相同的，也就是对于自己想要消灭的人怀着恐惧与仇恨。就这一层意义而言，这类暴乱其实算是小规模的"雏形灭族屠杀"。

诉诸情绪：领导者与跟随者

讲到组织，就必须分析领导者的角色，包括探讨下命令、规划、指挥屠杀行动者的心理特点。多数的集体杀戮事件中，领导行动者的想法是最重要的因素。而领导者看到的直接的、个人的威胁，通常都比其追随者所见的更直接而立即。例如卢旺达的灭族屠杀，是胡图族的领袖们组织发动的,而他们的势力确实内外都受到威胁,内有立场温和的胡图族人,外有入侵的图西族人。就是因为内外夹攻,等到联合国通过权力共享的和平协议,终于触发了灭族屠杀(Prunier 1997,192-212)。又如亚美尼亚人遭到灭族屠杀,是"青年土耳其党"出身的奥斯曼帝国领袖们组织发动的。这些人认为,第一次世界大战期间自己的势力遭到内忧外患,国内的基督徒和外国的基督教联合构成了威胁(Naimark 2001,27-30)。领导者能够动员人们追随,是借强调威胁之严重,提醒人们勿忘过去的经验,把恐惧变成有如事实,甚至挑激敌人先行动以证实自己的恐惧是有凭有据的。

例如米洛舍维奇就非常善于操弄塞尔维亚人的恐惧,教人们相信,如果不保住"大塞尔维亚"的族裔纯净就会大祸临头。他的对手,克罗地亚的总统图秀曼(Franjo Tudjman),和他一样精明。至于这两个人相不相信自己说的那一套话,已经无关紧要,因为他们营造的恐惧不但激发了20世纪90年代的南斯拉夫大屠杀和战争,也使自己更受拥戴且继续执政。许多人都指出,因为战争提高群体灭亡的风险,所以能大大加强群体团结。罗素·哈丁(Russell Hardin)就特别举南斯拉夫为例,说明严重的威胁为什么能强化群体团结,而且也能为立场极端的领袖赢得更多支持者(1995,142-153)。

罕见的、似乎没有中心领导的大杀戮事件,是1946年至1947年间英属印度分割的时候发生的。按推论,是印度自古以来的穆斯林、锡克教徒、印度教徒之间的歧义导致自发的滥杀——死亡人数应在二十万到三十六万之间。其实,当时新成立的巴基斯坦和印度两国领袖并没有下屠杀令,滥杀行动也绝不是自发的。地方上的穆斯林、锡克教徒、印度教徒领袖们都在积极怂恿并装备刺客帮,在本区以外的地方散播恐惧;目的是要完成族裔净化。杀戮一旦开始,感染了恐惧的群众就卷入了蔓延的屠杀,许多男人杀了自己的家人——尤其是妇孺,因为恐惧家人被别的宗教族群玷污或强迫皈依,从而使自己蒙羞。至于地方上的领袖发动滥杀的动机,主要是认为这样比较便于自己掌控社群,也可以把敌对族群的地盘清除掉(Brass 2003)。

用单纯的本益分析虽然可以解释某些煽动屠杀的领导行为,但仍有很大一部分是不能只用本益分析解释的。领导者和追随者一样会跟着情绪和观感走,情绪和观感却可能酿成超出显然合乎效益考量程度的杀戮。一时的激情爆发可能导致出乎意料的、有时候看来像是无理性的暴行。大规模的灭族屠杀行为就不然了,不会是短时间激情与一时观感所促成,而是经过策划的、长久持续的热情和意识形态的结果。

一个极明显的例子就是纳粹一心一意要消灭犹太人。必须是想法和希特勒一样的人,才可能完全理解杀光犹太人为什么会如此要紧。德国人迫害犹太人,迫害他们认为是劣等种族的其他人,必然造成工作人力严重不足而妨害德国的战时生产。艾伦·米尔沃德(Alan Milward)在描述第二次世界大战经济的时候曾经指出:"德国出现了重视未来政治美梦甚于经济现状的可怕事实。"(1979,227)

乔恩·埃尔斯特(Jon Elster)在《心的卫士》(*Alchemist of the Mind*, 1999, 306)之中是这样说的:短暂的激情捣毁理性行为者的理论,经久不衰的激情捣毁**经济人**的理论。会导向那么恐怖的暴行之"经久不衰"的激情是哪些?

恐惧

要理解灭族屠杀,恐惧也许是关键,我们截至目前所说的事件,除了纯粹以物质利害为出发点执行的族裔净化,每一件都含有恐惧的因子。驱逐切若基族印第安人就是单纯为了夺占土地,切若基人对殖民者没有任何威胁力。为荣誉和报复而屠杀敌人多少仍有恐惧的成分在内,至于认为目标族群是险恶的或肮脏的而予以消灭,就是很明确的恐惧心理了。征服者威廉、成吉思汗、恺撒大帝、俄罗斯的沙皇亚历山大二世（曾下令消灭瑟开西亚人）所做的虽然都是"为便利之故"的屠杀，是核算过行动之获利与不行动之成本差距的结果，但是其中仍有恐怕被消灭者会抵抗的成分。

同理，德国人屠杀赫雷罗族人这种报复行为，通常也含有策略性考量：假如"他们"（赫雷罗人）这次攻击行为不遭受报复，"他们"还会做出什么事来？别的族群会不会因而也动了攻击我们的念头？为维护荣誉而屠杀的概念背后当然有这种恐惧在作祟。复仇可以带来心理上的满足，但是其中也有很实际的恐惧："我们"若不报复，会被当成软弱可欺，从而招致更大的祸殃。罗马帝国的外交政策原则就是，凡轻慢其权威者必遭报复，战略考量还在其次。尚未有国法秩序保障的时代，没完没了的血腥世仇也是基于恐惧的报复行为所致（Hardin 1995，117-123）。对于违背协议者采取的报复虽是理性的盘算，也是因为有恐惧而发。不过现代的制止背信者理论认为，报复应有一定限度才可以发生效用；否则，报复的目标可能被逼得宁作困兽之斗也不屈服（Schelling 1966，169）。换言之，假如杀戮过度，会完全丧失制止的效用。然而，某些恐惧会推翻这种本益原则而超越限度。

力量最大的恐惧，就是恐惧灭亡，恐怕"我们的"人、"我们的"理念、"我们的"文化、"我们的"历史会无法存活。这种恐惧会引发最激烈最极端的反应。群体认同，关切"我们的"群体会有什么遭遇，乃是不同群体之间起冲突的原因。如果没有这种认同，个人会不甘愿为团体牺牲自己的生命；我们却都知道，人为了自己的家人、挚友、氏族、部落、宗教信仰、民族国家会甘愿冒险，甚至明知必死无疑也甘愿。激发认同感最强烈的，是承诺参与者某种不朽价值的那些团体。20世纪80、90年代在科索沃面对阿尔巴尼亚人多数族群的那些塞尔维亚人，1915年面对自己国家存亡危机的土耳其人，这些族群都因为相信自己将有灭亡之虞而必须拿出最残酷的手段才能够自救，所以都可以诉诸灭族屠杀的行动。

恐惧污染是一种特殊的存亡恐惧：即便我们的成员大都能活着，只要威胁存在，我们的族群将不再是我们原先认同的样子了。这个族群以后要存在就必须失去它最重要的、最与众不同的特质，而且得与别的族群相混。这种忧虑灭亡的重要情绪，结合了恐惧与嫌恶。恐惧被污染所恐惧的不是自己的族群的有形延续受到威胁，而是恐惧族群的精神或本质可能不保。希特勒恐惧"犹太疾病"和种族混杂，对于不信伪科学论述的人而言是荒唐的奇想，他却怕得寝食难安，生恐他所理想化的日耳曼民族要保不住了。同时他也嫌恶他所谓的世界越来越被犹太化。有些文化族群对于与本族群以外的人通婚也怀有这种恐惧，担心"我们"的特性会被消灭，所以把异族通婚视为罪大恶极。

《旧约》之中雅各之女底拿的故事（《创世记》第34章）令人不安，也是恐惧污染的鲜明例子，显示一个身陷重围的族群多么害怕自己的本质不保。故事中，希未人示剑玷辱了雅各的女儿底拿之后爱上了她，就请自己的父亲去向雅各提亲。雅各就要求希未男子必须都行割礼，才可以和以色列人通婚。于是希未男丁都行了割礼，雅各的儿子们却潜入希未人的城中，把男丁全杀了，并且夺了希未人的羊群、牛群、一切货财、孩子、妇女，算是掳获物。雅各认为这样灭族屠杀的行为是过分了，他的儿子们反驳说："他（即示剑）岂可待我们的妹子如同妓女么？"《圣经》学者詹姆斯·库格尔（James Kugel）认为："因为示剑是外人，不可以娶雅各的女儿为妻，所以他犯的过错格外十恶不赦；外人与雅各家结亲就是一种污染。他向底拿求婚，又表示自己的亲属可以和雅各的家族互相娶嫁，这只会使他罪上加罪。……雅各的儿子们不过是执行上帝惩罚的工具。"（Kugel 1997，244）故事的结果不是行为越轨的示剑一个人被杀，而是他的部族（应该不是很大的部落）之中所有男丁因为有意与雅各家族通婚而被杀，正是在凸显对污染的恐惧。

我们必须注意，灭族屠杀背后的恐惧与心理学家通常研究的恐惧情绪是不一样的（Öhman 2000）。基本的恐惧情绪有我们都知道的一种生理表现：心跳加剧、手心冒汗、汗毛竖立、口干舌燥。这是交感神经受到刺激的迹象，除非是持续不断接受刺激，引发恐惧的情境一直存在，否则这些迹象多半会迅速消失。这样的恐惧反应却不能用来解释预先计划好了的集体杀戮。杀戮者对于自己正在杀的人不再有立即恐惧的反应，引起他们反应行为的是一种抽象评估，亦即认定被杀者所属的群体是有害的。

当代以色列的犹太人的民意调查显示，个人是否恐惧巴勒斯坦人攻击与是否愿和巴勒斯坦人妥协无关（Maoz & McCauley 2006）。受调者并不是人人一样害怕，因为恐惧遭攻击的程度因各人生活居住的地方不同而各异。个人恐惧的差异也与是否赞成以巴冲突采取两国分治的解决方法无关。恐惧受攻击程度最高与最低者，在是否妥协的态度上没有差别。最不赞成妥协的人，是那些认为自己的族群正受无情的、充满仇恨的敌人威胁的以色列犹太人。其中有自认很安全的人，也有自认极可能遭遇自杀炸弹客的人。以巴零和关系的概念，最能精准测出妥协意愿高低。如果认为巴勒斯坦人仇恨犹太人、一心要把犹太人逐出以色列，就会坚决反对妥协，认为犹太人让一步就多一分危险。零和冲突之中，一方受益就是另一方损失，所以唯有大获全胜，"我们的"族群才得安全。担心自己的族群灭亡并不自然而然导致灭族屠杀的行为，但确实能使包含族裔净化或大规模杀戮的极端手段更具有正当性，所以，这类行为发生的可能性会更高。

人类对于痛苦和损失感受特别敏锐，远胜过感受成功与获得。这种倾向叫作负面偏颇（negativity bias）。罗金与罗伊兹曼（E. Royzman 2001）以及鲍迈斯特（R. Baumeister 2001）根据许多研究归纳的结论是，对于等量的获得与损失，我们会觉得损失的量是比较大的。（所以，失掉一千美元的不乐，会大于得到一千美元的愉悦。）我们注意负面的事会甚于注意正面的事，也会花比较多的时间在讲不愉快的事情上。在得失兼有的情境中，我们往往把负面的部分看得比正面的重。如果读者已经注意到新闻报道的负面消息比正面的多，人作的恶往往比善事引人注意，就不会对这种结论感到意外了。

负向偏颇也会使我们牢记与其他族群互动关系中的恐惧不安，却比较容易忘记彼此其实长时间是相安无事地共处的。这是激起族群暴力的一个强效因素。领导者会借凸显敌营的负面形象和行为来操弄群众情绪，即便群众与敌营长久并存的时间中只偶然发生过问题，即便过去甚少有暴力冲突，这一招往往仍能奏效。

最后，我们也不可以低估恐惧自己人的心理，这也是促成参与灭族屠杀的一种力量。自己的族群如果面临另一族群的威胁，某些后果是难免发生的。对具有威胁的族群产生敌意是一个明显的后果，这一点将在下节之中讨论。比较未被认识到的另一种后果，是面临威胁的族群之中自己人的关系。自己人的祸福与共感会增强，这种感觉可以名之为内聚力，或是爱国精神、民族主义。内聚力增强连带着三种改变：对领导者更尊敬，把自己族群的价值观更加理想化，更愿意惩罚自己人之中的离经叛道者。社会心理学有大量讨论"外团体"对"内团体"动力构成威胁带来影响的文献，不过我们只需要回想一下2001年"9·11"攻击引起的美国人民反应，就可以体会内团体对外团体威胁的反应有多强了。

这里要谈的反应是，对于自己人之中离经叛道者会更想予以惩罚。个人如果批评自己族群的价值观或行事常模，或是拒绝参加与共同防卫相关的活动，很有可能遭到惩罚。惩罚轻重程度不一，可能是受鄙视、被排斥、丧失职位、被判坐牢、受刑求、处死。族群感觉敌人威胁越大，内聚力就越强，对偏离共同拥护的价值常模的分子惩罚也就越重。一个族群如果认为受威胁到了必须把敌人杀光的程度，对于不积极赞成杀光敌人的分子很可能以死亡为惩罚，甚至可能把偏离分子的家人也都处死。柬埔寨人曾经在自己人的逼迫下屠杀所谓"心理是越南人"的人，胡图族人也曾在自己人的逼迫下屠杀图西族人。军人服从命令的动机之一是恐惧受惩罚（Keegan 1978）。恐惧惩罚也是参与灭族屠杀和族裔净化的一个动机。

愤怒

屠杀者对于被屠杀的族群怀着愤怒，甚至狂怒，这是常见的描述。这究竟是什么意思呢？愤怒的主要理论有二：其一，因为我或我所关心的人是被损伤或轻蔑的目标，所以我发怒；其二，发怒是疼痛或挫折自然引起的生理反应。

第一种观点是亚里士多德提出的，强调的是足以使人发怒的必要条件：我们或我们所关心的人不该受的伤害和轻蔑临到我们身上，犯这种过的人应该受惩罚。没有明显可见的犯过者造成的损失或轻蔑也可能令我们发怒（例如我们赶时间时被路上的红灯耽搁，"体制"对不起我们所关心的人），这类经验会引起愤怒，是因为觉得我们的个人需求与权益普遍遭到某种权威或体制的轻蔑，我们被主管那些事的"他们"欺负了。这时候产生的怒意，是跟着一种道德判断而来的：我们是理当受欺负吗？如果不是，我们就有资格发怒。其中也包含对于我们认定的施加伤害者所作的判断：伤害是故意的吗？是否某人有某种行为可以防止这种伤害？这可以称为"侮辱—愤怒"原理。

第二种原理，是将弗洛伊德（Sigmund Freud）的观念转变为动物学习而来，叫作"挫折—攻击"原理（Dollard et al. 1939）。按这个论点，挫折必然导致愤怒，而愤怒包含想攻击的冲动。至于愤怒会不会形诸实际的攻击行为，因不同情境下预期的奖赏或处罚不同而各异。近年来，挫折—攻击原理已经扩大为"痛苦—攻击"原理，挫折只是可能激发愤怒的不快感受之一（Berkowitz 1989）。

两种论点的主要差别是，愤怒是否经过认知上的是非曲直评估之后的反应，抑或是对于所有痛苦经验不由自主的反应。按侮辱—愤怒原理，如果没有对于发怒目标先作过是非曲直判断，是不会有愤怒可言的。痛苦—攻击所说的愤怒却是盲目的冲动在寻找出气的目标。就寻常发生的状况而言，愤怒往往是冲着明显的目标而发，两种论点可以趋同。如果有人伤害了或侮辱了我或我所关心的人，两种理论都说我是应该发怒的，可能是因为对方有对不起我们的地方而发怒，也可能是因为我感到痛苦而以发怒为反应。不同族群之间的关系通常也有这种趋同。如果你们的族群侮辱了或伤害了我们的族群，两种原理都说我们应该愤怒而惩罚你们。

如果某群体认为自己受的伤害是长期的、扩散的，如果这伤害显然是社会互动的整个体制造成的而不是特定个人造成的，如果伤害不限于某一件事例而是所有的情境都有的，两种原理的区别就比较重要了。认为自己受冤屈伤害，要到什么程度才会引起愤怒与攻击？是否一切不公行为都激起愤怒？如果不能立即找到犯下不公行为的人，愤怒就不能轻易用冤屈原理（侮辱—愤怒）来解释了，除非一概而论把所有不公都当作应该报以愤怒（Homans 1974）。由于这个论点有复杂的抽象思考，心理学界一般在探讨政治性议题的时候大都采用痛苦—攻击的原理。例如斯托布（1989）认为，经济挫败和生活处境艰困是比较容易导致灭族屠杀的。满意自己处境的人不大可能参与屠杀行动，这个说法显然颇有道理。可是经济挫败和生活处境艰困是十分普遍的，灭族屠杀却没有那么常见。可能必须有道德是非的解释，才可能把挫败变成杀戮。人是会讲是非道理的动物，必须给自己的行为找到正当理由。贫穷、灾祸、政治动乱，以及其他带来痛苦的经验，都可能使我们愤怒，我们却不会因而动手杀人，除非已有明确的目标，而且我们必须使那个目标的行为令我们厌恶不齿，从而使我们对此目标的愤怒站在"理"字上。

十字军本来是以解救巴勒斯坦圣地脱离穆斯林统治为口号的，却于1096年屠杀了日耳曼城镇的犹太人——因为犹太人不改奉基督教乃违背了上帝的律法。而十字军的行为动机是越来越强的宗教热情，不是经济上的困顿（Chazan 2000，27）。十字军确信这个世界败坏了，会发生败坏的原因之一是有犹太人在（以及有穆斯林在，穆斯林已被列为下一个屠杀目标）。如果用痛苦—攻击的原理解释十字军的愤怒，似乎太牵强了。不如说是他们的宗教狂热容不下不肯改奉基督教的犹太人，因为犹太人侮辱了他们的信仰。

有意思的是，犹太人后来解释莱茵河以西犹太人1096年被屠杀的事件，也是从宗教的观点着眼。事件过后不久写成的《辛姆森之子所罗门史记》（*Solomon bar Simson Chronicle*）是犹太人之作，其中述及犹太人遭屠杀的原因，不是基督教说的害死耶稣又不信基督，而是溯及《旧约》之中的祸事起因："1096年灾祸降临所惩罚的罪，上溯至摩西在旷野的时代；耶稣的耶路撒冷与1096年天意所致的报复无关。"（Chazan 2000，59）换言之，近期灾祸的原因仍可以追溯到很久远以前曾犯的罪。

恺撒消灭埃布隆人很明显是为了实际的利害考量，他的史官却说这是为了惩罚埃布隆人背叛（Harmand 1984，92-93）。成吉思汗以屠城对付抵抗者，完全是为了使其他地方的人因而不敢抵抗就投降。他却因为也里城的人违背先立的协议，愤而下令屠杀（Morgan 1986，73-83）。这样解释并不是否认蒙古军其实很鄙视也里城中高度文明的波斯人，这种鄙视敌人的心理，恺撒与十字军也都有，恺撒鄙视他所征服的蛮族人，十字军鄙视他们屠杀的犹太人。把他族的习俗文化贬为卑劣，可以强化"那种人"连基本为人的法则都不知遵守的事实，所以他们被屠杀是活该。

近代以来的灭族屠杀事件，都可以清楚找到愤怒的证据。然而，不论是红色高棉屠杀了全国四分之一人口、奥斯曼帝国屠杀亚美尼亚人，都包含了自己站在"理"字上的成分，而对方错在不公正、不道德、不忠背信。赫雷罗人遭屠杀是一个特别值得注意的例子，从这个事件可以看出，殖民主义本来是图便利而诉诸屠杀，却也会在遭遇挑战时支持愤怒的反应。冷静地评估战略的、经济的利益有可能迅速变成因对方反抗这个利益而施以报复。冯特罗塔的公告把赫雷罗人形容成凶狠野蛮，却把德军的报复行为说成秉公惩处（Dedering 1999，211）。

侮辱—愤怒原理固然重要，我们也不应完全排除痛苦—攻击之说。因为，多数大规模的政治性杀戮其实是在回应很明确的、比较近期的行为，而且领导者自己就会把敌人的行为呈现成这样，故意引起群众愤怒，给群众制造动机。20 世纪 90 年代初南斯拉夫发生的克罗地亚人与塞尔维亚人之战，即便有其长远的起因，双方却都有一些事件是挑拨者安排的，是特别为了激怒群众、使群众记起以往的恐惧而设计的。战争尚未真正开始之前，1991 年 5 月，克罗地亚警察被派到一个由塞尔维亚人控制的地区去重建治安。上级也许明知这支警力根本无法达成任务，结果有几人被杀，而且遭到波罗弗塞洛（Borovo Selo）的准军事部队残害肢体。克罗地亚的官员展示了毁伤尸体的照片，证明克罗地亚人落在塞尔维亚人手中会有什么遭遇，公开提醒克罗地亚人不可忘记五十年前——第二次世界大战期间——的族裔冲突。克罗地亚人觉得南斯拉夫统治下自己一直受到亏待，塞尔维亚人却受着优待，这种委屈感经此一事件的冲击就转为直接的恐惧与愤怒了（Glenny 1993，75-77）。

20 世纪最惨的一次非裔美国人遭屠杀事件，是 1921 年在俄克拉荷马州陶沙市（Tulsa）发生的，被白人杀害的黑人多达三百（确切数字不明），起因是一名白种女性电梯服务员指控一黑人男子要强暴她（他可能是无意中触到了她）。白人们于是决定用私刑处决这名男子，黑人们却试图保护他，事情演变成集体攻击以中产阶级黑人居民为主的格林伍德区（Greenwood）。结果有三十五条街区被烧毁（许多黑人在起火的自家被烧死），当局召来国民警卫队朝着黑人开火，黑人遭到射杀，有上百人被逮捕。虽然没有人会说这次事件完全是以为有人意图强暴引起的，但确实是发生强暴指控——经地方报纸大加炒作之后，愤怒的白人群众要报复，才掀起这次事件。另外还有一些更为根本的因素：许多白人眼见格林伍德（有黑人华尔街之称）黑人社区繁荣而心生嫉妒与不安；当时的社会并不平静，包括社会规范在变，黑人自信自主渐增；以及南方长久存在的种族歧视。虽然因素并不单一，却是单一的事端（尽管可能是无中生有的事端）引发了白人的立即愤怒，强化了他们认为自己族群的妇女人身安全受到威胁的想法（Madigan 2001）。

这一类事件常常是由强暴的指控触发的，其实并不奇怪。科尔曼·布利兹（Coleman Bease）在20世纪10年代担任北卡罗来纳州的州长，20世纪20年代又成为参议员，曾经为自己赞成私刑而辩护："只要宪法阻挡我保护南方白人妇女的贞操，我就要说去他的宪法。"（见 Reed & Red 1996，122）我们在前文中说过，族裔的、宗教的紧张冲突经常是恐惧种族相混会造成污染引起，如果已有成见在先而猜疑或恐惧特定族裔群体或宗教群体，单一事由就足以引爆激烈的愤怒。

心理学解释愤怒的两种原理，区别的方式可以说是与历史学家区分事件远因与近因不谋而合。感觉某种不公或不道德之事会发生乃是某一族群之过，这时的愤怒反应是以由来已久的观点为依据，早有是非判断在先，如果是面对受伤害而产生的愤怒，就不需要有存在已久的观点了。但一般多是两种愤怒合并才爆发杀戮。唐纳德·霍罗威茨有专著探讨酿成杀戮的族裔暴动，其中许多例子是暴力事件的传闻引发了杀人的暴动。他指出："传闻是关于侵犯攻击行为方面的，通常都涉及性，也有时候不涉及。"（Horowitz 2001，71）有时候传闻是确实发生了的事，但不论是确实发生或无中生有，都能激起愤怒而酿成集体屠杀或迫害，只要屠杀者已经准备好了动手的理由——目标群体根本就是不道德的、会危害我们的。

克拉克·麦考利（Clark McCauley 2000）甚至认为，群体之间暴力冲突的最终共同发展途径是：从道德上判定目标外团体理亏。群体之间的冲突可能出于有形资源的竞争（现实群体冲突原理），或是出于地位荣誉的竞争（相对剥夺的原理）。不论是因何而起，群体冲突会酿成暴力必然是内团体之中已有了共识，或起码领导者已经达成共识，认定某外团体不但理亏，而且有害，对内团体而言是险恶的。

最终看来，侮辱—愤怒原理与痛苦—攻击原理的分别是人为的，因为这两种动机在那些为政治理由而杀戮的人心中是合一的。战争与灭族大屠杀是如此，规模较小的集体谋杀也是如此。20 世纪的第一场巨大浩劫——第一次世界大战，有许多复杂的外交、军事、经济、社会远因。导火线却是 1914 年弗朗茨·斐迪南大公（Franz Ferdinand）夫妇被塞尔维亚特务支持的密谋者刺杀。大公夫妇遇刺重创了奥匈帝国的政治领导阶级，包括期望大公继承皇位的老皇帝在内。他们认为这是险恶的阴谋者长久以来违背道义的顶点，他们要报复是因为受辱，也因为痛苦（S. Williamson 1989, 236）。

多数的族群冲突，尤其是导致集体杀戮的族群冲突，都是同时牵涉恐惧与愤怒的，既有对方违背道义的感想，也有确实受到一次或多次欺侮的经验。我们也许认为动手杀戮者根本无权作此感想，或认为所谓的违背道义与痛苦是无中生有，或认为他们不能为杀戮行为自圆其说，我们却不应忽视他们的确经历了这些情绪与紧绷压力。

仇恨

族裔文化的、宗教信仰的冲突，特别是导致极端暴力的那些冲突，往往都被归因于族群之前的仇恨，有的是"由来已久的"仇恨，有的是"基于历史的"仇恨，如果发生在非洲，就被形容为"部落的"仇恨。仇恨通常与愤怒并列为最恐怖暴力冲突事件的起因。探讨阶级冲突导致的灭族屠杀，也会举仇恨为开杀戒的理由。例如红色高棉的波尔布特就鼓动贫穷的农民仇恨都市居民，"外国人"（指族裔文化上不算高棉人）和柬埔寨人都被指为压榨乡村农民的人。按红色高棉的宣传路线，柬埔寨都市居民应被逐到乡下（数十万人因而饿死病死），是因为都市人一向享有"安逸生活"，"剥削了农民"，是"不道德的"，而且"逃避生产工作"。红色高棉驱逐都市居民还有一个理由，是因为他们认为战争会继续，而城市可能脱离他们的掌控，不过这个理由与仇恨都市人并不抵触（Kiernan 1996，62-64）。

因为灭族屠杀和族裔消化都离不开仇恨，讨论这个题目的著作虽未界定何谓**仇恨**，却纷纷把它定为书名，例如《集体仇恨》（Kressed 1996）、《仇恨之火》（*Fires of Hatred*，Naimark 2001）、《现代的仇恨》（*Modern Hatreds*，Kaufmann 2001）。仇恨与愤怒常是相提并论的，这使我们立刻想到：仇恨的意思是否仅是指很强烈的愤怒？英文的 hate 就常用于表达很强的厌恶。因此我们首先要问的是：恨是一种情绪还是情绪的组合，抑或只是要表达很深的厌恶？

虽然有许多心理分析专家撰文讨论恨（Gaylin 2003），有系统的研究才刚开始。至于恨如何与怒关联的问题，尤其欠缺实验研究（可参阅 Finess & Fletcher 1993）。不过我们可以从自省与普通用语中发现，怒与恨有明显的差别。按一般感觉，怒应该是热的，是对刺激的反应，而且通常是短暂的。恨却是稳定持续的，而且可能是冷的。怒如果是对于来自某人的侮辱或痛苦而产生的一种回应，恨就比较属于对某人的品格或禀性、本质而回应。这与上文说的来自某个群体的近因挑激与长久以来对于该群体怀有不满、不信任、嫌恶的差别。如果恨是针对恶劣本质而来，倒可以帮我们理解恨是如何作用。因为，因厌恶对方的本质而爆发冲突，不像对方"对不起我"、使我"痛苦"而导致冲突，其间有明显的区分。

即便是口语中用"恨"表达嫌恶某种琐碎事物，例如 I hate brocooli（我恨花椰菜），也含有该事物本质不良的意思。这样说花椰菜是意味花椰菜这东西本来就不好，是不能改善的，用调味也盖不住其原味的；换言之，花椰菜能不存在就好了。霍罗威茨引用了亚里士多德的话来说明："愤怒的人希望他愤怒的目标受苦；仇恨希望目标不存在。"（2001，543）表示恨是比当下的痛苦、吃亏、恐惧所引起的反应更深的情绪。

心理学家斯滕伯格（R. Sternberg）提出的原理是，仇恨包含三个成分：鄙夷、嫌恶、又怒又怕（2003）。这种观点可以把恨解释为两种或两种以上基本情绪的衍生或混合，而不是一种固有情绪。这样解释的长处是，确认恨可与多种不同的观感相联。可恨的个人或群体不但会引人愤怒或恐惧，也会引起鄙夷与嫌恶的感觉。另外还有一些情绪是正面的，是看见可恨的个人或群体遭受失败或惩罚时产生的欣慰、放松，甚至会有得意感。德文以"schadenfreude"指这类情绪反应，也就是"幸灾乐祸"。

恨虽然与许多不同的情绪相连，却不仅仅是这些情绪的混合而已。恨应该更像是逆向认同（negative identification）的极端表现(Royzman, McCauley & Rozin 2006；Shand 1920；Gaylin 2003：171)。我们恨的人如果兴旺成功，我们会有负面情绪；我们恨的人如果失败受苦，我们会有正面情绪。鄙夷、嫌恶、愤怒、恐惧不论是以何种组合形态作用，不论各式组合差别有多大，由来都是同一个：我们对可恨的目标始终只有负面评价。"仇恨的概念形成正好与现代研究是连贯的，按现代研究，基本情绪应属相对短暂而受情境左右的。这种基本反应产生的想法、感觉、行为倾向，都是典型来自对于情境所做的估量。"(Frijda 2000，63-64)

上文说过，愤怒是估量了伤害与直接侮辱之后的反应，包括想法、感觉、攻击的行为倾向。同理，恐惧是估量了面临的威胁之后的反应，包括想法、感觉、"逃跑或抵抗"的行为倾向。如果恨是稳定且持续不衰的，就不可能只是一种情绪或情绪的组合，而必然是更接近一种评估或心态，也就是，对于某一个人或某个群体产生的固定不变的评价式反应。因此"本质"的意思十分重要——我们所恨的是我们逐渐评定本质上就不好的。虽然这股恨可能因直接的行为或挑激而强化，也可能被显然良性的行为稍稍减弱，改变却都是很缓慢的。如果恨是很深重的，可能就是改不了的，因为被恨的这个人或群体做的任何善意行为，都被解读为是要掩盖会伤害"我们"更重的恶行。就像前文举的《旧约》例子中，希未人明明表示为了与雅各家族通婚宁愿行割礼（在没有麻醉药品的时代，成年男子同意挨这一刀应该是很大的让步），结果却只强化了雅各家族对他们的恶劣印象。

爱

我们概念之中的恨是与爱正好相反的。爱也是与多种不同的情绪相连的，看见所爱的人安好兴旺时会感到欣喜、昂扬、得意，知道所爱的人受攻击或挫败时会感到忧惧、愤怒、羞耻。多数人会同意，怀着爱的人即便没有经历这些情绪，爱也不会因而消失。换言之，爱和恨一样是稳定的，并不只是其他感觉的混合体。爱意味着把注意力集中在被爱的人身上，正如恨也意味把注意力集中在被恨的人身上；爱与恨都可能强烈到走火入魔的地步。爱是正向认同的极端呈现，恨则是逆向认同的极端呈现。

认同的要点在于关切他人的境遇，但认同并不只是一种态度而已。例如，对于某一种音乐或表演抱持的正向态度，不大可能像我们认同的个人或群体那样激起我们对于祸福的关注。音乐与表演可能是好的或不好的，是令人愉悦或不愉悦的，而且可以引发强烈的情绪，但是我们一般不会认为音乐或表演能直接影响我们的祸福。当然，有些音乐会变成整个文化族裔、某一宗教信仰、某种生活方式的象征，在这类情况下，我们就会认同演出这个音乐的人，而且会在乎他们的成败。多年前祖宾·梅赫塔（Zubin Mehta）担任以色列爱乐指挥的时候,演出了一首瓦格纳(Richard Wagner)的作品,当场就被观众的嘘声止住了。瓦格纳是众所周知的反犹太主义者,也是希特勒最钟爱的音乐家,凡是肯定他在音乐世界之中崇高地位的行为,在以色列都会激起愤慨。(据说希特勒能凭记忆用口哨吹出瓦格纳的所有歌剧音乐。参阅 Fest 1975,47-57。又见 Mendes-Flohr & Reinharz 1980,268-271 引据瓦格纳自己的撰文《音乐中的犹太人》,其中说到"可厌的"犹太人之所以不能成为伟大音乐家及诗人的原因。)

由此可知,与某一群体有正向或负向认同,并不只是正面或负面的态度。认同意指我们的情绪会跟着我们所认同的群体的福祉与名誉起落。对名誉的关切会延伸至我们认同的群体的一些象征符号。旗帜、颂歌、纪念碑、运动团队等等,都可以激起强烈的反应,这些象征若是遭到挑战或侮辱,也会引起认同者的愤怒。

由于群体之间发生冲突的心理原因正是群体认同,我们既要分析导致政治性大屠杀的情绪,就该确知,冲突暴力的深层底部是有爱的。就个人层次而言,是对自己和亲近自己的人的爱。就群体的层次而言,是对集体的爱,集体性可能扩大到族裔、宗教、文化、国家。灭族屠杀离不开恐惧与仇恨,族裔净化行为之中也有彻底鄙视外族福祉的情绪。此外,促成这种行为的动机还包括团结精神与对自己群体的认同,因为相信消灭外族可以使自己的群体受益。因此,与灭族屠杀相对的就是认同自己所爱的群体——为了自己的朋友、家人、同村的人、氏族、部落、阶级、民族、宗教而执行屠杀。

我们可以从平常的经验评估出爱的力量与暴力的关系。我们有正向认同的人如果遭受暴力,我们的反应会比与自己关系比较远的人被杀害时反应来得强烈。同样是炸弹造成伤亡的事件,在印度发生的伤亡人数必须比在美国加州发生的多很多,才会在美国报纸上占到与加州炸弹事件一样大的版面。我们为什么比较在乎某些人的安危,我们如何挑选认同的对象,并没有一言以蔽之的原理。社会学的说法强调，我们会对那些最可能与我们有共同遗传基因的人发挥利他精神；换言之，越是我们认为关系与自己近的人，我们越会认同他们、支持他们。按这个说法，与我们外貌相似的人、行为与我们相近的人，比较可能激发我们的同情心，我们也就比较容易认同他们的困苦而帮助他们（Degler 1991，270-292）。例如，美国黑人就比美国白人更能认同反抗种族隔离政策的南非黑人。这种社会学论点可以用来解释关系很近的亲属组成的群体（其实也有例外）在解释族裔渊源、共同宗教信仰、同一民族等大规模的群体时却不管用。族裔文化和民族或许可以算是亲属群体，不过社会学的解释是基于实际上的亲缘关系，而美国黑人是规模非常大、成员非常多变的族群，其中的相同亲缘比例必然很低。

罗素·哈丁从相反的方向看，认为人是基于理性的选择而固守自己对某个群体的主观认同。我们会归属认同某个群体，是因为这样对我们有利，假如我们觉得这样做对自己完全无益，终究会停止与该群体认同（1995，46-71）。这与前文提到的艾尔斯特的论点是相应的：我们会因为有了长久的感情，而不想做纯粹本益考量的盘算（Elster 1999）。我们一旦认同了某个群体，认同到了爱它或恨它的程度，就不大可能为了实际功效的原因而改变想法了。一个最明显不过的例子，就是中古世纪有许多（不是全部）犹太人宁受严重迫害也不改奉基督教。即便他们知道放弃自己的信仰是条便捷出路，宗教信仰——或他们全面的自我定位——却是比个人存亡更重要的事。这样的行为当然也有其理性之处，因为这是有意识形态价值的。不过，按这个角度看，任何事都可以说成是有理性成分的了。

按演化论的观点看，因为人类爱的力量可以战胜利己之心，所以不会在意有人乘自己牺牲而蒙利（Frank 1999）。我们如果是简单的经济机器，绝对不会耗费资源冒着风险去做别人都受益、付出代价者完全得不到个人好处的事。就算是做了，也会在个人可能遭受严重损失或伤害的时候马上停止。事实上很多人会这样做，也就是让别人去负担成本和风险，自己只搭便车。但是也有许多人不是这样的。认同的人不会计较这些，因为能把别人的福祉纳入自己个人的快乐与否的盘算。我们关心他人的福祉时不必把自己的福祉抛诸脑后；利己的考量同时包括自己的福祉与自己所关爱的人的福祉。换言之，认同的意义就是，别人的利害并不与我的利害相对，而是我的利害盘算的一部分。认同可以使为所爱的人牺牲成为理性的选择，同样也可以使屠杀妨害我族福祉的人成为理性的选择。

这种论点与我们较常听到的——灭族屠杀是无理性的仇恨之体现——是相反的。仇恨某个目标群体，未必是比认同我们所爱的群体更无理性的态度。我们认同某个群体可能是基于社会学的理由，可能是凭物质得失的考量，可能是因为模仿或熟悉，或是以上这些原因的组合。不论是哪一种原因，认同都成为我们的自我认知的基础。我们的恨意乃是爱的反映。

羞耻与屈辱

羞耻与屈辱常被列为导致灭族屠杀的原因。例如卢旺达与布隆迪的事件。胡图族屠杀图西族曾被描述为图西族长久以来压制胡图族的羞耻与屈辱引发的反应。勒内·勒马尔尚（René Lemarchand）曾经引据胡图族人自己的解释，说明他们为什么痛恨布隆迪的图西人："以前我们的固有名称是班图族。我们是班图人。'胡图'不是族名，什么东西也不是！……'姆胡图'是基哈米语（Kihamite），意思是'奴仆'〔本书作者按：卢旺达与布隆迪灭族屠杀战争中盛传的种族神话，图西人是哈米特人（Hamites），是从北边来的侵略者，与土生土长的班图人不同〕……这个名称的意思是'奴隶'。我们不是胡图；我们是班图——意思是人。胡图是图西人派给我们的名字。"（1996，20）布隆迪的事件不像卢旺达的那么引起世人瞩目，布、卢两国却有相同的殖民经验和殖民时代以前的社会结构，布隆迪经历的激烈战争与屠杀也与卢旺达差不多严重。

凡尔赛条约带给德国的羞辱，当然是德国走上极端的重要原因，却不是唯一原因。希特勒绝不容许他亲爱的德国受辱，把咎责推到犹太人头上——他认为犹太人以羞辱德国为乐——乃是他发动灭族屠杀的首要动机。劳伍·希尔堡（Raul Hiberg）是以研究纳粹屠杀犹太人著称的历史学家，他曾说："在希特勒眼中，犹太人是德国的大敌。他对犹太人开战乃是一种'防卫'。这样做是在算总账。……这是在报复犹太人的讥笑。希特勒不允许别人讥笑他、蔑视他、拿他当作笑柄。他认为犹太人在嘲笑德国人视为神圣的一切。他于1942年9月30日演说时便宣布：不久全世界的犹太人都要笑不出来了。"（1992，10）

我们以上讲过的许多灭族屠杀事件——罗马帝国消灭边境的反叛部落、德军屠杀非洲赫雷罗人、日军在南京大屠杀，都是势力强大的屠杀者自觉受辱之后的报复行为，报复本来该顺从的势弱敌人因背信而暂时成功。伯纳德·路易斯（Bernard Lewis）指出，中古世纪穆斯林迫害犹太人的事件（不可否认，远不如基督教社会迫害犹太人的事件多），大多数是在犹太人表现了穆斯林所谓的"傲慢行径"之后，因为犹太人不谨守他们是次等人的本分。这种"傲慢行径"当然就会导致对方觉得丢脸，继而对这种"行径"发动暴力（1984，45-47）。穆斯林统治下的西班牙发生最严重的屠杀犹太人事件，是1066年在格拉纳达（Granadn）爆发的。按目击者的记述，整个犹太社群被屠杀是因为"一般百姓和贵族都厌恶犹太人的狡诈，他们搅乱事物的秩序，以及他们占据的地位，都是违背他们的契约。神的意旨要将他们毁灭。"（Cohen 1994，165）换言之，犹太人已经变得太富有太强势，对虔诚的穆斯林而言，这是一种羞辱。其实，从《古兰经》里大段描述犹太人的历史及地位的文字可以看出，犹太人除了不该贪婪，另一项大错是傲慢，自以为可以不信先知穆罕默德所说的真理[第二章，

40-103，以及沙特阿拉伯宗教事务当局的加注，见"神圣的古兰经"(King Fahd Holy Quran) 1411 册]。傲慢会使被看轻的人感到丢脸，甚而感到愤愤不平。

有关感觉丢脸的情绪的心理学文献很多，其中包括实验研究，但是丢脸与屈辱应当如何区分却一直争议未定（Tangney & Dearing 2002）。两者都是公然丧失自尊或地位，不过，理当丧失地位与本来不该丧失却被外力强加这种经验，却有很大差别。自己的缺失被别人揭露时产生的情绪是感到羞耻。（这与愧疚很接近，引起愧疚的情境可能是公然的或私下的。）屈辱则是外力造成公然丧失地位时产生的情绪。这种外力作用通常都被承受者视为不公平而不该承受。把我们的缺失归咎于外力越能使我们释然，我们也就越会把丧失地位或荣誉归因于他人的欺侮。因此，羞耻很容易找到充足理由说成是屈辱。我们要理解族群之间的冲突与灭族屠杀，必须分辨清楚，羞耻是向内而发的愤怒，对自己有缺失而丢人感到愤怒；屈辱是为了外力施加使自己平白丧失了尊严而向对方而发的愤怒。可能导致报复式的屠杀行为的情绪是屈辱，也就是我们可以怪罪的外力所引起的羞耻。

嫌恶

多数灭族屠杀事件中，屠杀者会把对方贬得比人类低劣，往往把被屠杀者说成畜生或是有疾病，或是污秽不堪（Weitz 2003, 20）。前文说过，希特勒把犹太人说成是"病毒"[Hitler (1941—1943) 1973, 332]。他自称，从年少时代在维也纳生活的时候就开始嫌恶犹太人："你从他们的外表就看得出来他们是不爱用水的，而更糟的是，你往往闭着眼睛就能感觉出来。后来我时常因为嗅到这些穿长布袍子的家伙而恶心想吐。"[Hitler (1925—1926) 1971, 57] 利奥·唐珀（Leo Kuper）是开灭族屠杀研究的先河，他曾指出，尼日利亚的伊博人（Ibos）于 1966 年遭到北尼日利亚人屠杀之前，早就受过北方人这样的贬抑。"受了教育的北方人把伊博人说成是害虫、罪犯、唯利是图者、没有文化的次人类。"(Kuper 1981，85) 卢旺达的胡图族于1944年屠杀图西族人以前，也是早就由其主政者公称图西人是蟑螂（C. Taylor 2002，168），而且，被派来推翻胡图族政权的图西军队成员，也被描述成"妖魔鬼怪，长着尾巴，头上有角，脚是蹄子，耳朵尖长，红红的眼睛在黑暗中发亮"(Prunier 1997，142)。

　　保罗·罗金认为，嫌恶是由身体的分泌排泄物、文化上排斥的饮食方式与两性行为、与死亡和腐败相关的动物引起的（Rozin 2000）。令人嫌恶的动物有猪、老鼠、蛆、蟑螂、其他害虫等，有时把敌人描绘成妖魔更能凸显其可恶。把敌人描绘成有害动物而从嫌恶联想到消灭，特别强调被污染又可以强化嫌恶感。一件引入嫌恶的东西接触到一件中性的东西，可以使中性的东西也变成可嫌恶的。一具死尸、几滴血或唾液，或是一只蟑螂，如果沾到食物，会使食物变脏而不可食用。卢旺达大屠杀的死尸投进了注入维多利亚湖(Lake Victoria)的河川，结果，肯尼亚、乌干达、坦桑尼亚本来食用湖中鱼的人们都不敢捕鱼吃了。当局虽然保证一般捕食的鱼是不吃人类尸体的，也是徒然（C. Taylor 2002）。

　　恐惧污染并不只是恐惧细菌和疾病。官方尽管保证食用维多利亚湖的鱼不可能摄入人的尸体，距离卢旺达河川注入处很远的水域中尤其不可能有鱼吃到人肉，都不能解除人们对污染的恐惧。如果把层次缩小，就如同担保爬过食物的那只蟑螂是消过毒的，并不会使人比较有胃口去吃那食物。污染可以说是关系到历史的。只要有曾经接触过的历史，即便没有任何感官上接触的经验也能产生恶心的感觉——这显然是人类独有的认知技能。人和东西是有本质的，而本质可以借接触而传播，这就是接触传染现象的原意。

　　本质的概念，竟然是解释为什么对群体施以暴力的一个关键心理因素。因为目标群体的成员生来就有某种可憎的地方——习惯不好或是外表丑陋等等，凭这个本质就有理由对他们施以暴力，因为他们的可憎本性可能污染环境，所以必须将他们消灭。

将他人简化为"本质"

按定义，灭族屠杀是根据类别划分而进行的杀戮，因为被杀者是某个族群的成员而杀之，不是因为被杀者个人犯了什么过错。这样划分的目标难免包括很多非战斗人员，不论挑起杀机的行为——或杀人者编造的理由——是什么，这些人都不可能直接伤害杀人者。这样分类有什么可以从心理上促成灭族屠杀的个别属性？

首先我们要知道已发生过的灭族屠杀事件的牺牲者如何被归类。我们最熟知的不外乎族裔文化的、宗教信仰的、民族的归类：犹太人、异端者、亚美尼亚人、切尔卡西亚人、赫雷罗人、埃布隆人、切若基人。但是，约克郡人民被征服者威廉"清除"，不是因为族裔文化或宗教信仰的缘故，纯粹是因为有他们在可以给反叛的贵族壮胆。成吉思汗屠杀的对象是抵抗蒙古军的城市居民，与族裔文化和宗教信仰都无关。波尔布特的红色高棉以越南人和各种不同的少数族群为屠杀目标，但遭到屠杀的大多数是柬埔寨人。这些柬埔寨人被冠上被外来的资本主义文化污染的罪名——这种文化是会危害正宗柬埔寨农村文化的。

总之，不论哪一种社会归类，只要屠杀者认为它是能自我再生的，就可能形成应予消灭的目标。族裔文化的、民族的群体能自我再生，是因为他们的下一代仍维持相同的血统和生理属性，但如果要把城市、文化，甚至经济阶段也算成能够自我再生的类项，就是把其中的人都看作有共同的人格、心灵、本质。将屠杀目标归类可以凭具体事实，也可以凭抽象的共同性，包括肤色、面貌、身材等可以直接凭观察看出的特性，以及阶级、意识形态、文化等抽象的特征。

把数以百万计的各式各样的个人看成一个单一目标物,是人类才有的奇特认知本领。族裔的、经济的、文化的、政治的群体,绝不会像我们平日谈论所说的那么有客观一致性。谁是胡图人、图西人、犹太人、日耳曼人、正宗柬埔寨人或外来文化污染的柬埔寨人?这些类项包含数以百万计的个人,任何观察者都只看过其中极小一部分的人。现代学术研究已经证明,时间越久,这样划分的类项越会扩散而不固定。本尼狄克·安德森论民族主义起源的名著《想象的社群》(*Imagined Communities*) 就是以这个题目为讨论焦点。

19、20世纪浪漫思想的历史学家曾经认为,民族是文化上生理上轮廓界限清楚的群体,事实不然 (B. Anderson 1991;Geary 202)。世上几乎没有一个民族或族裔文化群体是"纯粹"的。迁徙、同化、征服、脱离,都是长久存在的群体之中成员必然会变动的因素。文化上的交流必然导致目标群体在土地上的边界模糊不清。其实识别身份是所有现代灭族屠杀事件中的大难题,因为,如果不凭借身份证明文件或粗糙不负责任的刻板印象,根本很难确认谁是"犹太人"、"克罗地亚人"、"图西人"。在族群通婚已经不是稀罕事的环境中,区别异族尤其不易。布鲁尼埃指出,在卢旺达的乡下,胡图人和图西人是不同的社会类别,大家都知道谁是哪一族的,图西人要想逃过灭族屠杀几乎不可能。可是到了城里,尤其是在首都基加利 (Kigali),人们彼此都不知道是哪一族的。"设置路障的作战同志团会令人们出示身份证。身份证上是图西族的人、假装遗失了身份证的人,都必死无疑"(1997,249)。没有被拦检的图西人,有假造他族身份证的图西人,才有可能逃脱。

按专家的意见,族裔与民族的群体是想象出来的,是会易动的,是有洞可以渗透的。一般的意见却是,图西人、伊博人、越南人、犹太人根本都是不同种的,就像米格鲁犬和斗牛犬的差异一样明白。我们该怎么看待两种意见的矛盾？（P. J. Geary，2002 比较中古世纪早期族裔迁徙的事实，以及 19 世纪为证明近代民族主义之正当性而将史实混合神话的说辞，有十分精辟的见解。）

解释这种矛盾的办法之一，是认为人类在生理条件上准备好了要根据本质来理解生物世界（Gil-White 2001； Hirschfeld，1996）。本质是使某个生物能是它自己的某种隐而不见的成分。最近似的例子就是自我。我的本质就是我的里面那些使今日的我与五岁时的我是同一个人的特质。我说不出那些东西是什么，应该不只是历史，但我确信我还是多年前的那个人，即便我的外貌已经有了很大的改变。我们认为别人也有本质，每个人有其自己的本质，在不同的时空条件下，本质也可称为个性、人格、本色、灵魂、精神。

有本质的不只限于个人。生物的世界都是按本质而区别的。老虎如果由于基因突变而呈白色，或是没了牙齿，或是只有三只脚，我们仍然知道它是只老虎。所谓本质，和遗传学的意思差不多，只不过是比基因知识悠久得多的概念（Keil 1989）。以美国幼童而言，四五岁以前辨认动物是全凭外貌的。例如，把一只浣熊按照猫的模样剪过毛、染过，幼童见了会说是猫。如果把一只猫借整形手术变成浣熊的样子，幼童也会说它就是浣熊。四五岁以上的儿童就不会这样了，他们知道猫就是猫，臭鼬就是臭鼬，外貌再怎么变也不会弄错。有些儿童还说得出原始生物学的道理，也就是说，臭鼬生下的小宝宝仍是臭鼬。把这个实验搬到非洲来做，结果相同，儿童也是从四五岁起不再被外貌的改变所骗。不同的只在生物学的解释，非洲儿童说，犬羚即便看起来像跳羚，它仍有犬羚的精神，所以仍是犬羚（Keil 1989）。

"本质"是"生物性"和"精神"的公分母，这两者都是以本质为原始的概念而来的。我们可以说，人类生来就要把人与动物按本质做区分，尤其会从本质着眼来看文化的群体。因为，我们假定他族文化中某个成员表现的怪异行径（按我们的标准是怪异的）是该族的多数成员都有的，所以会在概念上这样扼要精简（Gil-White, 2001）。姑且不论只从本质判断人类族群和族群差异是否有其优点，有一个缺点却是危害极大的。假如某个本质与我们不同的群体被断定不够资格算是人，我们就可以把他们当作畜生般利用、糟蹋、消灭。

研究灭族屠杀的人士特别指出，把敌人说成不是人，是有重要作用的（Staub, 1989；Waller, 2002）。把敌人指为卑劣的畜生或危险的传染病，乃是剔除其人性的一个招式。本质的概念却可以使这样的指涉更具有隐喻效果。把外团体本质化，意思是指他们全体都有某种劣质成分，没有一个人没有，形容他们的那些比喻还说不尽他们的坏。纳粹明知犹太人其实不是老鼠，胡图人也知道图西人不是蟑螂，他们却相信犹太人和图西人的族群之中的每一个人，不分老少、强弱、凶恶或无力，一律必须消灭，就如同害虫必须消灭。本质化可以把敌人变成只是一种险恶而不可能变好的特性。

早期宣扬日耳曼民族主义的恩斯特·阿恩特（Ernst Arndt）曾于1802年写道："我凭上帝之名为了我的同胞而恨所有的法国人，我把这种恨教给我的儿子，我把它教给我的同胞的孩子。……我要尽毕生之力使鄙夷痛恨法国人在日耳曼心灵深处生根。"（见Greenfeld 1992, 276）瓦格纳曾于1850年撰文论述犹太人不会有真正的艺术感知，只会玷污日耳曼艺术。他说，"我们"（也就是所谓好的日耳曼人）必须理解"我们为什么对犹太人的主要本质有发自内在的嫌恶"，从而"必然会明白我们恨的那本质里是什么东西"（见Mendes-Flohr & Reinharz 1980, 269）。

不但外团体被本质化，内团体也要本质化。土耳其人、德国人、正宗的柬埔寨人、胡图人，都因为具有某种正向的本质而成为一个优等族群，是得天独厚的，所以理当优先受尊敬。纳粹执行"最后解决"免不了要先要德国人和犹太人都本质化，这种概念至今仍保存在德国和以色列的回归祖国权之中，也就是，能证明自己正当本质的人就有权回归。这是所谓的"血统国家主义"或"族裔国家主义"的基础要件。血统国家主义或族裔国家主义是凭遗传授予国民身份,至于出生地和文化习惯与祖国相差多远都不重要。这与"公民国家主义"或"开明的国家主义"是不同的,"公民"国家主义可以接受外人为国民,只要外国人愿意迁入并且融入本国的文化(Brubaker 1992,1996;Greenfeld 1992)。

我们可能会认为,文化与禀性是相对的,所以,族裔的国家可以本质化,公民国家不可以。遗憾的是,确有证据显示,文化也是可以简化到只剩本质的。一般都认为美国的立国精神是公民的国家主义,不是族裔的国家主义。其实我们可以把美国人看成是有一种基本性格或精神的,虽然一时很难确认其本质是什么。遇到公开辩论某些个人、群体、仪式、信念是否"欠缺美国精神"的时候,就会凸显出某种美国文化的本质。"欠缺美国精神"的指控是可以反驳的,但是反驳者不能说这种指涉毫无意义。没有人会说"美国精神"是个空洞的名词,所以被骂"欠缺美国精神"并不是可以一笑置之的。比这个例子明确得多也恐怖得多的,是波尔布特和红色高棉把高棉文化本质化,成为与越南人本质相对的东西,进而屠杀他们所谓被越南本质污染的柬埔寨人。

既然族裔群体和文化群体都可以本质化,那么任何内团体也都可能本质化了。把敌人本质化很可能与内团体本质化有密切关联,甚至可能是必然并行的。例如前文说过,对于外团体的恨是与对于内团体的爱紧密相连的。这样敌我双重本质化,结果就产生正与邪之战。两个互不相容的本质之战中,对正的一方有爱,就必然会恨代表邪的外团体。这正是最极端的灭族屠杀事件的核心价值,正是因为怕被邪的本质污染,才会做出常人难以理解的集体谋杀罪行。污染这个概念就是从认定本质而来:日耳曼民族的精神必须保护好,才不会被外族的、犹太人卑劣的本质玷污。新教徒与天主教徒互相把对方的异端视为非根除不可的险恶。正宗的柬埔寨乡村文化必须保护好,以免受都市的外来文化污染。污染力也许可以驱除,但如果不能,或是被驱除者可能报复,就只剩把它消灭一途。

历史学家麦克·霍尔特(Mack Holt)谈到1572年圣巴多罗买节法国天主教徒屠杀新教徒的事件,做了这样的解释:

> 胡格诺派信徒(Huguenot)被天主教徒视为危害社会政治秩序者,不但应当消灭,而且应该被当作没有人性的畜生糟蹋、凌虐、羞辱——他们在天主教徒眼中本来就不是人。受害者必须被当作非人类——当作畜生般屠宰,因为他们触犯了天主教文化之中人类所有神圣律法。此外,杀戮之后接着要净化。……许多新教徒的住屋被烧了,这是援用传统的用火来净化所有异端的方法。还有许多新教徒被扔进塞纳河,这是援用天主教洗礼的借水净化的方式。
> (1995,87)

差异越小越可怖

最接近内团体本质却仍在内团体之外的人,带有一种特别的危险性,天主教徒眼中的新教徒就是这种人。他们表面上和天主教徒一样是基督徒,反而使他们成为最可怕的污染源,就如同癌症是体内细胞的病变,却比任何传染病原的杀伤力都强。这些邪恶者的样子越像内团体的人,越是险恶。对付他们必须用特别重的手段。

在纳粹眼中,对犹太人有特别的恐惧与嫌恶是有理的,因为他们认为犹太人会把他族同化,至少已经有些犹太人"假装"德国人在德国人之中生活着。波尔布特时代的柬埔寨,全国四分之一的人被柬埔寨人自己屠杀,也是因为太多的柬埔寨人已经被外来的——尤其是越南的——思想"感染"了,所以污染的危害格外严重。1997年,已下台的波尔布特死前不久接受访问时仍然把所有的错都算到越南人头上,说是他们渗透了柬埔寨而造成柬埔寨的饥荒。波尔布特说:"说有几百万人死掉太夸大了。……还有一点你要知道,就是有越南的特务在。米是有的,可是他们不把米给老百姓。"他又说:"我是问心无愧的。……我们如果不实行斗争,柬埔寨就会变成第二个南柬埔寨(Kampuchea Krom;古高棉帝国一部分,于16世纪被越南攻占)。"(引自Thayer 1997)其实,不论越南人是否针对红色高棉打着什么主意,波尔布特当权时的柬埔寨境内已经没有越南人了,因为没逃走的越南人全都被杀了。此外,越南混血儿、在越南出生的高棉人、有"高棉身越南心"的所有人也全都被杀了(Kiernan 1996, 423-425)。问题是,什么人是否被越南血统或思想污染,根本难以分辨,只要有一点蛛丝马迹,就被打入背叛污染"纯正"柬埔寨人之列。

宗教战争中,以异端者(例如天主教徒眼中的新教徒、逊尼派穆斯林眼中的什叶派)为打击目标的事例,甚至多过以完全异教的群体为目标。这是因为同一宗教中的异端者是歪曲真理,可是异端者有与正统者相似的地方,所以会污染纯正的信仰。(参阅Sivan 1985有关当代逊尼派穆斯林对于什叶派的感想。Doran 2004说明沙特阿拉伯的极端瓦哈比逊尼[Wahhabi Sunni]企图消灭什叶派。)一旦着眼于本质上的差异,其他方面的差异越小,被污染的威胁就越大,仇恨也就越强烈。

伊格纳季耶夫(Michael Ignatieff)解释这种现象时,把民族主义描述成一种"自恋",这种心理会把民族之间的小差异美化成重要的特征,借此巩固民族的分野,强化民族的团结;这也包括要把欠缺这些特征的"他们"贬低。伊格纳齐夫引用了弗洛伊德所创的术语"微小差异自恋癖"(narcissism of mino difference),民族主义之中的自恋与敌对行为之间其实有吊诡的关系。他说:"正因为族群之间的差异很小,所以必须积极表现出来。两个族群之间的差异越是细微,两边越会奋力把这种差异表现成绝对价值。"(1997,48-53,引自50-51)

微小差异自恋癖着眼的是本质上的竞争。两个敌对族群要较量谁才是"真正优良"的本质,谁又是"邪恶"的冒牌货。由此可知,纳粹党凭意识形态发动的屠杀,并不是鲍曼(1989)推断的那样——只是官僚化的功能或滥用科学与技术的作用。其实,现代世界的毁灭力特别强,是与敌人的特别险恶有关联的。不论是按意识形态或是按族裔文化界定的敌人,因为很容易与"我们"相混,所以特别险恶。20世纪发生的一些最惨烈的灭族屠杀,往往都是很难凭外表长相或文化因素区别屠杀者与被杀者的,这应该不是巧合。 因为犹太人和日耳曼人太相似了,纳粹必须先做一些辨识隔离犹太人的措施,要核发每个人的身份证明卡,规定犹太人戴臂章以兹识别。前面说过,分辨图西人和胡图人往往要凭身份证,除非有邻居或其他认识他们的人指证。典型的高瘦图西人和典型的矮壮胡图人,不能拿来当作核对的标准,因为数百年的通婚历史已经造成大部分人不符合理想典型了。

20世纪规模最大的灭族屠杀事件,都是意识形态因素多于族裔因素的。斯大林、波尔布特杀人数以百万计,都是为了要消灭威胁意识形态之纯粹性的势力,虽是本国人,也毫不留情。红色高棉口口声声说被屠杀的以越南人占大多数,这是睁眼说瞎话,更何况有恶名昭彰的土斯伦监狱(Tuol Sleng)中把柬埔寨人全家刑讯处死的记录以兹证明(Gottesman 2003;Kiernan 1996)。意识形态是看不见的东西,比族裔特性还要隐形,要在参与同一运动且怀有相同观点的人之中揭发谁是叛徒也更困难。所以,像斯大林、红色高棉那么大规模的屠杀异己,必须在手段上无所不用其极才做得到。

灭族屠杀的条件

做到灭族屠杀的方式有很多，我们谈到的条件之中却只有少数是必要的。把敌人本质化是一个关键，但是，有很多行事方法能做到本质化，也有很多群体虽未涉入冲突也被本质化（Haslam et al. 2000）。把敌人本质化可能是灭族屠杀的必要条件，却不是充分条件。

假如灭族屠杀的动机是单纯的贪婪——例如殖民者杀害原住民，屠杀者若是有理由担心被屠杀者反击或抵抗，就会因而心生恐惧。于是屠杀者要先把对方本质化成为"懒惰而低能"或"野蛮的"，是妨碍进步的，然后以此为由把他们除掉（Maybury-Lewis 2002）。

我们从社会心理学的实验看出，已发生的集体杀戮事件也证实，本来没有强烈负面情绪或观感的一般人，可以受驱使而成为凶手。驱使者若能唤起先前已有的偏见、恐惧、愤怒、仇恨，下手屠杀就可以更为容易。前文强调过组织的重要性，组织会培养服从命令的习惯，组织造就日常集体行为的动力，组织的专门化例行化作业方式可以削弱各人做事各人担的观念。组织有了这些功能，就可以使本来对敌人没有强烈反感的成员去执行屠杀。推动屠杀者的另一股力量，是恐怕不下手会遭到报复，这包括恐惧自己被杀。

发出屠杀命令的领导者则另当别论。领导者是为屠杀行为制造各式理由的人，如果锁定的异己族群和屠杀者族群看来十分相似，格外需要制造理由。柬埔寨人为什么要杀越南人？托洛斯基派为什么是客观的叛徒而不是他们自认的忠实共产党员？"哈米特"的图西人为什么是不合法的侵略者？还有，新教徒的信仰明明和天主教徒差不多却为什么算是异端？这些都是以深奥历史解释为依据的，必须由细读过深思过这些历史的知识分子来讲清楚。我们在精英阶级之中最能清楚看见人类多么偏好拿恐惧、愤怒、爱、恨来作历史表述，多么擅长把屈辱和错误刻意培养成为复仇的行动。

近期研究灭族屠杀的学者，有许多人强调回忆有重要功用，认为让劫后余生的人唤起创痛记忆是有益的。他们假定回想往事可以避免重蹈覆辙，对受害者有疗伤作用，也有助于伸张正义（Hinton 2002；Miller & Miller 1993）。但是我们不能忽略的是，记忆与历史还原往往是凭空捏造却又被人们真心相信的，这种记忆与历史还原都是激起复仇念头的重要因素，人们因为要给自己曾受的冤屈讨回公道，反而导致集体杀戮的恶性循环。

我们比较了领导者与行动者，会愕然发现，领导者自己对敌人的负面情绪和反感往往比实际执行屠杀的人还要强烈。一般人会以为动手杀人的人应是动机最强的，事实却可能正相反。斯大林抨击富农，希特勒骂犹太人，胡图领袖骂图西人，波尔布特骂骨子里是越南人的柬埔寨人，都是掌权者的言论流露了恼恨、恐惧、侮辱、嫌恶敌人的最明显证据。这些言论有可能全是假的，用来掩饰掌权者要巩固自己势力的私心。不过我们比较同意的看法是，能够成气候的领袖往往会相信——或逐渐变得能相信——自己发表的言论，也真正感觉——或逐渐真正感觉——他们表现出来的那些情绪。总之，我们认为灭族屠杀的领导者的动机往往是恨，被领导者则未必。

研究灭族屠杀与集体谋杀的文献已经非常多了，其中最大一部分是探讨那些负责组织、指导、陈述的人——也就是灭族屠杀的主犯——的动机，以及探讨受害者的部分。我们甚少看到详细分析实际动手者的研究，布朗宁的《普通人》(*Ordinary Man*, 1992b)正是其中的一个代表。成为杀人者的"普通人"的回忆录是很罕见的，没有人会搜集他们的书信、记录他们的行为再建档。布朗宁却找到了这样的资料。很晚近发生的灭族屠杀事件已经开始有基层杀手受访的记录，例如卢旺达事件就有（Mamdani, 2001）。但是参与屠杀行动的人通常都比较不愿意谈这种事，对作研究的人也不像幸免于难的受害者那样愿意配合。此外,他们受访时大都会用同一套说辞为自己开脱,或是声称自己只是听人差遣,无法做主,也不了解当时的状况。所以,要理解一般杀手的心理,比剖析领导者的盘算、意识形态、恐惧、仇恨、嫌恶还来得困难。

最难理解的灭族屠杀行为,也许就是平民身份的屠杀者或是地方民兵组织屠杀邻人和本国人的事件,尤其有一些事件中的杀手显然没有官方力量在组织指挥,更是难以理解。这类事件中的杀手(例如屠杀犹太人的德国警察)会借口说自己是在听命行事,自己是不能脱队行动的军职人员正在外族敌意的环境中作业,这种借口是站不住脚的。像卢旺达事件、1965 年至 1966 年的印尼事件,以及许多死伤惨重的族裔暴乱事件,杀戮虽然比较不军事化,却可能是有人负责领导的,而且往往串通了军队或警方为后盾。不过其中的行动者仍有一部分——而且通常是大部分——是自告奋勇加入的。

格罗斯的精湛之作《邻人》(*Neighbors*, 2000) 揭发了一桩最骇人听闻的事件。耶德瓦布内(Jedwabne)这个波兰市镇,居民有一半是犹太人,一半是基督徒,基督教居民却在第二次世界大战期间把 1600 名犹太男女老幼几乎杀光。这不是独一无二的事件,波兰的其他市镇也发生这种事。事实上,如果没有波兰人的配合,纳粹是不可能把波兰境内的三百万犹太人杀掉 90% 的。

耶德瓦布内事件是在德国人于 1941 年占领这个地区之后不久发生的,自从苏联和德国于 1939 年瓜分波兰以来,这个地区原是由苏联占领的。屠杀犹太人的动机很复杂,包括不满某些犹太人对苏联占领表示欢迎、长久以来的反犹太人情绪、贪婪,以及新上台的德国当局在背后鼓励。最重要的一点是,我们多数人可以用来克制内心最深处的偏见、恐惧、冲动的那些常态的社会常规、法条、忌讳,在战时的波兰荡然无存。耶德瓦布内镇和那个地区已经饱受 1939 年波兰亡国的创伤(格罗斯也细述了邻近乡镇的遭遇),然而,如果没有以前抑制下来的那些偏见与近期累积的怨愤,大屠杀是不会发生的。德国人没有表示不赞成,但是他们并没有下令这么做。

政治动乱的状况下平民百姓彼此大肆杀戮,并不是灭族屠杀事件中的特例。那都是当局似乎赞同,正常的法律与社会约束力都瓦解的状况。罗伯特·赫夫纳认为,1965年至1966年印尼屠杀共产党嫌疑分子的事件就是这种例子。当时东爪哇的伊斯兰教青年团体听说陆军在屠杀共产党人(穆斯林组织在此以前与印尼庞大的共产党有越演越烈的冲突),就自行发起一拨儿大屠杀,杀得特别血腥、混乱,而且不分青红皂白。等到军队逐渐恢复了安定秩序,官方的任务委员会成立,杀戮虽然持续未停,目标已比先前确切多了,都是锁定真正的共产党人和左派同情共产党的人。也是在官方接手暴力行动之后,杀戮移入了山区,这些地方以往并没有什么社会冲突,也几乎没有发生过集体暴力事件(Hefner 1990)。

峇里岛也发生了类似的状况,1965至1966年间丧命的人约有十万之多,占全岛人口的百分之七到八。显而易见,应该为掀起大屠杀风暴负主要责任的仍是印尼军方,当时军方因为抵制他们所谓的左派军官政变阴谋而夺得大权(Robinson 1995)。军方宣布要肃清共产党,凡是不加入这次"净化"行动的人一律视为国家的敌人。在岛上旧秩序崩溃而人心惶惶的时候,这种宣布引起的后果就是人们互相杀伐,许多是为了私人恩怨。左派分子会被锁定之外,财物和阶级冲突的陈年旧账也被翻了出来,但仍有许多混乱不明的滥杀。其实是,有人因为害怕被冠上左派帽子祸及全家而自杀;有人向官方自首;有的村民杀了一些有左派嫌疑的人以免自己涉嫌;亲属也会互杀。妇女的组织因为有左派的关系,显然成为眼中钉。参与妇运的人除了被杀,遭强奸与公开侮辱的也不计其数。总之,维系人际关系的整个社会架构崩溃了,这是军方教唆的,目的就在崩溃之后,重新建立峇里岛的社会秩序（Dwyer & Santikarma 2003，289-305）。

　　类似事例俯拾皆是。这种事件并不降低官方势力的影响，也不表示社会中只要有内在分歧或彼此猜忌，有阶级的、族裔的、宗教的、意识形态的、地域的不同群体之间的竞争，这个社会就随时可能爆发杀人的集体暴力。这种事件却显示，个人之间或族群之间可能存在的不满与敌意，通常须借相互牵制的社会机制和心理上的压抑来克制。一旦这些克制的力量瓦解，不论是当局的政治行为导致的，或是存心要煽动暴行的领导者巧妙操弄所致，结果就是集体杀戮的可能性大增，而且可能爆发成为灭族屠杀。

　　酿成灭族屠杀的因素既然很多，也难怪这种悲剧会发生。也许我们更该觉得不解的是，悲剧没有发生得更频繁。族群之间的关系紧绷与战争，势力强弱悬殊，政治混乱时期，由来已久的怨怼，政治操弄冲突，都是世界各地普遍都有的。正常的普通人会变成专杀某一类人的凶手，杀的模式易懂也容易复制。那么，灭族屠杀事件为什么没有比既有的更多？下一章就要讨论人类社会怎样设计抑制灭族屠杀冲动的方法。

第三章
有限度的作战为什么比灭族屠杀常见？

我们娶嫁与我们战斗的人。

——泰伦西族（Tallensi）谚语

多数战争，不论是国与国或比较小的群体之间的战争，都不会达到灭族的程度。甚至一般屠杀平民百姓的行为，也远比战争少。而且，多数的社会族群冲突，不分大小，都不会导致大规模的暴力行动。为什么会这样？答案并不是一句话就说得清楚的。有一些可确定的事实是前文说过的，即是，多数人是不愿意参与杀人行为的。如果不是在文化仪式的严谨规范之内进行，接触死尸、肢体器官、分泌物等都是令人赚恶的。人在杀人的时候难免想到自己也是终将死亡的动物，因此，如果要大举屠杀，必须设法把屠杀仪式化，使人与自己的可怕行为产生距离（Rozin et al. 2000）。

每个社会其实都有一套这样做的方法，能把某些形式的屠杀合理化，在必要情况下也能把作战化为合乎规范的仪式。自古到今的历史上已有太多血腥事实，不容我们认为暴力是异常的或不是人性原有的部分。前面已经解释过哪些情绪、竞争、境况是可能触发灭族屠杀的，现在必须说明的是，用哪些办法可以防止这些因素发酵。

我们如果细看文化人类学和历史的证据，可以看出，每个社会都学会如何能克制冲突，不让冲突导致灭族的杀戮。最显然易懂的道理就是，作战和极端暴力要付出很大成本，而且很危险，所以不宜轻率投入。如果打算把敌人杀尽，必然要冒失败而招致激烈报复的风险。不过这一个理由不足以构成全部的答案，因为暴力冲突毕竟一直在发生，胜利的一方为了要立即获取利益或泄愤而想一举把敌人消灭的欲望，也是很难控制的。如果恐惧也是因素之一，节制杀戮就更加困难了。因此有必要设定限制屠杀行为的策略和方法，甚至暴力已经在蔓延的时候也有此必要。多数冲突为什么会在酿成大灾祸之前就平息下来？可以大致从三个方面来解释。

第一，相互冲突的群体，不论是家族、氏族、民族、国家，都能设计一套冲突与和解的规则，可以使暴力降温，也减少冲突双方全体被消灭的可能。惯常行为的一套准则如果很重视限制战斗人员的暴力行为，就可能缩小暴力的规模。把竞争仪式化，可以取代部分的暴力。法律条文、制定边界、国际契约都是有效的方法，即便没有权威的力量在场执行，也能约束战争的肆虐。但是，这些方法的运作，必须冲突各方彼此已有足够互动经验而重视这些办法的价值，才有可能成功。准则、仪式、常规都是需要耗费一定的时间才能形成的，因此，情况变得快或是有新的竞争者冒出来，往往会使暴力冲突恶化。后文会讲到，几乎每个社会都订定可以约束暴力的"游戏规则"。

第二，借交流限制损害，如果对竞争的各方有利，各方就会设法维持这种克制冲突的法则。异族通婚、商贸交流、仪式化的馈赠等等，都是缓和冲突的策略。启蒙运动的思想家正是根据这些行事策略推断，重商的社会比较不可能跳进没有转圜余地的战争（下文会有详论）。这种机制其实和资本主义出现以前就有的做法差不多，只是古人做的规模比较小。在国家政府尚未形成以前，人类社会就知道借交易与通婚来降低冲突——虽然不能消灭冲突。

第三方面是意识形态，也是我们最应重视的。有些意识形态很容易导致灭族屠杀，有些则不至于。道德律是意识形态的，有些道德律就是比较容易酿成暴力行为。也是因为这个缘故，我们在前文引了《旧约》中的灭族屠杀呼召为例子。记述的事件是否真正发生过并不重要，重要的是，其中的意识形态陈述把特定情况下的灭族屠杀行为说得理直气壮。现代的世界中，竞争的族群规模变大了，通讯与毁灭性的科技快速进步，危险的意识形态潮流也扩大了灭族屠杀的威胁。反个人主义的、强烈主张公有社会的意识形态，一旦合并乌托邦之必然与崇高的使命感，就造成了20世纪最惨的灭族冲突。这种意识形态未来仍可能鼓励灭族屠杀。假如居于主导地位的意识形态都相信可以凭强力净化世界而成就完美境界，相信把真实的与潜在的敌人全部除净是必要的，那么，集体谋杀随时都可能发生。

我们要细谈以上三项，同时要切记，我们不可能用一个万灵妙方消除所有以政治力策动的集体谋杀，最上乘的办法也不曾造就完美的和平或提供永久的解决之道。冲突不断发生，如果情势有变，旧的习俗，交流模式，道德法律也得修改。即便如此，历史已证明，为谋求和平而改变是可能的，暴力是可以约束的，虽然过去和现在都有过严重失败的例子。

衡量灭族冲突的成本

灭族冲突为什么不常发生？最易明白的理由就是，作战与暴力行为是耗费成本的，过度的作战可能耗费极大的成本。杀人不免连带自己被杀或受伤的风险，更重要的是，任何国家、部落、氏族、村庄、家庭一旦涉入战争，都不能百分之百料定后果会如何。近年来，经济学家把本益分析与"理性预期"的模型应用到战争研究上，得出来的结果和一般的推论一致，也就是，发动暴力行动的人必然预期这样做能有所获，否则不会破坏原有的和平或休战（Collier & Hoeffler 1988）政治学家詹姆斯·费伦（James Fearon）与戴维·拉坦（David Laitin）认为，绝大多数的族裔冲突事例不会让竞争升高到暴力行为，是因为妥协与和平生活本来就更合理，也更有效率（1996）。

然而，假如冲突中的某个族群面临的是全面毁灭，即便胜算极小，也可能不顾理性盘算而宁愿拼命了（Gross 1979）。由此可知，把敌人逼入绝境是不智之举。如果没有绝对胜利的把握，滥杀敌方人民只会大大提高随后遭到凶狠报复的风险。

如果冲突的一方期望未来能与敌人和平共处，可能以对等地位共处，或统治对方、把对方变成可利用的资源，那么，过度杀戮不但是浪费也是提高成本。但是前文也说过，报复的欲望、争回荣誉与恐惧的心态，尤其是恐惧污染，可能严重扭曲观点而误判风险，或是让情绪和意识形态占了上风。《出埃及记》之中杀尽亚玛力人与迦南人的指令，应该就是情绪和意识形态压倒了以色列人的本益分析，顾不得奴役利用敌人是比较划算的做法。耶和华保证以色列人将敌人灭族必可获胜，警告他们绝不可以让有用的敌人活命，因为敌人只会玷污他们。

比较常见的状况却是，经常发生冲突的群体，不论大小，会安排一些规则和仪式，以便限制战争造成的损伤。这类规则和仪式就算不能带来和平，也可以降低爆发全面杀戮的风险。各种层次的组织，从没有正规统治者或固定管理制度的小型自治社群，到最大的现代国家政府，普遍都是如此。

限制战争造成的损伤

新几内亚高原的达尼族（Dani）都是好战的、尚未有政府制度的、石器时代的人（这是根据20世纪50、60年代的研究所知，当时尚未受到外界直接互动的巨大影响）。从他们的作战模式可以看出这种社会极少发生大规模杀戮的原因。新几内亚的土地和食物资源都不足,邻近的村落因为竞争资源而形成几乎恒定的紧张冲突氛围。即便这样,暴力行为一般都以高度仪式化的战斗呈现,杀人只是偶尔发生的事。过往战斗牺牲者的亡灵,必须借荣誉和复仇来安抚,但只需杀寥寥几人便足够,有时候只杀一个人即可。至于战斗也比较倾向借运动竞赛舒缓紧张,而不是趁机把敌人消灭。难得一次——也许一二十年才一次,战事会演变成结盟群斗,结果一方战胜,败的一方会有很多男女老幼被屠杀(Heider 1970 104-123)。

亚马逊地区的亚诺玛米人(Yanomami)原始社会的战争,曾经是引起很大争议的题目。最近的研究指出,由于亚诺玛米人要争夺稀少的资源,当然会有杀戮,但是根本算不上是战争(Ferguson 1995; Harris 1996)。按拿破仑·沙尼翁(Napoleon Chagnon)提出的著名假说,善战的亚诺玛米男性生下的子女较多,所以亚诺玛米人是好战的(1988;1990)。弗格森(Brian Ferguson)却驳斥这个论点,认为男性会为获取女性而竞争,这种竞争往往演变成暴力行为,这是近代以前和以后的社会普遍都有的现象;这种个人之间的竞争通常并不会导致群体与群体的战争(1995,358-362)。

如今已有充分证据显示,西方世界的影响没有来到之前,亚诺玛米人的社会系统比较稳定,暴力行为也不如近期以来的多。因为如果冲突发生,敌对的群体多半会分裂,或是迁离,并且划定互不侵犯的中立边境。外界的技术一旦传入,尤其是有了金属制的工具以后,以往可以防止冲突升高的交流秩序失衡,有些(不是全部)亚诺玛米人的族群暴力行为也变得比以前多了(Early & Peters 2000,229-230; Ferguson 1995)。

最坚决主张人类生性好战(像达尼人、亚诺玛米人这样未形成政府的、石器时代务农的人尤其好战)的人士,都不会说屠杀乃是冲突的常态后果。专家们倒是渐渐有了一个共识:社会层级分明的首领制度与政府兴起以后,战争渐渐趋于激烈,死伤数量也扩增。 这是因为少数领导者已经可以让臣民负担大规模战事的成本了。这些领袖必须保有常备的军事力量，才能够维持自己的势力不衰，才能够向人民征税，并且攫取资源——包括奴隶，以满足统治阶级逐渐扩大的需要（Carneiro，1990）。

不过这并不表示，政治层级越分明的社会（甚至最易走向战争的社会）越常发生无限制的滥杀。帖木儿是一般人印象中欧亚大陆历史上极残忍的一位突厥蒙古征服者，以恐怖屠杀、将俘虏活活封在塔里等死、把战俘的头骨堆成山、屠城等暴行闻名于世（Morgan 1986，93；Prawdin 1967 442-443，469-473）。这位帖木儿能在 14 世纪末叶建立帝国，却也是因为经常能宽赦反叛者与对抗他的部落，并且以礼物、封号、通婚利诱中亚地区与他为敌的游牧王朝归顺。他只杀敌人中最顽抗危险的领袖人物，然后扶植同一家族中比较顺从的人继位。他对攻打的城市是残酷无情的，对于抵抗他的异邦城市尤其残忍。但是，对于可能纳入他旗下的游牧民族，即使对方不肯屈从，他也会避免杀戮过多（Manz 1989，64-92）。

他这样做的理由，显然是草原行事规矩与马基雅弗利式的务实主义的结合：对于有朝一日可能需要与之结盟的敌人不可以赶尽杀绝，对于可能反击的敌人不可以结下不共戴天之仇，合理的谨慎也算是正当体面的节制，与其和实际的敌人或可能敌对者打一场殊死战，不如设法与之结为儿女亲家。于是，与他为敌的游牧民族领袖——突厥人和蒙古人皆然——都受他的操弄与利诱，但几乎都不会被他消灭，至于这些人率领的大众，都在战败后轻易获赦。对于安居城市的人则不然了，他称这类人——例如波斯人、高加索地区的基督徒——是软弱的异族人，认为他们不足以对他构成威胁，也就不配享受他恩准的宽容礼遇。

中古世纪的欧洲也有类似情形，虽然围城有时候会演变成屠杀，但通常都借道义准则和务实理由限制滥杀战败敌人的行为。中古世纪欧洲的道义准则包括饶敌人的平民百姓不死，不过并不是每次冲突战争都遵守这一条，征服者威廉对待约克郡百姓的手段便是惯例。公元989 年在沙鲁（Charroux）举行的一次隆重的"教会议会"曾经宣布，侵犯教会、攻击无武装的教会人员、掠夺"农民及其他穷人"都是违法的。诸如此类的宣告很多（Duby 1977）。后来，因为新教徒与天主教徒之间的宗教战争中既不遵守道义准则也不限制杀戮百姓，加上其他缘故，到了 17、18 世纪，终于有了一整套限制战争损害的军事常规。这些常规随后纳入了"正义之战"的信条，根据这些信条可以判定暴行是否具有正当性（Johnson 1999）。印度教、伊斯兰教、中国、日本的法律系统中普遍都有类似的规范和约束。在"重气节道义的文化"中尤其适用，这类文化崇尚个人勇武与高尚战士的威信（Johnson 1999）。杀戮可以是理所当然的，但是有一定的规则要遵守，滥杀无辜是可耻的。

我们应该知道战事杀戮受到人类社会的约束，更应该知道的一项事实是，大规模的战事本身就是特例，不是常模。甚至号称"百年战争"的英法冲突——从 1337 年到 1453 年，两国实际发生战事的时候只占大约五分之一。佣兵在休战时期掳掠杀人的为害反而更严重，这时候的佣兵不听命于任何政府，形同一伙伙游走的强盗，行事完全不受战争规则约束，所以比战争进行期间的军职人员容易滥杀无辜（Fossier 1986，59-63；参考 Olson 2000 论"流动盗匪"虽不会按部就班剥削自己控制下的地区，却更可能毫无节制地掳掠）。

苏联和美国在冷战期间议定的详细安全措施与限武协定，很像许多本来敌对却必须承认灭族之战风险太大的竞争者之间的约定（Larson 1997）。美苏势力所及的领域外围虽然不断有规模较小的战争，两强却从未在战略价值最高的欧洲直接开战，也从未爆发会导致上亿人死亡的核子战争。

各种社会为了要限制战争的蹂躏，要设法不让杀戮行为失控，要促成各式各样的调停妥协，曾经运用了许多方法，可见人类自古就知道该用哪些方法来降低灭族屠杀的可能。我们看过不同形态的社会如何约束冲突与暴力，也可以从而设想如今该用什么方法约束杀戮行为。有些方法适用于社会内部，也适用于不同的社会之间，包括族裔的、阶级的、宗教的、政治意识形态的在内。

控制杀戮的方法并不只限于战争规则和协议。有一个十分常见的方法，在未有国家政府以前的社会中尤其普遍采行，直到近代仍是一些文化中通用的，是与婚姻规则有关的。

异族通婚：化敌为亲

探讨异族通婚现象之普遍，是人类学百余年来一大课题。从最狭义处着眼，包括为了防止乱伦而设的规则；较广义地看，就会扯出一个问题：为什么会有那么多前现代的、没有政府组织的社会赞同迫使子女把许许多多的亲属——包括远亲——排除在适婚人选之外的制度（A. Kuper 1994）。最极端的例子之一就是非洲的努尔族人（Nuer）禁止娶嫁父系氏族的任何人（包括同一男性祖先的男性后代世系的所有人），很多只沾一点亲的人都被排除了（Evans-Pritchard 1940）。

解释异族通婚的理由各式各样的都有。按社会生物学的说法，这是因为近亲通婚后来会出现明显的遗传缺陷。这可以解释非常普遍的（但不是全世界绝对皆然的）禁止兄弟姐妹、亲子乱伦的现象，努尔族与许多未有政府组织的社会采行的制度却不适用。心理分析观点的说法大都仍以乱伦禁忌为由。功能论的说法则是，异族通婚可巩固结盟关系，有益于存活的重要价值（Shepher 1983）。因为世界各地通行的婚姻规则太多样，多数社会又在正式规定与实际执行的模式之间有很大差异，所以一直无法只用一个固定公式来解释各种不同程度的异族通婚（Barth 1973）。

不过，我们按功能论的观点（这也是列维—施特劳斯特别强调的论点）确实看见，某些社会里的不同族群通婚，对于制造未来盟友和解决争资源的冲突都有显著的助益。对族群内部而言，降低了男性追求女性的竞争；对外而言，可以在发生边界之争或生产资源控制权之争的时候找到共同的利害基础。列维—施特劳斯认为，所有的婚姻都是一种交换，社会必须有这种交换才能生存。但他也承认这是形态非常多样的一种交换。他所举的例子以澳大利亚原住民为主，澳大利亚原住民利用复杂的通婚模式巩固结盟关系，可以不必冒与邻近族群争战的风险，就取得在广阔领域内觅食取水的权利(A. Kuper 1994，164-165；Levi-Strauss 1969，478-497)。

加纳北部泰伦希族的谚语"我们娶嫁与我们战斗的人"，可以概括迈耶·福特斯（Meyer Fortes）研究泰伦希人和许多同类例子的结论。福特斯说："亲属关系、友好关系、婚姻的约束、对重大战斗的限制，形成一种综合征。……非亲属——不分地域上的远近与社会文化上亲疏——普通被划在应当利他对待的圈子之外，因此是适于婚嫁的，也是可能敌对到发生重大战斗之地步的。"(1969，234) 把女儿嫁给非亲属，是许多尚未有政府制度的社会解决与潜在敌人争战的一个办法。这种只与异族通婚的规则，可以减少集体屠杀发生的几率，因为敌人之中会有自己的亲属，而且如福特斯所说："敌对者而能结亲，必然是先在迫不得已的情况下同意了某些道德上、法规上的共遵准则，以及实践这些准则的相关程序与奖惩办法"(1969，235)。这个论述并不表示不会再有暴力冲突，也不意味可以永远避免战争；而是表示，暴力冲突比较可能循一定的规矩来，不致一发不可收拾。这些规则不会终结战争，但是会减少战争的破坏性。

人种志（种族学）的一项比较研究也发现，不同族群之间的往来度越高，不论是互相贸易或婚嫁的往来，发生战争的频率也越高(Tefft & Reinhart, 1974)。两个族群如果有关系牵扯，当然比两个完全不相干的族群容易发生摩擦。但是，会有摩擦才更可能设法防止战争的破坏。前文讲到的帖木儿对待敌意游牧部落的方法与他鼓励权贵与外族联姻，即是一个很好的例子。因为他便宜行事的政策既没有杜绝与邻近部落的战争，也没有造就在他死后仍持续不散的团结。但是这些政策达成他的目的，也是好战的相邻游牧族群商定的常用损害控管办法（Manz，1989）。

泰勒（E. B. Tylor）的学说曾经影响列维-施特劳斯，他于1889年发表的著名文章中说："世界史上一再看见，野蛮部落显然已经衡量过与异族结亲或被异族杀光的得失。"（见A. Kuper 1994，164）一般多将这段话的意思解读为：只与同族人婚嫁的比与异族通婚的人更有可能被敌人征服，因为前者会变得孤立，在危难中可求援的盟友比较少。然而，泰勒话中更为重要的意思是，约束战争酿成的破坏与结盟防敌同样是有助于自保的。

亚马逊地区的兴古族人（Xingu）正是一个实例。兴古族男子有大约三分之一被迫要到别的聚落去寻觅伴侣，因为有严格的乱伦禁忌不准许他们在自己的村子里找对象。由于亚马逊的语言社群都很小，到别的聚落去成婚往往就等于迁居到一个语言不通的地方。兴古人并不乐意被迫生活在说外语的村子，但是这样做往往就可以促成不同村落的和平互动。不同村的个人之间若有什么冲突，牵涉的只是那些与冲突直接相关的个人，不会整个村子的人都参与其中，因为很多人都有亲属在对方阵营里。这种情况大大限制了毁灭性战争发生的可能，虽然还不能完全消弭冲突（Gregor 1990，113）。

新几内亚高地区域有许多种异族通婚制度，有些规定男子必须到别村或别的政治单元里去物色妻子，而几乎所有族群都禁止与自己的父系半偶族（凭男性世系而与自己的亲族有血缘关系的那一半）婚嫁，由于新几内亚的人们（例如前文提过的达尼族）因天然灾害与过度拥挤而承受沉重的生态压力，又经常为了取得较多土地与资源而诉诸战争，虽然甚少有大规模的战争，仪式化的战事却几乎持续不断，所以借婚嫁与外族建立的联系可以互通有无。这样既可方便交易，也能缓和战争敌意，甚至促成一些规则，使战败的一方可以带着财物迁往别处，不必被消灭（Berndt 1964；Heider 1970；Morren 1984；Vayda 1971）。通婚不能阻止战争，但是可以降低大肆杀戮的可能性。

许多据地建国的统治阶级实行异国通婚，显然也是基于这个原则。这种国家里决定战争、和平、如何进行暴力冲突的是贵族而不是农民大众。西欧王室从11世纪到19世纪的婚姻结盟，是贵族异国通婚的极致。皇族王室为了巩固关系、言和、争取战争中的同盟，甚至只为了壮大家族的声势、势力、财富，都可以借联姻达到目的。平民百姓也一样会借联姻达成诸如此类的目的，不一样的是，王室的异国联姻所牵涉的结盟、战争、王位继承，影响及于全体人民。由于王室家族就那么几个，几百年来的通婚导致所有王室都互有亲属关系，异国通婚变成一种高层的国际同族婚嫁。到了19世纪，欧洲所有的王室都成了同一个家族的成员（Lamaison 1994）。

尽管欧洲主要国家的王室渐渐都成为堂表亲与彼此的姻亲，并不能担保国与国的关系友好，也不能防堵王室所统治的国家交战。情形似乎可以说恰恰相反，例如英法百年战争就是始于家族为继承而起的争执。后来各方还是渐渐有了共识，认为继承之争应当有限度而且受规则的约束。唯有宗教战争会严重违反约束滥杀的限制，因比既有的规则敌不过意识形态的基本教义主张。

这其中似乎有一个吊诡。把王室家族之内的某一支全部杀光，有时候是必要的，为的是确保没有旁支的子嗣觊觎王位的后患。但毕竟杀的都是亲属，所以稳定下来的君主政体都用比较柔性的方法取代了把某一支亲属根除的政策。继承王位的规则定得明确，降低了争夺的可能性。争不到王位的人可以获封权力不大却有优渥酬赏和尊贵头衔的职位。到19世纪后半以至20世纪初叶，整个欧洲（包括奥斯曼帝国）只有一个王国发生了王族为继位之争而自相残杀。这个国家即是历史比较短的塞尔维亚,相争的两个王室家族是欧洲信仰基督宗教中仅有与其他欧洲王室大家族不沾亲的例外 (Jelavich 1983)。从拿破仑垮台的 1815 年到第一次世界大战爆发的 1914 年,是欧洲历史上自罗马帝国灭亡以来最和平的一百年,虽然欧洲人在殖民地战争中并没有表现这种自制。欧洲会发生第一、第二两次世界大战之祸,是否多少因为民主政体兴起以后,王室结盟越来越起不了作用了?(本章下文会再谈这个问题。)

我们也可以从另一个角度来看异族通婚降低滥杀可能性的原则。相争的族群如果严守族内婚嫁的制度,与外族发生激烈暴力冲突的可能性应该会增高。为强化族裔的、阶级的、宗教信仰的族内婚嫁而设计的规则,一直普遍存在。这类规则可以保持自认优越的族群的"纯正",目的是防止自己被同化而消失,也为了巩固自己凌驾其他族群之上的地位。

贵族不与平民婚嫁,王室只与其他王室联姻,都是为巩固优势地位而族内婚嫁的典型例子。优势族群认为,与社会地位不如自己的族群相处是会受劣质污染的,性的接触尤其不可。印度的种姓制度禁止与低于自己的种姓通婚,高等种姓的女子绝不可被低等种姓的男子玷污,其目的不外乎保全由来已久的社会阶级 (Douglas 1984,126;L. Dumont 1980)。杜蒙 (Louis Dumont) 却也指出,高等种姓的男子可以与低等种姓的女子交往,甚至可以娶低等种姓者为妻,低等种姓的男子却几乎不可能与高等种姓的女子交往结婚 (1980,109-129)。

南非与美国尚未发生民权革命以前,黑种人是不可以与白种人相混的,这些规定的目的都是:防止黑白混血的后代进入优势族群,以免受欺压的黑人因而渐渐摆脱既有的劣势处境。这种情况之中,优势阶级的地位越不稳固,要求成员族内婚嫁的规定就越严。美国和南非都是典型的实例,族内婚嫁的规定在废除旧奴制度以后反而更加严格。反观巴西,种族层次一向是白人在上、黑白混血居中、黑人在下，直到最近才受到公开批判，但是从来没有正式规定黑白不得相混。巴西的黑白贫富差距不输美国，却一直存有不同于美国与南非的种族融洽共处的神话（A. Marx 1998，65-79）。

试图划清社会阶级的族内婚嫁制度，目的不是要制造冲突，而是要确保社会阶级分明的状态。然而，要借阶级或族裔的隔离而划分族群界限，必须诉诸强力才可能长久维持下去。在动乱不安的时代里，优势阶级如果觉得自己的地位受到威胁，又紧守着族内婚嫁的成规——唯恐与他族混合带来污染，族群冲突就会趋于尖锐。大规模的杀戮在这种时候发生的几率也远比平时高，例如美国，每当严厉执行种族隔离的时候，也是旧有秩序在快速社会变迁中显然保不住的时候，杀戮就会爆发。上一章讲过的俄克拉荷马州塔尔萨市1921年的事件（有大约三百名黑人被杀）就是典型的例子（Madigan 2001；Staples 1999，64-69）。另一个例子是日本人在1923年大地震刚刚发生之后就杀害了境内上千名的朝鲜人。许多日本人听信了无来由的谣言，以为日本境内受鄙视的朝鲜人（日本人至今仍避免与朝鲜人通婚）可能在震灾后趁乱劫掠日本人，借此报复比他们优越的日本人。就是这个谣言导致了大屠杀（石黑1998，331-333）。近几十年来，印度高等种姓的传统权威渐渐瓦解，不同种姓之间的激烈冲突——往往导致死伤——也持续增加。高等种姓仍在奋力维持族内婚嫁，以免与低等族群相混（Brass 1997，39-40）。

这类例子都是唯恐不同族群融合会威胁优势者的权力，从而造成紧绷对立恶化。可是，一旦不同族群通婚被广泛接受了，结果却相反，紧绷情势会放松。这其实也正是巴西貌似种族关系和谐的关键；巴西人自认能够自在地与异族融合，而且从来都能如此，即便这多少有些言过其实（A. Marx 1998，72）。

本书第一章谈过的《约书亚记》（第3—22章）的例子，是遵从神旨避免异族通婚加上借灭族屠杀清除污染的典型代表。《士师记》和

《申命记》之中明列的律法,都是针对维持以色列不可与外族融合而来,不但规定明确的饮食律法、禁止异族通婚,也强调以色列民族的独一无二。(《士师记》、《申命记》的撰写者与《约书亚记》的作者是同一人或同一群人。)这两部经书都在以色列被巴比伦人征服之后与犹太省权贵于公元前587年流亡巴比伦的时候修订,文本更加强要以色列人与外族隔离不可通婚的指示,并且说明灾难都是因为不谨守文化上、宗教信仰上、婚嫁上的排外性才发生的(Finkelstein & Silbermann 2001, 296-313)。

这一切的作用都在保全并延续以色列民族。它所呈现的也许是有史以来准许无限制作战与灭族屠杀事件之中说理最头头是道的,也是一次要求宗教信仰纯正与避免被外族污染最为彻底的呼召,或许也是自古以来反对族裔融合宗教融合的宣告之中影响力最大的。这些传统直到现在仍影响着基督宗教和伊斯兰教。英国《圣经》历史学家罗宾·莱恩·福克斯(Robin Lane Fox)说,克伦威尔(Oliver Cromwell)"是以约书亚为榜样进行对爱尔兰天主教徒的格杀之战"(1992)。假如古代的犹太人宽容了比较广泛的异族通婚,许可接纳早期形态的多元文化,后果会怎样呢?可想而加,以色列人将不再是与他族明显有别的族裔和宗教群体,也不可能留给后世把总体战说得理直气壮的宗教传统。

在《圣经》里应该只不过是用引申的比喻在赞许纯净与排外,用到实际行为上却可能挑起灭族屠杀。族内婚嫁是一种只准许和同族人结婚的习俗。与族内婚嫁相反的异族通婚虽不能消除冲突,却可以缓和冲突,因为这关系到的不只是结婚与繁衍后代,还包括文化上的相互谅解,以及建立互动规则来约束激烈冲突。

像犹太人或吉普赛人这样弱势的、常受迫害的、没有国家的族群,既然生活在别的国家或民族之中,身为少数族群,固守族内婚嫁有助于抵挡周遭的强大同化力量。这两个族群在世界各地都能融入环境,同时维持着民族纯净的神话。如果没有了这种神话和一些强制族内婚嫁，这两个族群都会丧失其文化特色（Barany 2002，52-64；Fraser 1995，157-159，239-246）。然而，如果强势的族群要求遵循族内婚嫁，而且把维持纯净的规则执行到极致，结果可能就是种族隔离政策。再若走上极端，就是把族裔净化或灭族屠杀合理化。我们很难不认为一心一意遵守族内婚嫁是有危险的。

建立作战与交流规范以约束暴力

研究近代灭族屠杀的人士发现，20世纪的重大灭族屠杀事件都是在社会不安经济不稳了一段时期之后发生的。这种时候，旧有的规则似乎起不了作用，到处都有政治动荡。纳粹党上台的时候承诺，要把第一次世界大战带来的通货膨胀、经济萧条、共产党的威胁一扫而空。俄国的共党革命是在世界大战与内战之后夺得政权。亚美尼亚灭族屠杀是在第一次世界大战期间发生，卢旺达的灭族屠杀是在激烈内战期间发生的。20世纪90年代南斯拉夫的灭族屠杀事件是在内战时发生的，而内战是十年政治不稳定与经济崩溃的结果。埃里克·魏茨在《一个世纪的灭族屠杀》（A Century of Genocide，2003）之中强调这些事件（他没有详论的卢旺达除外）是有革命意义的。这些事件其实是在极不确定的时代凭借另一种行为规则开创新的局面。

不安的时期比安定的时期更可能产生极度暴力，这是一个通则，并不只限于20世纪的这些屠杀灾祸。不论哪一种社会局面，互相竞争的族群商定社会交流方式与合理约束冲突的规则，都是需要时间的。这样做可能对各方都有长久益处，但是，贪婪、机会主义、傲慢、恐惧却使这些规则难以确立。意识形态或物质条件突然改变，可能重新界定局面。某种变化使竞争的族群之一的势力大增或骤减，形成突如其来的优势或暴露出弱点。新的竞争者加入，却搞不清楚竞争规则。这些都可能造成局面不安稳而提高暴力发生的几率。我们不妨称之为"帖木儿法则"。帖木儿与信奉伊斯兰教的其他突厥蒙古游牧民族的关系,大都有行事准则在约束,与接近他的势力范围的游牧族群的关系尤其会遵守准则。至于完全在他的势力系统局外的敌人,他一旦开战就可能有大破坏而毫不留情。贝阿特丽斯·曼茨(Beatrice Manz)描述了帖木儿时代的环境背景:"察合台汗国是个局势平衡的社会,而且传统上反对暴力。帖木儿没有蔑视这个传统的本钱。因此他能做的是颠覆而不是摧毁,是抵消而不是创建。这是他毕生摆脱不了动荡不安的一个原因。"(1989,151)这些游牧民族本来并不是崇尚和平的,但是他们会节制彼此造成的损伤,类似中古世纪欧洲君王与贵族知道如何限制两败俱伤。

早在 11 世纪,欧洲贵族武士就有一套套的荣誉规范。贵族武士其实是个专业杀人者的阶级,荣誉规范就是为了限制他们酿成的破坏 (Duby 1977,86-87,129-131)。这个规范系统在 14、15 世纪的危机时期破局,在 16、17 世纪的宗教意识形态之战的时候更是几近瓦解。以后又再重新建立 (Fossier 1986,175-176,445-448)。约翰·基根(John Keegan)在《战争的面目》(*The Face of Battle*,1978,322-323)中指出,像决斗这样争出你死我活却受规则限制的战斗,一直是欧洲人心目中的理想模式。决斗是合乎荣誉的,也是限于贵族阶级的;然而,如果参与战斗的人数很多,牵涉的利害又很大,这种格式化的作战就行不通了。

英国人于 1415 年攻陷阿金库尔(Agincourt)之后杀死法国俘虏,是可耻的事,也凸显了问题所在。英王亨利五世(Henry V)必须召入弓箭手来杀被俘的法国武士,因为弓箭手是平民,所以不受武士规范的约束。弓箭手杀死的只是少数的法国士兵,高位阶的留下活命,因为他们付得起赎金。英国人一旦确知法国人不可能再号召发动攻击的武力,杀戮也就停止,因为俘虏们已经起不了作用(Keegan 1978,108-112)。

由于中古世纪以后的战事不再完全操之于贵族武士,所以欧洲后来发展出更正规的作战法则来控制伤亡。把一些宫廷贵族式的规范概念搬到通用法则上,曾经产生过效果。等到现代武器与意识形态问世,过时的荣誉律就完全被推翻了。近代以后,社会变迁改变了政治统御的性质——动员群众加入战事、把国家变成庞大的部落与他国为敌、发明一些所谓可以改造社会的意识形态。这种改变制造的族群歧异,比宗教战争时新教徒与天主教徒的分歧更深,而且撤销了19世纪约束欧洲内部战争的规范。

正义之战禁止屠杀平民百姓的准则,历经18、19世纪,到第一次世界大战,是西欧国家大致都遵守的。当然也会有例外,殖民地战争也往往公然违反。不过,集体杀害老百姓在欧洲变成例行之事,是在第二次世界大战爆发以后。德国人于1914年轰炸比利时的卢万(Louvain),并且处死大约八百名比利时人质,以报复比利时人破坏德军侵法必须使用的道路,当时引起国际愤慨,以后德国也一直因为这次罪行而受谴责(Murray 1995, 268, 284)。比起赫雷罗人1904年至1905年的灭族屠杀、亚美尼亚人1915年的灭族屠杀、德国人和日本人在第二次世界大战期间屠杀数以百万计的平民百姓、第二次世界大战参战国从1937年至1945年之间的轰炸造成的大量死伤,德国人这次屠杀比利时人似乎不算什么。

用行为规范限制战争暴力,并不是贵族阶级仅有。美国西北海岸原住民的夸富宴(Potlatch)就是一个有趣的例子。最为世人所知的是克瓦丘托族(Kwakiutl)的夸富宴。美洲印第安人未与欧洲人有广泛接触以前,这个地区[普杰湾(Puget Sound)经英属哥伦比亚到阿拉斯加州突出地带]的部落社会经常发生战事,而且十分血腥,将敌人掳为奴隶之后屠杀部落中的其余老小乃是常事。这种情形也许是因为激烈竞争捕鱼与猎兽皮的场所引起的,利用俘虏供应蓄奴制度的情形普遍,也使问题更加复杂(Ferguson 1984)。考古发现证实,这个地区——例如鲁珀特王子港（Prince Ruppert Harbor）一带——有高达40%的安葬遗骸有骨折，是暴力致死或受重伤的。这个地区发现的女性遗骸，按入葬方式推断，也有很高的比例是奴隶。在太平洋西北岸比较平和的地区——例如乔治亚海峡（Strait of Georgia）一带，男性遗骸有暴力骨折与女性属奴隶身份的比例，都大为降低（Donald 1997，103-116，202-225）。

大约是在19世纪中叶，克瓦丘托族和西北岸的其他印第安族人改变了既有的生活模式，以互不相让的隆重馈赠取代作战来解决冲突。改变的原因有三。第一，欧洲人带来的天花传染病导致人口暴减，从而降低了资源竞争。第二，白种人逐渐介入，会强制"惹麻烦"的印第安人和平（Ferguson 1984，307）。第三，加拿大与美国政府都在19世纪的最后二十几年中开始要废除蓄奴制。最后几次有记录的仪式性屠杀俘虏奴隶（以往是常有的事）是在19世纪60年代与70年代，虽然谣传到20世纪初仍在发生，不过证据不足（Donald 1997，235-245）。

夸富宴是竞争的族群较量谁端出的礼物能胜对方一筹，是要精心计划准备的。馈赠典礼充满暴力的意象，虽然有时候双方会真的动手打起来，但通常都能忍住（Donald 1997，103）。海伦·科德尔（Helen Codere）引用克瓦丘托人的话，说夸富馈赠是"不用兵器而用财物作战"，并且说这种较量是"财物战争而不是流血战争"（1967）。这种仪式的用意是，借馈赠礼物赢得以往要借战争赢得的名誉与威望。寇科尔误以为以前的战争都是为了争荣誉、报仇、争威望，而不是争资源。这固然并不确实，但是克瓦丘托人和经常投入战事的其他族人的确非常重视荣誉与名声，受了欺辱不会隐忍。即便引起战争的物质因素已经排除或减小，而且有外在压力要求他们停止再战，名誉的问题仍然是必须解决的。如果名誉受损而未能讨回公道，结果可能发生更严重的暴行。不过，除了要敌人偿命之外，还有别的方法可以赔偿名誉的损失。

一定的行事规范可以减少大屠杀爆发的可能。异族通婚的规则亦然，可以建立按规矩行事的交流系统。异族通婚的规则有两个特征，都可以帮忙减少流血冲突，虽然未必能够完全消除杀戮，第一个特征是，可以建立互惠交流的系统。配偶、实物、地位、道德义务都是可以交流的。交流行为本身就可以营造出彼此有共通点的感觉、受尊重的感觉、未来仍可再作有益交流的期盼（Axelrod 1984）。第二个特征是，为了使交流可以持续下去，交流模式必须制定好，双方也要遵守一定的规则。可能会有执行的机制，这样可以使规则的力量更强。即便没有公正不偏袒的执行者，双方必须能彼此信任到能继续遵守的程度（既有共遵的规则，表示双方已经接受同一个制度统御）。接受规则系统可能只是基于理性的期待——希望因遵守了规则而受惠。如果规则也有了道德意义——规则既然站得住脚，违反了就是可耻的，那么，规则的约束力就更强了。只要规则是公认合理的，即便除了习俗信仰之外并没有负责执行的权威，也会成为经久不衰的法则。

异族通婚的规则与其他交流行为的规则，包括贸易规则、行事规范，未必能终止重大冲突与暴力，但是可以使灭族屠杀发生的几率变小。

异族通婚的规则、行为准则、夸富馈赠的意义何在

异族通婚的规则、草原游牧的规矩、武士的荣誉规范，如今看来似乎和夸富馈赠一样无甚意义了。其实这些古老的规矩在现代仍有类似的模型。苏联与美国在 20 世纪 60 年代的登陆月球竞赛，可以算是为了不开战就光荣击败敌人而挥霍资源的行为。为赢得奥运金牌、世界杯足球赛冠军、诺贝尔奖而展开的国际竞赛，也可以从这个角度看。冷战时期的军备竞赛当然也是其一。囤积飞弹与核子弹头的成本

也是导致苏联解体的因素之一。

要求敌对族群分开,移到森林中的另一区块,再在两个区块中间划定中立地带,看来没什么用。但是,塞浦路斯的"绿线"、分隔贝尔法斯特(Belfast)天主教徒与新教徒的"绿墙",也许现在可以发挥相同的功能,和战争过后借和约确立的国际边界是一样的。现在看古时候的做法,似乎细节上已经无甚意义了。其实古今不同的只是社会结构变了,人的基本心理是不变的。因此,以往用于限制冲突的方法,大都可以在当代找到相似的例子。

限制现代社会内部暴力冲突最明显的力量,就是强势的政府。约翰·里德(John Reed)谈到美国南方白人为什么在20世纪60年代的民权运动期间始终不曾真正试图消灭黑人,是因为联邦政府绝对不容许屠杀行为,所以情绪虽然激烈,死亡率却很低(2001)。北爱尔兰的情形也相同,英国陆军即便犯了错误又无力阻止杀戮,却没有对北爱的情势坐视不管,所以才不致爆发更广泛的屠杀(Gallagher 2001)。政府可以强制执行约束冲突的法律和规则。20世纪的重大灭族屠杀事件爆发,都是在政府想要做这种事或政府权威瓦解的时候。政府权威失灵的状况下爆发的屠杀,虽然比较没有章法,血腥的程度却一样。例如1947年印度分裂时的穆斯林与印度教徒互杀,20世纪90年代末与21世纪初刚果有上百万人死亡,两者都不是政府发起的,却都是在政府功能失灵、以往约束族群冲突的规则系统也崩溃的状况下发生的(Horowitz 2001, 333; Orogun 2002; Sengupta 2003)。

把法治与比较原始的社会之中的异族通婚规则混为一谈,好像有点牵强。其实,受道德上合理法则约束的群体之间的任何交流系统,都可以发挥降低冲突强度的作用。现代社会的异族婚嫁已经不是法律规定的行事(只有限制近亲结婚的法律了),但是,不同族群通婚对于缓和冲突仍有很大的帮助。现在的美国人也许很难想象,来自欧洲各国的移民在20世纪初都是壁垒分明的族群,南欧和东欧来的人还被认定不是"正宗白种人"。美国于20世纪20年代通过的限制移民法,也堂而皇之以某些"种族"是劣等的认定为基础,犹太人、意大利人当然在其中,波兰人与爱尔兰人也包括在内。

近几十年来,美国人之中祖籍英格兰、爱尔兰、波兰的族群都有将近四分之三是与本族群以外的人婚嫁,犹太人的族外婚嫁也有大约一半。甚至帕特森(Orlando Patterson)所谓的"欧裔美国人"与"非裔美国人"通婚率也升到以前的四倍之多,以20世纪90年代计,有大约12%的年轻新婚非裔美国人的配偶是非黑人。亚裔移民的后代族外婚嫁的比例也差不多(Hall & Lindholm 1999,130-131;Handlin 1973,258-261;Patterson 1998,190-191;Waters 1990)。有过在美国生活经验的人都不会说,异族通婚已经消除了族裔之间或种族之间的紧张和政治竞争,但是诸如此类的紧张和竞争确实比19世纪末、20世纪初的时候缓和多了。反之,坚守族裔纯正与异族差异只会使种族的、族裔的敌对恶化。族内婚嫁会增加激烈冲突的或然率;异族通婚可以降低这种或然率。族内婚嫁制度会鼓励只看族群本质的偏见,前面说过,只看本质的以偏赅全会导致夸大内团体的优点而同时把外团体非人化。

彼得·斯克里(Peter Skerry)曾经指出,异族通婚的终点是同化,而同化是复杂的过程。同化过程在美国可能使不同族群之间的竞争更激烈,因为同化会导致住宅区的异族共处,以及就业上的竞争。现代都市化社会的异族同化也有其反效果,例如同化以后的墨西哥裔美国人不会说西班牙语了,因此必须努力找回自己的根(1993)。异族通婚不会消除冲突,但是因为彼此已有拆不开的联结,会以规则和限度来减少激烈冲突发生的可能。我们很难把"和我们结亲的人"看成生来就是可怕而污秽的,反之,与我们完全没有交流的敌手很容易被塑造成这么极端的形象。

南斯拉夫于20世纪90年代发生战争的期间,有些观察者认为,南斯拉夫有些地区的异族通婚比例不低,可见异族通婚不能降低战事的强度,也不能防止恐怖屠杀发生。如果我们仔细探究便会发现,跨越天主教、东正教、伊斯兰教之间文化界限而婚嫁的比例并不高,乡村地区的这种异族通婚比例更低。都市地区的族裔宗教群体比较多样,彼此为住房就业而竞争的机会比较多,异族通婚的可能性也比较高。乡村地区异族不交融,通婚率也低。结果,没有接触他族文化经验的乡村年轻男子成为武装队伍——执行最残酷杀戮的人——的主要成员,波斯尼亚尤其有这种情形。如米沙·格伦尼(Misha Glenny)所说,"这主要是乡村与城市之间的斗争,是孤陋原始与开阔眼界之间的斗争"(1993)。虽然是城市知识分子与政客故意升高紧张冲突,以便从中图利夺权,他们是应该负大部分责任的。但如果本来就有较多异族通婚的例子,如果乡村人口能被吸收来执行最残酷屠杀的本来就比较少,南斯拉夫的多边冲突也不会演变成灭族屠杀和族裔净化(Botev 1994;Hodson, Sekulic & Massey 1994;Massey Hodson & Sekulic 1999)。

　　古时候的异族通婚规则在当代有对应的事实可循,现代人也在应用古人重荣誉的行为准则缓和国际冲突。1863 年拟定的第一次《日内瓦公约》,是为了规范对待战争受害者的方法,欧洲诸强、美国,以及一些亚洲国家和拉丁美洲国家都签署了。这份公约以后又在 1906、1929、1949、1977 年几度扩充修订,现在内容包含保护平民与对待俘囚、伤患、难民的项目。1977 年的版本试图定下内战与国际战争的规则,但是大国没有签署认可这个部分。自从欧洲共党政权在 1989 年到 1991 年相继垮台,西方国家想把基本人权观念纳入控制战争的国际法之中,也少了阻力(Johnson 1999, 96-101)。大略看一下战争历史、灭族屠杀与族裔净化的频率,以及自从第一次《日内瓦公约》签订以来世界各地区侵犯人权的状况,就可以知道,《日内瓦公约》充其量是一场徒劳,甚至可能是个恶劣的骗局。不过国际法是不宜轻言放弃的，我们应该记得的是，彼此经常互动的各族群只要能接受某种行为准备，时间久了，准则就可能有效。我们也应记得，诸如此类的准则用意在于约束暴力冲突造成破坏的程度，不是使冲突完全消失。

准则发挥了约束效力的一个典型的例子，就是冷战期间美国与苏联达成谅解、协议、互通信息的模式（包括华府与莫斯科直通的"热线"）。不过这是经历核武风暴——1962年的古巴飞弹危机——之后才顺利展开的（Hilsman 1996）。

前文说过，迟至第一次世界大战，多数参战国（包括德国）都罕有屠杀平民的行为，战俘也多能受到比较好的对待（Weinberg 1994, 896-897）。约定的准则几乎彻底瓦解，是在第二次世界大战期间，从日本人于1937年侵略中国的时候开始（有人认为是从日军1931年入侵中国东北的时候就开始了）。日本军人的行为规范原本禁止屠杀老百姓，日军却大肆滥杀，而美国显然也杀了不少日本俘虏（Dower 1986）。在欧洲战场，德国人对犹太人进行灭族；有系统地虐待并杀害上百万的斯拉夫人——包括完全无辜的老百姓和苏联战俘；并且屠杀吉普赛人。

第二次世界大战接近尾声时，英美空军联手空袭，有数十万百姓遭殃，轰炸最凶的目标就是德累斯顿市与汉堡市。这些空袭行动也许有一般认定的军事目的以外的用意，使德国人与纳粹对立是目的之一，不过显然并没有成功。（Pape 1995认为轰炸德累斯顿纯粹是为了报复，并没有军事目的；Faylor, 2004的看法相反。）日本的城市当然也遭到了轰炸（Walzer 1977, 160, 261）。大战结束后，各国再加强了《日内瓦公约》的功能，并且设置了反对灭族屠杀的法条。

只要西方强国在世界上是主导力量，尤其是美国与西欧的主导地位不衰，其注重人权与主张共遵行为准则就有益营造一种可提供这种准则的国际环境。针对南斯拉夫与卢旺达而成立的国际战争罪行法庭，并不是做做姿态而已，而是真正在费力地、慢慢地规划出适用于现代环境条件的新法则（Johnson 1999，198-207）。另一方面，要奠定致力于人权的新世界秩序也遇到强大阻力，执行法则必需的世界警察力量也根本尚未形成（Blackburn 2000；Rieff 2000，2002）。

不同群体的交流与共商节制竞争的规则，可以减缓彼此施加暴力的强度。但是，自古至今能缓和冲突的另一个重要因素是商业交流，这个因素现在的重要性尤胜于往昔。

商业的强制力

阿尔伯特·赫希曼（Albert Hirschman）谈到资本主义思想史的时候曾说，启蒙时代的哲学家想设法驯服曾经导致16、17世纪血腥宗教战争的激情，却发现，只要人们愿意追求物质利益，就能过得比较和平。赫希曼的《激情与利益》（*The Passions and the Interests*，1977，v）一开始就引用了孟德斯鸠（Montesqieu）在《论法的精神》（*De l'esprit des lois*，1748）之中的名言："幸好人们的处境是，虽然因为激情而心生恶念，不以恶言相向却是有利可图的。"

按赫希曼的观点，这就成为18世纪使追逐利益有理的学说，后来便成为资本主义。已发展的农业社会以往都认为，追求钱财是可耻的，崇高荣誉才是美德，启蒙运动却把旧观念颠倒过来。追求获利不但抵制弱化了其他激情，而且，18世纪的道德哲学家渐渐相信，物质的利害本来就比宗教信仰引起的热情更为和平，也比维护荣誉的激情要平和，而这两种激情都导致无休止的暴力。为追求物质利益而行动的人，比听从激情差遣的人的行为容易预测。换言之，追求利益的人是比较有理性的。休谟（David Hume）认为，"喜爱获利"甚至变成良性的、有平静作用的、和平的东西了（A. Hirschman 1997，9-66）。

詹姆斯·斯图尔特（James Steuart）的著作之中，把经济利益说成是一种捍卫力量，可以防止暴政与随着暴政而来的非理性的获取个人荣誉与权势。赫希曼在书中引用了斯图尔特的一句："所以，现代经济体制是古往今来约束专制政体愚行最有效的发明。"(1977，85) 后来提倡民主原本比独裁有益促进和平的人士，就采用了这个观念，也就是，众人的利益所系可以把战争的影响降到最小，因为多数人会希望在尽量减少打扰的情况下照常过日子；如果多数人的意愿占了优势，重大冲突就会变少 (Fukuyama 1995，262-264)。亚当·斯密 (Adam Smith) 说得更有过之，他认为，如果经济利益能左右社会，结果会比国家政治干预制造的"一百个荒唐阻碍——人类律法之愚蠢总是用这些阻碍妨害自己的经济运转"要和谐得多。

这些观点在 19 世纪里并不是一帆风顺的。反之，资本家的贪婪渐渐成为人们眼中引发冲突、战争、暴力的元凶，这不只是马克思及其信徒的看法，许多人都有同感。要等到 20 世纪初期熊彼特 (Joseph Schumpeter) 的著作问世，资本主义本来有益促进和平的启蒙时代理论才再被提起 (A. Hirschman 1977，117-135)。按熊彼特所见，残酷战争与侵略的帝国主义会延续到现代，乃是前资本主义、前现代的激情残存而造成的过时现象。他认为，资本主义原本是爱好和平的，重视强化市场力量与实行和平的交易，对于征服与民族主义荣誉比较没兴趣[Schumpeter (1919) 1955]。

商业利益可以降低社会内部和不同社会之间暴力冲突的强度，这个论点确实吗？按理论，市场不是零和竞赛；对手双方——买者与卖者——在交易完毕后都觉得自己有所获得。战争却几乎必然是零和的，一定有输赢，而一方的赢就是另一方的输。

但是，像美、英、法、荷兰等现代资本主义社会，都在 17 至 20 世纪之间发生过无数次战争。像威尼斯、热那亚这样重商的国家，以及更古以前的迦太基与其他腓尼基城邦，都经常为了要扩张市场和贸易路径、募集进贡、夺取原料、打败对手而投入战争。英国人在澳大利亚，美国人对切若基印第安人，甚至犯下族裔净化罪行（后果都达到灭族的程度）。英国政府在 19 世纪中叶爱尔兰马铃薯歉收大饥荒期间的态度，虽不算是故意灭族，却残忍冷漠到足以令人质疑务实资本主义者的道德观了（Ó Gráda 1999）。虽然有人说，现代工业化社会没有理由像农业社会时代或未形成国家政府的时代那样好战，斯宾塞（Herbert Spencer 1897, pt. 5, nos. 567, 608）便是这一派的代表，事实却不尽然。

不过，如果能把战争视为实用的、与商业有关的事，而不是当作争荣誉、报仇、除掉险恶巧染的事，又如果有办法从与敌人交流而得到利润，那么灭族屠杀的行动就是有害无益的。再者，如果冲突中显然有可以妥协的机会，务实的考量会把握这个机会，以免支付继续冲突的更高成本。而且，通婚与仪式化的馈赠有助于了解潜在的敌人，并且能促成一套可以约束冲突强度的规则，同理，经常的贸易往来也可以达到这些目的。

一切端看冲突中各方牵涉的是什么商业利益。韦伯曾经指出，古代雅典的经济越是依赖奴隶的生产力，征服战就打得越残酷；每个被征服的城市都有一部分人被屠杀，其余的就被掳为奴隶［M. Weber (1992) 1968, 1, 362］。又如迦太基，与西地中海地区的关系原本是以贸易为基础，却在战争掳获物与奴役战败人民的获利超越自由贸易的时候变成一个残酷的帝国［M. Weber (1992) 1968, 914］。相形之下，意大利中古世纪的内陆城市，因为靠自己的生产与商业甚于剥削被征服的地域，所以战争目标大都比较有节制。威尼斯和热那亚仰仗殖民征战与剥削地中海属地岛屿的人民，需要役使奴隶和农奴，所以执行制海权是比较残酷的。中古世纪欧洲的多数地区，"军事力量也许是自治市经济活动的一个后盾，但是在陆地包围的城市就不能以军事力量为经济发展的基础了。……所以中古世纪的自治市不得不循理性的经济手段来获取经济利益"［M. Weber (1922) 1968, 1,

362-363〕。

然而，像威尼斯这样有宗主地位的、军事化的、重商业的国家看待战争的态度，会和不重视贸易只顾及意识形态和劫掠的国家大不相同。例如，天主教国家与奥斯曼帝国 16 世纪发生过一连串的战争，西班牙是重视战利品与掠取的土地，但是十字军式的意识形态也是其根本信念。西班牙的权贵阶级根本不曾认为自己着眼的是商业利益。威尼斯人则不然，他们自认是虔诚的基督徒，但战争动机当然是以商业考量为首要。威尼斯知道消灭奥斯曼是不可能的，所以妥协的意愿一直比西班牙来得高（Guilmarin 1989，171）。正如费尔南德·布罗代尔（Fernand Braudel）所说，奥斯曼舰队在 16 世纪 40 年代遍布地中海，所有基督宗教国家"都得提心吊胆；除非他们已经与土耳其人妥协了，例如法国盟友、拉古萨（Ragusa；向奥斯曼纳贡的亚得里亚海贸易城市）的顺民，以及在一切情况下都主张中立的威尼斯生意人，均属之"（1973，906）。事实是，威尼斯和奥斯曼在 1540 年到 1570 年间和平贸易成果丰硕，这个时期也是基督徒与穆斯林敌对正激烈的时候。后来，奥斯曼先威胁后占领了塞浦路斯（这个属于威尼斯的岛上有种棉花与蔗糖的大农庄和盐矿，由东正教农奴和俘虏来的奴隶耕作），威尼斯才加入了西班牙征伐奥斯曼的"神圣联盟"。至于西班牙这边，是因为教皇庇护五世（Pius V）敦促，才同意与"背信离义"的威尼斯结盟。教皇要发动十字军之战，西班牙人不信任威尼斯这个盟友，结果威尼斯也确实更急于与敌人妥协言和（Braudel 1973，1，78-87）。

荷兰是近代欧洲早期最资本主义的一个社会，在 16 世纪晚期到 17 世纪晚期这段时间里战争连连，到了 1675 年，陆军规模已经大到超过了西班牙和英国，几乎与法国和俄罗斯不相上下——但是法国和俄罗斯的人口分别都有大约荷兰的十倍之多（Parker 1980，204）。荷兰能有这么庞大的军队，是因为经济繁荣壮大了财富，荷兰成为世界大帝国也是在这个时期。但是荷兰从不打总体战。在摆脱西班牙哈布斯堡王室统治的八十年战争（1568年至1648年）之中，荷兰"不畏艰苦地努力培养与西班牙的经济关系，这种关系是荷兰在波罗的海地区发展贸易与他们在17世纪的多项投资事业不可或缺的"(de Vries & van der Woude 1997, 370)。双方都在整个战争期间持续贸易，在哈布斯堡其低地国家仅余的领地（今比利时）与荷兰的动乱边境上贸易尤其热络。西班牙人需要借贸易所得供给军备并攫取新技术，荷兰人贸易是为了赚钱。

荷兰历史学家亨克·范·尼洛普（Henk van Nierop）前不久提出过一个问题：新教徒与天主教徒之间的宗教之战为什么在法国和尼德兰（Netherland，大致包括现今的荷兰、比利时、卢森堡）的局面那么不同？法国的情形前文已说过，16世纪的战争后来变成大规模的残酷屠杀。尼德兰地区虽然有激战，却几乎没有公然的滥杀无辜。事实上，在荷兰境内，天主教徒虽然占多数，却甚少与逐渐增加的喀尔文教派新教徒战斗。许多天主教徒反而在目睹西班牙军队的恶行（哈布斯堡王室派来收复叛乱地区的军队）之后，积极地或暗中地加入新教徒抵抗哈布斯堡的阵营（van Nierop 1995, 38-44）。法国与荷兰的主要差别在于，荷兰都市化远远超过法国，经济依赖工商业也超过法国。荷兰的都市精英阶级比贵族地主阶级独立而且强势，不会轻易变成宗教上的极端主义者，贵族地主仍然谨守荣誉为上与效忠中央集权君主（荷兰的哈布斯堡王室与法国的瓦卢瓦王室）的原则，并且是与天主教教会同一阵线的。因为都市商人是优势，货币经济已经成型，所以在荷兰陆海军中成为军官是凭本领，而非是否贵族出身。军需来源也因而更加畅通，这也是荷兰军事力量能够超强的主要原因（Hart 1995, 57-76; van Nierop 1995, 50-53）。

荷兰独一无二的重商特性带来的另一后果是，1648年宗教之战结束后，只有荷兰成为当时西欧唯一真正宗教包容而公然文化多样的国家。荷兰的喀尔文教派比德国和日内瓦的都宽容，荷兰人数众多的天主教人口也没兴趣支持哈布斯堡与路易十四（Louis XIV）的反宗教改革政策（Bergsma 1995，197-213）。荷兰经常有战争，但是不会把狂热的领土净化行动纳入行动目标。查尔斯·威尔逊（Charles Wilson）的《荷兰史》（The Dutch Republic，1977）之中也强调这一点，把"荷属东印度公司"与"荷属西印度公司"作了对照。东印度公司重视做生意的效率，西印度公司比较以宗教信仰定位，喀尔文教派作风较严。结果，东印度公司成绩辉煌，西印度公司投入一连串野心过大的、有意识形态之争的战争，未能控制住荷兰在美洲打下来的多数殖民地（C. Wilson 1977，207-212）。

荷兰虽然是17世纪欧洲最重商的国家，这并不表示荷兰是温文的、实行公平贸易关系的、赞成自由贸易的。荷兰利用自己的海军优势，在亚洲的海岸地区捣毁本土商业之后自己独揽；荷兰人因为要惩罚班达群岛（Banda Islands）的居民与英国人交易豆蔻，滥杀、奴役、驱逐了90%的人口（Lape 2000）。荷兰人在非洲海岸从事大规模的奴隶贩卖，在美洲试图掠取蔗糖农庄，垄断奴隶买卖，并且竭尽所能夺取西班牙人、葡萄牙人、法国人、英国人的商业利益。17世纪中国的编年史家曾经这样描述在亚洲活动的荷兰人："吾人所谓之红毛即荷兰人也。……彼乃贪婪狡诈之辈，悉知商品贵贱，精于牟利诡计。彼等甘冒生命危险而逐利，不辞远途往返之苦。其船舰甚大，构造坚固。……彼等亦颇擅变通发明。……海上偶遇红毛者莫不遭其劫掠。"（见Boxer 1965，236）

英国人在1652年至1674年间三度攻击尼德兰而发动战争，主要原因就是觊觎荷兰人的商贸利润。这三次海战都可以算是最早的大规模海军战，但是目标都很有限。英国人一旦断定成本已经超过获利，就叫停了。英国商人发现，就算战争获胜，后果也不必然就是商业大兴，因为经商除了要靠强势武力也需要组织能力与效率，甚至组织效率比武力更重要（Jones 1996，25-37，221-223；C. Wilson 1977，194-

205）。荷兰与英国在商业目标上、在强势新教徒文化方面、在先进的经济体制上都非常相似，所以持续不断有人的、投资的、观念的交流。到了1689年，也就是双方第三次战争才结束十五年的时候，荷兰王子奥伦治的威廉（William of Orange）变成了英国的威廉三世国王（Hamilton 2000，1）。

英国是欧洲第二个发展先进资本主义经济的国家，也是经常发生战争的国家。在17世纪里，除了与外国交战，在英格兰、苏格兰、爱尔兰也都发生了激烈的内战。其中当然以爱尔兰境内的战争杀戮最惨，程度远超过其他内战。开始本来是爱尔兰天主教贵族为了巩固自己的土地所有权而对抗移入的新教徒贵族，到1641年演变成对英格兰新教徒移入者大规模地驱逐杀害。结果导致恐怖屠杀的流言传遍英格兰，引起报仇的呼声，杀戮因而愈演愈烈。等到克伦威尔在英格兰掌握了大权，他便把重新征服爱尔兰之战变成一场宗教圣战，派出庞大的讨伐军，屠杀了好几个城镇的天主教徒，肃清了一些地区的天主教精英阶级，没收了将近全爱尔兰一半的土地再分给移入爱尔兰的新教徒居民。按历史学家的估计，英国17世纪40年代的君主政体与国会之间的内战中，有4.5%的人口死于战场或因不堪战争折磨而死或病死，爱尔兰则有19%的人口死亡，这么高的死亡率直逼第二次世界大战死亡最惨重的国家：苏联、南斯拉夫、波兰。其余的爱尔兰人后来幸免于难，是因为英格兰的爵爷们需要劳动人力，而爱尔兰人就成为实质上的农奴（Clifton 1999，107-126）。到了17世纪90年代，爱尔兰人拥护被罢黜的天主教国王詹姆斯·斯图亚特(James Stuart）再度反叛，威廉三世（即前荷兰王子奥伦治的威廉）集合了苏格兰的新教徒与移入爱尔兰的英格兰百姓与贵族，加上奉新教的英格兰人，打下胜仗，终结了恐怖的克伦威尔战事，也确立了延续到今天的北爱尔兰族裔宗教冲突的模式（Canny 1989，116-133）。17世纪内战的族群敌意在英格兰已经平服；爱尔兰的情况却不然，因为杀戮曾经带有宗教式净化战争的色彩，敌意始终未消。

这又把我们带回另一个问题：务实的、重商的、现代资本主义的社会发生灭族屠杀、大规模政治性屠杀、族裔净化的可能性，是否比其他形态的社会来得低？目前看来，答案应该是有保留的"是"。我们有必要再详加说明，因为英、美两个资本主义国家在 19 世纪都犯下如今算得上是灭族屠杀的行为，或起码也是族裔净化的行为。

1845 年至 1852 年间，由于爱尔兰乡村农民当作主食的马铃薯歉收，将近一百万人（总人口的八分之一）死亡。歉收是马铃薯枯萎病造成的。也由于大饥荒，另有一百万爱尔兰人离乡出境，其中大多数人是前往美国。这次饥荒重创其余人口，也加速了向外移民，使留下来的人数更少。现在的爱尔兰人口只有大约五百五十万（是北爱尔兰与爱尔兰共和国的总和），比 1841 年还少，这是整个欧洲的唯一特例（Ó Gráda 1999，110，226-232）。

治学严谨的历史学家不会说饥荒是蓄意造成的，也不会说主宰爱尔兰的英格兰人和新教徒地主预谋要削减爱尔兰人口。其实，乌斯特（Ulster，在北爱尔兰）的乡村贫穷的新教徒也身受其苦，只不过死亡率比爱尔兰其他省份低，其他省份为八分之一，乌斯特是十二分之一（Kinealy 1997，10-11；Ó Gráda 1999，110）。可是，因为英国政府反应太麻木不仁，了解状况的舆论说这根本是英国政府在惩罚"懒惰"且"次等"的爱尔兰人，所以说这勉强算是灭族行为也可以成立。伦敦的《泰晤士报》(Times，当时英国举足轻重的报纸）在 1847 年刊出的一篇文章，概括了英国人普遍的观感："我们未曾仁慈地干预之前，爱尔兰民族是可鄙的、懒惰的、吃不饱的野蛮部落，……尽管他们已经渐渐有所改进，不再是赤裸裸的蛮子，却始终没有达到文明世界的标准。"主张自由贸易的人士，尤其是当政的"辉格党"(Whig Party)之中的自由贸易派，以及激进自由贸易派杂志《经济学人》(*Economist*，现仍出版中)，都坚决反对政府介入，反对约束自由市场。因此，虽然现有方法和经费可供实施比较人道的政策，救援行动却完全失灵。当时英国盛行的说法是，这次饥荒是给爱尔兰人一个教训，以后他们就会学乖，学会勤劳，市场在没有外力介入的情况下也可加速进步。霍勒斯·汤森（Horace Townsend）因而说出他的名言：受灾的爱尔兰人是"死于庸医开的政治经济药剂过量"（见 Kinealy 1997，66-70，132）。

这是一个明显受自由市场贸易理念影响的重商的资本主义社会所做的灭族行为吗？爱尔兰经济史学家科马克·奥格拉达（Cormac Ó Gráda）认为，与其说是蓄意灭族，不如说是"教条主义的忽略"。也许当时无法安排足以保住所有饥民性命的救援，但现有可用资源却远比实际供给的多。

我们如果用谋杀来作类比，这显然不是一级谋杀罪，纳粹那样预谋的、有系统的屠杀犹太人才是。这算是"疏忽过失杀人"，致他人死亡者如果尽到事前防范的责任，而且行为合乎道德，就可以避免意外发生或是来得及补救。多数法律系统所给予的罚责会比蓄意谋杀或在其他犯罪行为中致人死亡来得轻，但罚责仍然是很重的。

有经济考量的人所作的行为如果是受到种族、宗教的意识形态成见影响，例如英格兰普遍存在的歧视爱尔兰人态度，不会因为实行资本主义或重商主义而自动消失。武断地信奉任何理论都是意识形态的偏见，情绪化的成分比理性盘算多，即便所谓以经济为出发点的也不例外。第一章讲过的美国 19 世纪 30、40 年代驱逐印第安原住民而造成大量死亡，就是一个例子，虽然白种人的主要动机是商业考量，却包含鄙视印第安人，把印第安人当作低等且不可能发挥任何功用的偏执情绪。

商业上的利害关系不论如何防止战争失去理性，只要有弱势的族群被认定是妨碍经济获益的，就有可能发生残酷的族裔净化。塔斯马尼亚的原住民正是遭到澳大利亚白种人的这样对待。比利时殖民时代的刚果人也是，19世纪90年代至20世纪头几年，强迫劳动、奴役、大规模刑求、伤残肢体、谋杀、毁灭村庄而致死或引发疾病而致死的人数，多达刚果一千万人口的一半。这些状况都是在比利时国王利奥波德二世（Leopold II）直接统治的时期发生，利奥波德只要求尽快攫取橡胶和象牙，根本不曾考虑未来（Hochschild 1999, Pt. 1）。

因为贪婪而导致的极其恶劣的事情发生时，一直都有人在批评抗议。托克维尔预言北美洲的原住民会被完全消灭，结果并没有到这个地步。其实早在19世纪30年代，美国已经有反对欺凌切若基族的呼声。最高法院裁定，乔治亚州政府的法律不能及于切若基人依条约行使所有权的土地。许多人提出抗议，试图阻止这种族裔净化行为，其中又以丹尼尔·韦伯斯特（Daniel Webster）与拉尔夫·瓦尔多·爱默生（Ralph Waldo Emerson）等新英格兰地区的知识分子和政治人物的态度尤其明确，国会中的新英格兰各州代表几乎全体反对这种政策。结果仍是徒然，主要是因为南方各州支持乔治亚州这么做，而且把这件事和关税问题、奴隶制度连在一起，表示联邦政府如果胆敢保护切若基人，南方各州就要脱离联邦（McLoughlin 1986, 428-447；Satz 1991, 42）。当时的总统杰克逊公开表示，最高法院既已作了决定，尽管去执行就是了。

几十年之后美国的政策才改变，不过并不是基于商业理由才变的。到了19、20世纪交替之际，非人道对待原住民人口的政策经过重新审核，一些最后向政府军投降的作战酋长，例如阿帕契族（Apache）的杰罗尼莫（Geronimo）以及精于游击战的西北奈兹佩尔塞族（Nez Perce）酋长约瑟夫（Chief Joseph），都被捧为名流，还应邀晋见了麦金利（William McKinley）与老罗斯福（Theodore Roosevelt）两位总统。这种改变与商业利害或其他实质利益都无甚关系。之所以改变，部分原因在于开疆辟土的时代告一段落，印第安人可能构成威胁的时代结束了。原来的敌人变成了英雄人物，这固然有对已过去时代怀旧的意思。除此之外，也因为美国人承认自己曾经做了对不起原住民的事。这其实是因为白种人较普遍接受原住民一样是人的观念之后，道德观念才改过来。观念没有变过来以前，白种人社会虽然已是在从事贸易的资本主义制度，对于原住民却无甚益处可言（Beal 1966，290-302）。

南非白人之间发生的布尔战争（Boer War）呈现了资本主义殖民战争的另一面。这是代表英国金矿利益的塞西尔·罗德斯（Cecil Rhodes）挑起来的战争，因为说荷语的南非布尔共和国发现了金矿，罗德斯便力劝英国政府入侵白人统治下的布尔。这是一场惨烈的战争。从1899年至1902年间，英国折损了2.2万人（四分之三死于受伤与疾病），布尔人死了7万有余。其中有2万—2.8万白种布尔老弱妇孺死在英国的集中营里，设置集中营是为了防止布尔人打游击战。大约1.2万—1.4万布尔白种人的黑种仆佣也在集中营死亡。多数的布尔农庄被放火烧掉，牲口被扑杀，以切断布尔游击队的供需。布尔人自己对待有亲英嫌疑的黑人也十分凶狠，会屠杀整村整村的人（Pakenham 1979，518；Warwick 1980，58-61）。

但是，正如霍布斯鲍姆所说："不论意识形态如何，布尔战争的动机是黄金。"（Hobsbawm 1987，66）英国人一旦战胜，关注重点就变成恢复南非的矿业经济，不再是报复，更不会想把布尔人消灭。而且，布尔人和其他殖民地的人不同，他们也是奉新教的白种人。他们虽然战败，却仍占南非120万白种人口的大多数——南非总人口当时是550万。不过几年时间，英国人适应了事实，完全宽赦了布尔人，许可布尔人自组政党掌握权势。英国人也任由布尔人维持违反公理的歧视黑人政策。因为英国人认为布尔人是可以做生意的对象，所以不会想要对他们进行集体报复、杀戮、族裔净化（Pakenham 1979，572-578）。

美国人攻打菲律宾几乎是与布尔战争同时，方式也与布尔战争相似。这次战争菲律宾人死了25万。当时美国人并没有打算用白种殖民者取代菲律宾本地人，而是战胜之后迅速与菲律宾的权贵阶级言和，由这些权贵阶级统治菲律宾，到菲律宾独立，到现在，仍然是他们掌握大权（B. Anderson 1998，272-278）。美国人对菲律宾权贵阶级的态度不是基于他们是白种人或信奉新教（他们是天主教徒），而是因为和解政策是务实的，没有必要彻底摧毁菲律宾社会。

这些例子证实，我们不能说追逐利益与资本主义兴起可以使人类变得比较温和，或是使人类在面临集体杀戮对自己有利的时候比较不会做这种事。然而，商贸方面的利害考量在某些情况下的确可能减少杀戮。贸易与工业不免要交流，与人做买卖、用别人当劳工、维持市场运作，都必然有交流。放大了来看，这很像原始小型社会的配偶交流。凡是交流行为都可能缓和冲突，因为会基于担心流失潜在的买主与出售劳力与商品的人而不敢滥杀。而且，凡是持续的、稳定的交流系统，即便不能消除冲突，也都能发展出制约的规则。以前，在国家政府尚未产生的社会是这样，现代的资本主义国家也是这样。长期的交流都有可能缓和冲突、促进和解、降低集体谋杀的发生率。这是罗伯特·阿克塞尔罗德（Robert Axelrod）等诸位博弈论者(game theorist）达成的结论（1984），也已经从历史经验得到证明。

如果资本主义社会相信与自己交战的异族是有充分人性的，是够进步的，所以有可能与之建立长久互惠经济关系的，在这种情况下，启蒙时代思想家的说法才是正确的，商业才可能降低杀戮的冲动。理由与农业社会或好战的游牧民族不把敌人赶尽杀绝是一样的，因为这样做会消灭未来的获益来源与潜在的盟友。反之，假如西方资本主义强国认为与自己交手的族群是层次低于人类的，是不能够在市场条件下从事贸易与劳动的，或是没有能力负担高代价抵抗的，那么欧洲人追求利益的行为本身不会具有约束力。获取利益时若是遭到妨碍，很容易做出灭族屠杀行为，或是发展成爱尔兰那样的因冷漠鄙视而酿成死亡无数。

20世纪的历史证实,世界贸易、商业化渐增、广泛的交流都有缓和冲突的作用,但是不足以防止社会重返部落习性,既抵制不了意识形态的乌托邦为追求纯净而消灭族裔或宗教上的敌人,也防堵不了混乱社会中最极端的内部冲突。经济成长、国际贸易、全球化的人口迁移都已超越以往,灭族战争和族裔净化却更激烈更常见。我们必须回过头来看意识形态的影响,才能解释每况愈下的原因,才能够了解为什么新兴的道德标准谴责欧洲人在殖民环境中的胡作非为。意识形态是道德的基础;不同的社会与群体面对冲突的态度都受意识形态与道德观的影响。

道德观念的理直气壮

20世纪的历史是最鲜明的证据,社会内部与不同社会之间的科学进步、财富增加、交流频繁,都不能防止灭族的暴力行为。虽然19世纪晚期的欧洲意识形态已经有嘲笑民主化的走向,对于资本主义工业化发展越来越显出敌意,但是,西方现代化最卑劣的一面真正暴露出来,是第一次世界大战这个转捩点。

然而,第一次世界大战本来是不该发生的。开战时担任德国首相的贝特曼·霍尔韦格(Theobald von Bethmann Hollweg)被问及战争究竟是怎么开始的,他叹道:"但愿我晓得。"(Maier 1989,279)这也是老实话。第一次世界大战与第二次不同的是,交战各方并没有重大的意识形态歧异,只有互不相让的民族主义。德国人、法国人、英国人是欧洲的不同部落,但是属于同一个文化,具有相同的经济组织,甚至政府形态也没有很大差别,都是男性享有民主,由权贵阶级统御。奥匈帝国的情形也类似,至少奥地利的这一半是如此。强国之中只有俄罗斯仍是独裁政体,不过战争不是为对抗这过时的独裁体制而起的。

20世纪最初十年的欧洲,是逐渐全球化的经济中心。西欧国家的外贸占国内生产总值的百分比较以往以后都高，一直到 20 世纪 70 年代才超越这种比例。美国到了 20 世纪 80 年代才超过这么高的外贸率，日本至今仍没有超过。当时的神奇通讯交通革命——电报、铁路、轮船——创造了全球化市场。世界金融投资市场都有空前的整合，以后一直不再有这样的荣景，到 20 世纪 80 年代才重现。当时的劳工市场比现在还开放，移动比率也比现在高（Rodrik 1997，7-9；J. Willamson 1996）。先进的西欧国家的生活水平空前地高，死亡率明显降低，消费水平也迅速提升。贫穷劳动阶级参政率也增高，因为社会主义的党派已渐渐被接受，改革推动趋于顺利。

霍布斯鲍姆说得很对，这些良好的条件与趋势在富裕的西方国家以外的地方并不存在，像俄罗斯、巴尔干半岛、奥斯曼帝国、波斯、中国的动乱与贫富不均越来越严重，都是不好的预兆。但是，如果德、英、法能够避免交战，世界大战还是不会爆发的。正如霍布斯鲍姆指出，"1914 年以前，没有一个强国政府希望发生一场全欧洲的战争，甚至（与 19 世纪 50、60 年代不同）连与其他欧洲强国发生无限制的军事冲突都不愿意，这是千真万确的"。是塞尔维亚激怒了奥匈帝国，因为 1914 年在萨拉热窝刺杀哈布斯堡王位继承人斐迪南大公夫妇的秘密结社是受到塞尔维亚包容保护的。这么一个居于欧洲边缘的、没有重要资源的小国，怎会用一个恐怖行动掀起轩然大波？（S. Willamson 1989，234-235）

了解此事的来龙去脉，可能有助于我们认清如今的全球化、日渐民主化、富裕者更多的这个时代的利弊。大战造成九百万以上的男性死亡，以法、德两国计，战争期间年龄在 18 到 49 岁之间的男性死了八分之一。受伤者的数目更多，许多伤者变成残废以终（Murray 1995，295；Winter 1985，75）。

主政者与军事擘划者在许多事情上估计错误又犯了许多粗心大错，此外还有长时间的军备强化（至少二十年之久）；结盟行动把欧洲分成两个敌对阵营；欧洲列强在海外的殖民地竞争激烈，以致欧洲的国际氛围充满火药味。研究第一次世界大战大都以分析这个背景为主轴，芭芭拉·塔奇曼（Barbara Tuchman）的畅销之作《八月炮火》(*The Guns of August*, 1962) 就谈到军事计划如何把一次小的危机变成战争大祸。戴维·韦尔奇（David Welch）却认为，我们应该回头来看引起这次灾难的领袖们的情绪。我们应该记得，法国人认为自己站在理上，因为德国在1971年窃取了法国的阿尔萨斯与洛林两地；塞尔维亚人认为自己站在理上，因为同为斯拉夫人的兄弟之邦受着哈布斯堡王室的压迫统治；英国人认为自己站在理上，因为中立的小国比利时被德国人侵略了；德国人认为自己站在理上，因为敌对的联盟把德国包围了；俄罗斯认为自己站在理上，因为本来就该扶助弱小的斯拉夫兄弟；哈布斯堡王室认为自己站在理上，因为斯拉夫民族主义者阴谋推翻他们（Welch 1995, 95-126, 251-270）。

这些讨回公道、主持正义的观感会成为如此有力的理由，是因为假定战争只是考量本益的事，一旦确定必须付出大得荒谬的成本才有可能胜利，敌意就可以中止。但事实是，这个时候的欧洲正在复兴部落精神，各国自认是与他国有别的民族成为大规模冲突的决定因素。要维持庞大的军队，必须动员所有人，而这是要靠制造部落团结意识来达成的。不过，十几二十年的民族主义教育和爱国主义热忱一旦造就了部落意识，就不再可能轻易为了换取和平而放弃已经投下大量牺牲的神圣信条了。威廉逊（Samuel Williamson）就观察第一次世界大战所作的结论很正确，他说："民族主义与族裔的傲慢是绝对不可低估的。威望与求存引起的强大情绪力量迫使政治家去冒明显理性的人不会冒的险。"(1989)

熊彼特采取偏向社会学的角度，认为侵略性的帝国主义（也就是战争的罪魁祸首）兴盛，主要是由于由旧时代贵族形成的军人阶级在欧洲各国的势力仍然太大。从旧的贵族政府产生的新国家政府会走向毁灭性的帝国主义冒险，是因为它原有的传统就是"包括了战争机器，以及战争机器的氛围与侵略倾向，也因为有一个好战的阶级稳稳占住统治的地位"(1995)。熊彼特忽略了改变中的意识形态大环境的影响，但是他指出贵族军人阶级左右国家决策这一点是正确的。贵族作风的另一个特征当然就是，血腥战争在行为规范约束下不会变成灭族屠杀，因为旧时代的荣誉感不容许残杀军职的百姓。 让·勒努瓦(Jean Renoir) 的电影《大幻影》(la Grande illusion，1937) 就是刻画这次大战的上乘之作，其中的军官们充满贵族式的、反商的、胜利的战争伦理，他们领导下的平民大众为国家所动员则意味政治已在民主化。如果以为这两个冲突的世界观会继续并存，的确是自欺的幻想。

这次战争虽然破坏力强大，并未能扭转部落化的、族裔团结自负日渐严重的、根深蒂固意识形态冲突扩散的趋势。但是却终结了贵族作风能约束集体暴力的时代。

欧洲的反资本主义与反个人主义运动

早在1914年以前，先进欧洲国家中已经有知识界反对资本主义散播的运动，算是一百年后的反全球化运动的先驱。这项运动的出发点是认为现代工业的世界是"不可靠"的，人们不再"扎根"于社群之中，粗糙的物质主义猖獗而破坏了健全的价值，不受约束的市场力量正在毁掉纯正人性的、自然的一切。这是左派、右派一致的共识。

按激进右派的看法，应该为这种种破坏负责的是国际犹太人集团、卑鄙贪婪且软弱的布尔乔亚、普罗民主制度。按激进左派的看法；是国际金融、巧取豪夺的布尔乔亚、完全听从背后金主指挥的腐败政党应该负责。右派人士认为，唯有借国家力量创造新的部落团结精神，让体现民族文化优点的勇敢精英阶级领导，才能够复兴全体共同的根。革命的左派认为，无产阶级大团结会创造新的共同体意识，终结不公不义，由可以代表劳动阶级真正意愿的积极行动的政治精英来领导。

第一次世界大战证实了右派与左派的看法——布尔乔亚小资产阶级是龌龊的、伪善的一群，必须予以推翻。俄罗斯政府在1917年垮台，是极左派的可乘之机。极右派于1922年在意大利开始掌握大权，当时战后的欧洲弥漫着社会冲突与阴郁。1929、1930年开始的经济大萧条是雪上加霜，大大增加了共产主义与法西斯主义的吸引力，1933年帮纳粹在德国掌握到大权（Shapiro 1987，192-196，214-219，321-343；Sorel 1941；Sternhell 1994，1996）。极左派在第一次世界大战之后掌稳大权的，只有俄罗斯一例。极右派的势力逐渐在欧洲各地和日本兴起，因而引燃了第二次世界大战，以及1939年至1945年间发生的灭族屠杀疯狂行为。斯大林主义的共产党于20世纪30年代在苏联的大清洗甚至更早一步。

第二次世界大战死亡的总人数在四千万上下。其中至少半数是非战斗人员，是故意被杀害或挨饿致死的。纳粹特别锁定为目标的犹太人与斯拉夫人，占其中的半数以上（Milward 1979，208-215）。我们必须弄清楚的是，为什么这么多按种族、族裔文化、宗教信仰、经济阶级认定的人明明不是战斗人员，却要被杀尽？这些屠杀行为背后的三种意识形态是很明白的。我们必须理解这些意识形态，才能解释清楚为什么约束滥杀的原则会土崩瓦解。

启蒙思想的个人主义之重要

所有这些集体屠杀都是没有个人差异的。犹太人就是犹太人，不分老少、男女、军人或老百姓，都一样，犹太人就是必须除掉的一种疾病。20世纪30年代早期苏联的富农，南京大屠杀之中的中国人，也一样都是该被消灭的，没有个人差异。这与交战国为打击敌人抵抗意志的杀鸡儆猴是不一样的；这是凭认定一群人是敌对集体的一部分而故意把他们杀光。其原因除了第二章之中讲过的本质化，还有意识形态的缘故。

寻找共同性、追求纯正的根、设法解除所谓西方资本主义造成的疏离,这都是为了要克服西方社会太过尊重个人主义。纳粹为此创造了一个团结的、种族纯正的 *Volksgemeinschaft* —— 国家社会(Mosse 1964)。日本人也一样,教育部于 1937 年颁布了"国体之本义",公告官方说法的日本所代表的意义。这份文件强烈反对注重个人主义的欧洲启蒙思想输入日本,并且宣称,甚至欧洲人也承认个人主义有害,所以转向法西斯主义了;日本也要这样做,全世界都应该这样做。文件中说,日本必须以民族和谐、爱国精神、效忠天皇来取代个人主义;日本已经汲取其他文化的优点而创造了独一无二的优秀国体,如今应当摒弃西方传入的有害思想,以免日本的团结精神被败坏削弱,行动就从拒绝个人主义开始。

如果接受了启蒙思想之重视个人,承认任何家庭、社群、部落、民族、国家之中的个人都有自主权,就等于抛开集体罪恶的原则,反对集体惩罚。反之,如果相信一个群体(不拘是用何种方法界定的群体)包含单一的敌意,具有单一的统一特质,这种态度就可能导向灭族屠杀的行为。如果把"他们"——不拘是卢旺达的图西族人、柬埔寨的"越南心"柬埔寨人、北爱尔兰的天主教徒或新教徒、犹太人、伊朗的巴哈伊教徒、腐败的地主阶级等等——视为单一的敌人个体,那么,把"他们"集体屠杀也就成为可以接受的事,甚至是在激烈冲突发生时必须做的事。不论是什么冲突,有了以偏赅全的归类,抹杀了个人意义,就有可能发生滥杀无辜的后果。

美国、英国,以及后启蒙时代的其他西方国家,凡是犯下灭族屠杀的行为,都是在摒弃启蒙运动的政治哲学的时候。例如美国的立国精神本来应该是洛克(John Locke)的捍卫个人权利的思想,迫害印第安人却违背了这种立国精神(Hartz 1955)。整个 19 世纪里都有美国人在抗议这种迫害、抗议奴隶制度、抗议用杀害的手段除掉原住民的障碍。进入 20 世纪以后,归类之中的人性成分增多,不再可能忽视个人的责任与权利,这种行为就显得更不道德,甚至被指为罪行。这种理念未必能完全实践——做不到的时候仍很多,不过能够不断激励西方社会的政治意识形态,如今在欧陆的影响力大大超越 20 世纪初期,而且传布到世界各地——但仍未传遍全世界(Hunt 2000)。然而,假如法西斯主义在 20 世纪中叶大获全胜,这些启蒙思想的理念也会凋敝。

第二次世界大战犯下屠杀暴行的那些政权,都曾经指启蒙思想的个人主义是现代诸恶的罪魁祸首,他们自己所作的恶却远超过他们所谓的现代化之恶。大战结束后,以美国为首的战胜国并没有大开杀戒或施加报复手段,只象征陆地起诉了极少数的敌国人物。只有苏联军队控制的地区进行了集体驱逐与族裔净化(Naimark 2001,85-138)。

现代的世界里,教育普及,传播便利,国家能在冲突发生的时候迅速动员庞大资源。这也意味,把潜在敌人归类为统一的险恶部落的倾向也比以往更强烈了。昔时冲突是只限于一地的、是经常有贸易或通婚交流的族群之间的,这种问题还不至于太严重。后来,战争比较偏向属于权贵阶级的竞争,一般大众不是关键角色,也就可以被忽略了。如果是在民族主义强烈的、自觉而有组织的族裔宗教团体争夺国家控制的、敌对的意识形态都在要求按自己的方式管理社会的世界里,古来的那些约束暴力的规则就起不了作用了。换言之,现代的世界已经回归部落习性,不同的是部落比以前大得多了。在这样的时代,启蒙运动之崇尚个人与个人权利的观念是格外重要的,也是约束灭族冲动所必需的。

意识形态之节制与存疑之重要

20 世纪嗜杀的极权政府的特征之一是,不承认被界定为敌人的群体内部有个人差异存在。另一个共同特征是，对自己的意识形态把握十足，认定"我们的"想法——不论是纳粹主义、种族优越或民族优越，以及近几十年的伊斯兰极端主义——是绝对完全对的。因此，屠杀敌对者有了道德上的正当性。这不是20世纪才有的事。昔时欧洲的宗教之战部分原因就是对立族群的意识形态之争，对立双方都深信自己的宗教信仰指示要肃清异端者。前文引述过的许多《圣经》章节证实，诸如此类的说法已有至少2600年的历史，现在依然能屹立也不足为奇。20世纪许多以种族纯正、阶级纯正、完全平等为目标的乌托邦教条，口口声声说摆脱了古老宗教信仰，其实都和传统乌托邦式信仰一样依赖自己所信的神。

希特勒应许了"千年帝国"，一千年的十全十美，与《启示录》应许的邪恶重临之前、善恶大战之前、上帝战胜撒旦之前的一千年好时光相似。这不是偶然。纳粹党及其政权的整个意象都有很深的神秘主义色彩，弥漫着宗教信仰的（尤其是基督宗教的）、礼拜仪式的象征意义，而且诉诸某种更崇高的法则，追随命运注定的、托付先知希特勒之手的使命。履行注定的命运不可以有怀疑、犹豫、妥协（Fest 1975，376-378；Mosse 1964，207-216）。

启蒙运动的意识形态见解是大不相同的。启蒙思想家是怀疑论者，追求知识上的递渐改进，反对宗教教条，力求保持客观，因为承认无人能知道绝对的真理，所以必然较能包容多样观点。发现新的事实、证明旧知识错误，都是随时可能发生的，所以唯一的道德必要就是保持开放的心胸，这个理念已经成为西方的包容思想的基础，也是各式各样世俗的或启示性宗教的绝对主义意识形态最痛恨的（Gellner 1992，74-96）。

就政治的意识形态而言，启蒙哲学思想就是孟德斯鸠所主张的促进制衡。因为人不可能十全十美，世上不会有完美的统治者。必须用约束与驯化权力的方法，才能够使政府保持公义（Manent 1995，53-

64)。我们不必疑忌宽容态度是否基于公义的理由；但是，对于任何自认绝对正确的、对于异己格杀勿论的教条，我们都必须报以怀疑。

极端纯粹化之危险

19世纪最血腥的战争，也是死伤率接近第二次世界大战的唯一战争，就是1850年至1864年的太平天国起义，死亡人数在两千万到三千万之间。太平天国起事的目的是要借宗教革命——特殊改造的基督教——改变中国，发起者洪秀全是个能见异象的人，自称是耶稣基督的弟弟，能直接与上帝交谈。按他所见的异象，上帝派他在基督教发源地中国"复兴"基督教。为了"复兴"基督教，必须除掉满清外族的统治者，然后他的太平天国才能大兴。响应他不满的官吏和农民非常多。

太平天国势力在华中地区稳据了几年。本来的宗旨是要建立简朴清欲的、没有罪恶或冲突的理想之国，结果却成为20世纪以前类似规模运动中最接近极权恐怖统治的代表。太平天国后来败亡，是因为内部分歧，也因为洪秀全显然精神错乱了。他周围的亲信越来越腐败无能，他却按自己的预言一意孤行。一旦太平天国开始遭遇重挫，可想而知，就会发生大规模肃清被指为背叛者的行动。有数以千计的家庭被整个消灭。末了，数以百万计的人已经在挨饿了，洪秀全还在写神启的诗。

激烈的乌托邦运动爆发疯狂屠杀乃是常事。这种运动相信纯净化可使社会脱胎换骨，一旦失败就怪罪执行净化不够积极。从《圣经》中指示消灭迦南人开始，一直到希特勒走火入魔的灭杀犹太人，斯大林无休止地肃清阶级敌人与叛徒、波尔布特的恐怖统治、阿富汗的神学士极权，故事都大同小异（Goodson 2001，104-132）。用强力迫使不够完美的世界变成具有完美纯粹性，就是在挑起灭族的大屠杀。反之，接受人类与社会的不完美、不纯净、易犯错，乃是与内在外在敌人妥协的必要条件，甚至是充分条件。

为了创造更好的世界而非用暴力净化世界不可，这是最极端、最严厉、最苛求的道德上的自以为是，可能导致灭族的行为。如果净化行为合并了自认正义之师，加上完全罔顾敌人族群之中的个人差异，这么一来，大举迫害与屠杀的所有条件就齐全了。敌人已经成为单一的万恶魔鬼。

追求纯净会酿成刻苦禁欲主义，也会生出想要净化世界的企图。克伦威尔有这种倾向，希特勒更是明显有这个现象。如今的一些伊斯兰基本教义派的人想要屠杀西方人，不单是为了要改变西方国家面对穆斯林与伊斯兰教国家的政策，也为了要使全世界都更加虔诚敬畏真主。他们所反对的是"'美国式'个人主义特性、滥用酒类、性爱电影"，就这方面而言，犹太教与基督教的基本教义派立场与他们是一致的（Juergensmeyer 2000，180，195-201）。这个反对目录其实还包括：容忍同性恋、女性与男性平权、宗教多元而不独尊唯一真神——不拘哪一位真神。

如果说犯了罪的人总是比圣洁的人态度温和，也许是过分了。可是，不会对犯罪的人感到恐惧的人，觉得自己的道德尚可但谦虚得足以承认人非圣贤的人，的确比较不易走上灭族屠杀肃清罪恶之路。好在，极端的意识形态清教主义通常不易持久，也不易掌控政权，只会在动乱时代盛行。这也是灭族屠杀甚少发生的原因之一。但是每逢时代动荡不安，必然会有主张灭族净化的先知出现。

企望解决之道

每个时代都有因为太渴望和平而相信奇迹的情况发生。1971年间就有"和平的塔萨代族"（Tasaday）这个所谓全然和平生活着的石器时代族人在菲律宾的偏远地区"被发现"。姑且不论他们是否完全由一些人类学家捏造出来，或是 19 世纪才从邻近务农族群分裂出来的孤立一族，这些争议待解之外，最初指称他们是具有完美和平本性的"石器时代"族群，当然都是无中生有的（J-P. Dumont 1987；Hemley 2003；Nance 1975；Walker 1995）。吾人推崇的"高贵的野蛮人"根本是不存在的（Ellingson，2001，342-344；Konner 1990）。然而，就在冷战可能要演变成人人害怕的核子战争的时候，越南正在进行激战，许多地方也有较小规模的战争，有那么多人仍在相信世界上的确存在远古时代式的纯净和平，所以很容易就把塔萨代族理想化成为没有原罪的人类典范。我们甘愿接受这种故事，并不表示我们愚蠢，而是证明我们始终保有乐观的思想，而且有可能找到约束暴力行为的方法。

暴力显然是无所不在的。但是也有非常多的社会——包括我们自己的社会——流传着有关完美和平安宁境界的神话，这证明人类本来也有爱好和平的一面。每一个社会都有缓和竞争的方法，都设计出可避免竞争演变成彼此屠杀的规范，目的都在抵消暴力。人类的本性就是双重的。我们好竞争、好战，可能不惜为争胜而杀人，甚或灭族，但是我们也企求和平，愿意和解合作。

大屠杀过后，我们总能找出事情发生的缘由，这些事后的分析却往往衍生出过度悲观的看法。其实冲突真正酿成血腥屠杀的例子相对而言是很少见的。我们已经谈过，人类社会大致都有一些约束并缓和竞争冲突的办法。不同的族群互有交流，约定共遵的准则，以道德规范暴行，都是常见的办法。然而，这些办法会完全失灵也是事实，20 世纪以来的这种严重失灵屡见不鲜，以至于我们会怀疑是否现代世界已经彻底失衡，旧的方法不再有效了。其实以旧模式按新条件调整的方法如今确实在运作之中。下一章就要来谈。

第四章

降低政治性大屠杀的现行对策

要为捍卫真主
与对抗的人而战,
但是不可逾越限度;
因为真主不垂爱逾越限度的人。

——《古兰经》第2章第190节

这节经文附有一条注解,是奉"沙特阿拉伯国王法赫德·伊本·阿布都·阿济兹,二圣清真寺之守护者"委任的《古兰经》官方编纂委员会学者所注的,注曰:"为了自卫而且遵守明确限度的战争是可允许的。从事这样的战争应当奋力积极,但是不可残酷,应当只为了重建和平与恢复敬拜真主之自由而战。总之,必须严守应有的限度:不可伤残老弱妇孺,不可毁坏树木作物,不可在敌人屈服的时候拒绝和平。"(Suraha 2∶190) 这种高度的自制,与多数有关战争的经卷和哲学思想所公认的见解是一致的。虽然违背这项告诫的事实经常发生,虽然"敬拜真主之自由"仍有另作解读的空间。却不减信息本身的价值。战争可以有正当性,但是战争必须力求自制。

只有一些极端乐观的,甚至太过天真的人,会在回顾人类历史之后相信暴力冲突是可能消除的。现今的世界情势,上个世纪的历史,都看不出任何往这种理想方向发展的证据，但是，因为人们普遍希望能减少冲突，所以试过了许多约束暴力的方法。这些方法虽然不时失灵，但是成功的例子多于失败。上一章已经讨论过。

现在要谈的是减少眼前世界之中猛烈冲突的方法，以及可以防止激烈竞争演变成大肆杀害的政策。讨论解决冲突之道的文献越来越多，但是，即便约束暴力是比阻止任何暴力发生更可行的方法，各界并没有一致认为这是上策。一般而言，学术研究与实务操作都偏向理想化，也就是把目标定在完全消除暴力冲突，不是定在降低大屠杀爆发的几率。不过，目标理想并不表示提出的想法都不可取。主要的问题是，并不是所有的灭族屠杀行为都是同一个原因造成的，因此解决之道不会只有一条。几乎所有导致滥杀的暴力冲突都是多重原因引起的，所以不免需要结合不同的方法来处理。

因此我们要提出多种建议，有些着眼于国际层级和国家政策，有些针对基层的、地方上的造成激烈冲突的问题，还有就是关于改造意识形态与道德观念的。这些建议都不能保证奏效，因为最有可能奏效的还是多管齐下的方法。该怎样结合多样的方法，因实际状况不同而各异，每种对策都可能暗藏其他危机，同时也都可能成就目标。

我们提议的对策可以归为四类。第一类是提供给政府领导人的，包括国际干预与政府重整而限制冲突。第二类是考虑如何以全球性的司法审判惩处被控犯下屠杀罪行的人。这个对策会有正负两面的后果，我们将谈到，如果这种对策使用过当会有什么始料未及的不良后果。即便如此，循这个程序去做往往是有效的。第三类是有关规模较小的、地方上的紧张竞争如何避免导致极端暴力。这也可以用"建构公民社会"来概括，也可以合并到鼓励强化民主的动向之中。民主化并不是万灵丹，因为民主国家照样会投入激烈战争——甚至也会有内战，而且也有过灭族屠杀行为。这类方法却和其他方法一样，确实可以降低暴力的严重性。然而，如果没有制度和社会习惯支持，民主化只是空壳子，所以这是必须配合建构公民社会与政府组织改造的。最后一类是前一章已经谈过的主题：如何借意识形态影响道德观。我们将建议提倡某些可大幅降低政治性杀戮的意识形态的方法。

本书写成期间的最近一次灭族战争，也就是苏丹西部达尔富尔发生的族裔净化大屠杀，是成因复杂的一个例子，证实这种问题必须多管齐下谋求解决。按国际上的估计，到 2004 年中为止，达尔富尔省非阿拉伯人已有数万人被苏丹政府支持的阿拉伯人组成的民兵团体"骑兵队"（Janjaweed）杀害，在难民营里受苦挨饿的人超过一百万，其中每个月有上万人不堪贫困或疾病折磨而死。本书付印过程中，迟至 2005 年为止，危机状况仍在恶化。非阿拉伯人遭强奸断肢、苏丹军方先轰炸村庄再派骑兵进入扫荡、广大地区人口灭绝等等惨况，使达尔富尔事件成为国际注目焦点。当时的美国国务卿鲍威尔（Colin Powell）和联合国秘书长安南（Kofi Annan）在 2004 年初夏抵达苏丹，要求乱象中止，但是未见立刻效果（International Crisis Group 2004；Lacey 2004；Power 2004）。

从这次灾祸的背景可以看出，其中的因素有许多是与以往灭族事件雷同的。苏丹政府长久以来一直为内战所苦，而南部的黑人非穆斯林地区是战况最频仍的。阿拉伯人穆斯林人口的北部地区一直是强势者，南部人因为不堪压制而心生怨恨。南部人向来受到歧视，历代以来都曾被北部人掳为奴隶，一直到相当晚近仍有被掳为奴的事件（Keller 1998，278-281）。2003、2004 年南北双方终于同意妥协结束僵局，随后又发生了紧张升高与达尔富尔的新战争。

2003 年间，达尔富尔的黑人穆斯林（非阿拉伯人）定居农民在经历干旱与农地不足之后开始反叛。这个地区的人民觉得苏丹政府没有把他们当作本国百姓看待。不断的干旱同时也重创了达尔富尔的阿拉伯人穆斯林牧民，他们因为草场短缺而与非阿拉伯农民争抢土地。同样受旱灾之苦的查德与尼日，牧民也往达尔富尔迁移，土地的需求更加紧迫。反叛发生之前已经有过阿拉伯牧民和非阿拉伯农民之间的激烈冲突,冲突也逐渐酿成了反叛行动。苏丹政府趁机武装了阿拉伯人,用政府的军方力量帮助阿拉伯人镇压了反叛。这些武装的阿拉伯民兵——"骑兵队"——的目标是把定居的农民赶走,并且夺占农民的牲口和土地。政府便与他们合作,因为这个族裔净化行动必可以瓦解反叛行动的基础(International Crisis Group 2004;Power 2004;Taban 2004)。

本书第一章所说灭族屠杀四项主因,达尔富尔事件至少具备了三项:纯粹为了争夺权力的工具性冲突,报复胆敢越矩的敌人,恐惧敌人若不灭亡可能带来的威胁。因为达尔富尔当地的居民争夺资源导致反叛,反叛行为又威胁到苏丹政府原本不稳固的权威,苏丹政府恐怕这个时候示弱将会导致全国都脱离掌控。于是,就像1069年在约克郡的征服者威廉或更古以前的恺撒大帝一样,苏丹政府决定用族裔净化的手段来解决困境。政府在达尔富尔的工具是"骑兵队",他们是由阿拉伯牧民组成,正陷入与非阿拉伯人部落争夺资源的决死战,如果战败恐怕生存都成问题。可想而知,反叛与族裔净化发生以前,冲突已经愈演愈烈,双方互相痛之入骨。"骑兵队"利用集体强奸来欺凌羞辱敌人,也增高了自己一旦落入劣势就遭到凶狠报复的可能性(Lacey 2004)。本来是地方层级的两个长期共存的族群的竞争冲突,后来演变成大规模的族裔屠杀,是因为加入了现代化武装,以及苏丹政府的消灭叛徒的盘算。恶化至今,又加上双方都恐惧失败将招致灭亡。

这个事件一开始并不是像纳粹党那样一心一意要把某个肮脏族裔从人世清除掉,而是以前已经一再发生过的又一桩为了方便而进行的灭族。到了后来,不但报复与恐惧的成分越来越多,连第四项因素——把污染的种族消灭以保持纯净——也浮现了。"骑兵队"的领袖穆萨·希拉勒(Musa Hilal)在接受《经济学人》的记者访问时否认自己在执行灭族屠杀,声称自己是在保护阿拉伯人免受叛徒侵害。他说："战争里的事是难料的。子弹没长眼睛。"他也否认部下有集体强奸黑种妇女的暴行（已有充分证据证明他是公然说谎），他说："我们怎么会去强暴她们？她们令我们觉得恶心。"《经济学人》引据他的话："非洲部落女人算不上是穆斯林，她们在两性关系上习惯放荡，从她们跳舞的样子就看得出来，根本不需要用强迫。"也许"算不上是穆斯林"，就是他们公然触犯《古兰经》上"不可逾越限度"之规诫的借口。

弗朗西斯·登格（Francis Deng）是苏丹籍的著名社会科学家，他曾指出：

> 北部苏丹人尊重阿拉伯穆斯林的身份，鄙视黑种非洲人的非穆斯林。但由于受同化的苏丹阿拉伯人之中仍然明显可见非洲人某些种族上的与文化上的成分，不必专业社会心理学家也可以看得出来，这种外貌正显露自己鄙视成分的情形，多少会从意识上造成紧张与定位错乱。……其实，歧视黑种人，把他们当作奴隶，极可能肇因于其内心深处的自卑感。（Deng 1995）

"黑种非洲人"的南部人在非黑种的北部人眼中是次等种族，这是明显的事实。不论是强烈谴责事件中的酷行，派出联合国或其他外交人员，由国际非政府组织（NGOs）带头抗议，固然可以有一些作用，但是这些措施都忽略了双方争斗已经到了拼命的程度，而起因是由来已久的歧视偏见。"骑兵队"所代表的无疑是自认物质上心理上都受着严重威胁的阿拉伯人族群，姑且不论他们的行为是多么卑劣，如果就这样叫他们罢手，既没有解决他们的问题，苏丹政府也不敢确定停战后不会出问题，因为他们已经施行了残暴迫害，休战后的黑种非阿拉伯人除了会要求工地所有权和经济补助，必然会有报复行动（Prunier 2005）。

这个冲突有可能缓和到生死之斗以下的层次吗？可能使双方不必恐怕败了就等于灭亡吗？冲突没有酿成大战之前有什么可以防止恶化到这一步的办法吗？为什么本章所引的《古兰经》告诫在拼命的时刻发挥不了作用——变成不适用或曲解为没有触犯，或是像穆萨·希拉勒说的既不适用也不算触犯？我们接下来就要探讨因应这种冲突的办法，我们会以达尔富尔事件和许多其他状况为例，看看各种方法怎样才能够发挥效用。

我们要从所谓"宏观"的角度着眼，直接谈国家政策，包括国家内部与国际体系产生的行动提案。联合国与美国就曾经试过借国际提案的方式遏阻苏丹达尔富尔的屠杀行为。但是，这样做——以及其他失败案例——证实，只用一个方法解决不了长期存在的问题，也防止不了极端暴行再发生，必须用多管齐下的方法才可能奏效。

降低族群冲突的国家政策

不同族群因为争夺资源与权势而爆发激战，可能是由于敌对族群各有一些不同的自我认定而起。族裔因素是最常见的，但是宗教信仰、地域、经济阶级的利害也一样会成为冲突的起点。如何认定往往是混乱不明的，因为敌对族群会利用所有可用的意识形态工具来解释自己的立场、证明自己的理由。意识形态工具主要是由领导人在操弄的。希特勒利用的是生理学的概念，换言之，他把犹太人的种族当成敌人；斯大林把富农设为敌对的阶级；明成祖诛方孝孺十族与儒生，是在消灭一个特殊阶级；卢旺达的图西人本来是属于比较高等社会阶层的一群，后来渐渐被变成几乎是某种世袭种姓的人，终于变成了一个族裔群体。16、17世纪欧洲的新教徒与天主教徒开战是以宗教信仰为主题。11世纪的征服者威廉是以地区所在划定要除掉的约克郡人。2003年至2005年的苏丹族裔净化中，意识形态结合了阶级（定居农民与游走牧民之间的经济竞争）与族裔的（阿拉伯与非阿拉伯人敌对）。此外，北部阿拉伯人穆斯林与南部的基督徒以及相信万物有灵的居民之间的战争由来更久，严重不逊于达尔富尔事件，这则是同时牵涉到地域、宗教、族裔的意识形态之战，争的是政治权势与资源控制——尤其是出口石油之控制权。

以上各类可以一并讨论，因为实际上各类都互有重叠部分，太刻意划定彼此区别反而可能模糊了族群间冲突的事实。由于一般多认为，现代世界上族群相争是基于族裔因素，我们可以从多族裔社会处理潜在冲突适用的不同政策选择开始讨论。得到的结论可以应用到族裔问题不是首要症结的其他状况中。

处理国家内部潜在族裔竞争的政策

首先必须说明的是：何谓族裔群体？社会科学家有时候会用"ethnies"这个词表示，安东尼·史密斯提出的定义方法（他主张用"ethnie"表示"族裔群体"）却是可以采用的。即是，族裔群体有自己的名称（例如爱尔兰人、巴斯克人、汉族华人、切若基人）。换言之，族裔群体是由彼此承认为本群成员的个人们组成的。它有共同祖先的神话（我们都相信自己是少数一群共同祖先的后代）。族裔群体拥有共同的记忆（我们曾经有奋斗求存的历史），虽然这类记忆以传奇的成分居多。特定的文化习俗使本族与他族有别（往往是——但不必是——语言；有可能是宗教信仰；通常是在食物、艺术、音乐上的偏好，或特别擅长的活动；或以上不止一项的特征、心态、行事方式的组合）。此外，族裔群体的成员认为自己与共同的家乡(可能真有这个家乡或只是神话）有联结，群体中的精英们很团结。 成员们自认有共同的遗传虽然多少不是事实，但长久族内通婚之后的确能强化生理上的共同性。族裔历史不免都有言过其实的成分，但是这种历史是一个团结基础，领导阶级尤其借此而休戚与共（Geary 2002；

A. Smith 2001, 13)。

　　族裔群体很接近我们现今所说的"nation",但"nation"是指形成国家的民族,族裔群体不一定都自成一个国家。现代的国家几乎无一不是包含不同族裔群体的。有些国家直言不讳地认为自己是或应该是单一族裔组成的（日本与韩国是现代较大国家之中最接近单一族裔的),有些国家的族裔意识就宽广得多。例如美国,多种不同的族裔群体凭共同的名称、共同的历史、共同的公众文化（不与私人或家族各有不同的文化习惯冲突)、共同为国家尽义务与效忠的意识,都是当然的"美国人"。有些国家很明显是不大团结的,国家中各个族裔的、宗教的、地域的群体并没有多少共同的忠国意识。近代以前的农业国大都是这样,如今的非洲大部分地区和亚洲的部分地区依然是(Smith 2001, 21-42)。

　　我们界定族裔与民族的同时,可以先谈一下几乎每个国家都有的一种紧张局面。怎样才能确保国民的忠心?有自我意识的不同族裔群体能统一成为共同民族吗?如果不能,国力会因而受多大影响?国家会因此而分裂灭亡吗?如今的世界里,中央政府掌握庞大资源与权力,每个人的人生都受着国家分配的教育、经济、政治机会影响。因此,假如某个族群被排除在这些机会之外,或是自认得到的机会是比其他族群少的,就有可能渐渐不效忠这个政府。现代的国家政府和经济体,必须至少有一些共同的忠忱和习惯,才可能顺利生存。因此,政府若能注重如何营造共同的民族主义,或是关注未被充分并入的族群,都有益于降低国家分裂的风险（Gellner 1983)。非洲正是因为极少国家能有真正的民族统一,所以内战不断。多数非洲国家的政府虽然弱势,却仍控制着相当多的资源,所以,得不到政府分配资源的族裔群体会在生活条件困难的时候反叛夺权（Herbst 2000)。由于不在政府控制范围之内的资源非常少,非洲国家的夺权争斗也特别激烈。

　　学界专家们大致都同意,族裔特性与民族是可变通的类项,其界限都是可以改变的。19世纪移民至美国的意大利人甚少认同新兴不久的故国意大利，不像意大利国内的统治阶级都是有共同民族主义观念的。可是他们在美国却被划入一个不算纯正白人的类别，尤其是在美国南方，意大利移民的社会位阶是介于白人与黑人之间的。百年之后，他们的后裔成为"意大利裔美国人"，成为美国人认定的同属"白种人"或"高加索种人"的种族的一分子（Fenton 2003，30-31；Handlin 1973，166-167）。

说到"种族"的概念，又多了一层困扰。因为"种族"有时候是与"族裔性"同义的，在某些社会——例如美国——却是与肤色相关的。令人意外的是，肤色的界定也有可能趋于主观。例如，苏丹的多数阿拉伯人肤色是黑的，却自认为与"黑种"非阿拉伯人不一样，这也是苏丹灭族屠杀的缘由之一。图西族和胡图族有长久的通婚历史，说的语言也相同，却各自有彼此不同的历史神话。如果是在美国或巴西、苏丹，两族人当然会被归入同一种族的黑人。只要我们切记定义是会随时间而变的，就不妨把"种族"当作"族裔性"的异体同义词来看。最重要的仍是族群如何自我定义，与他们并存而且可能要与他们竞争资源的邻族又如何界定他们。

迈克·黑希特尔（Michael Hechter）综观了19、20世纪最精辟的民族主义研究，特别指出民族族裔群体有其主观的成分。他认为："民族（国家）组成族裔群体的次集团，是领土上集中的族裔群体。"（2004，14）不论"民族"或"族裔"都不能按一套完全客观的判断标准来界定，即便其成员都会说出本族有哪些共同特性。在非洲被称为部落的，其实是族裔群体，如果人数够多、够集中，又可以符合我们所说的民族的定义。基本上，形成国家的民族（即nation）是承认有自己的国家的族裔群体，其中大多数人同意，成为主权国家对大家有利，也是群体终将走上的路。当然，一旦国家形成，政府通常会设法尽量说服人民相信自己本来就是一个民族(A. Smith 2001，22)。

由于现代的国家几乎都包含不同的族裔群体，其中有些人数众多又相当集中，有自成一国的潜力，这时候能用什么方法处理歧异的族群利害才可维持国家不分裂？下表所列的政策模式是依据麦加利（John McGary）与奥利里（Brendan O'Leary 1995）作的整理，以及奥利里自己制作的图表而来（见 Chirot & Seligman 2001, 44）。按我们的这个简表，应对少数族群的策略可以分为宽容与不宽容两型，每型各自三种，每一种又有宽容与不宽容的程度差异。

应对国内少数族群的策略

	纳 入	区 别	排 除
宽容	温和的同化	多元文化	自动隔离或移出
不宽容	强力同化	种族隔离	族裔净化或灭族屠杀

我们讨论各种方法时也可以明显看出，越是不宽容与排除性的策略，越有可能导致暴力与政治性的大屠杀。我们只用美国一个例子就可以观察到两型共六种策略在不同时期的运用。就欧洲来的移民而言，美国的政策一般都是宽容的纳入。这类政策运用的结果即便不是使美国成为完美的文化熔炉，至少也产生了相当程度的习俗统一，共同的国家认同，以及十分强的政治忠忱。但是以前这种同化并不是一视同仁的全然宽容，而是，按安东尼·史密斯的说法，基于假定人人接受"奉新教的英国族裔文化"的同化，也就是迁就这个文化基础（2001，42）。其他族群可以继续敬拜自己信仰的神，可以吃自己喜欢的菜式，可以说自己的根在祖先的故国，但是必须把子女送进美国的学校，言行必须越来越像英国新教徒，必须把自己的族裔特征只限于浮面或象征性的行为上。此外，非裔美国人即便已经脱离奴隶处境，以前在南方依种族隔离法仍属白人以外的、未同化的族裔群体。其他地方虽然不像南方明摆着合法的歧视政策，却一律都保持黑白隔离。

除此之外，南北战争之前就有鼓励黑人自动移民到非洲的政策，换言之，曾有过宽容的排除策略。林肯（Abraham Lincoln）没有成为总统之前也曾经赞成这个政策，利比里亚就是为了黑人回移非洲而建立的国家，但是回移的人数极少（A. Marx 1998，59）。美国对于原住民也曾经采行族裔净化的灭族政策，前文已经讨论过。到了近几十年，美国才终于成为真正多元文化的社会，较能接受不同的族裔特性，不再那么坚持同化。这样的效用如何，是否又会导向其他形态的宽容同化，仍有待观察，但这毕竟是应对族裔文化多样的办法之一。整体而言，既然宽容同化曾经有过不错的成绩，那么，按这个方向继续努力，扩大到能包纳美国的所有不同的族裔群体，造就文化多元的局面，就可以避免族裔竞争趋于暴力。但是仍有些人士很不以为然，例如著名的政治学者亨廷顿（Samuel Huntington）就认为，多元文化主义行不通，美国如果不愿强制同化，就应当考虑阻止更多外来移民，尤其要限制拉丁美洲的移民（2004）。这是比较宽厚的排除行动，与驱逐是相去甚远的，但是仍旧等于承认多元文化与同化作用对于维护美国团结统一以及民主的、比较宽容的政治文化是无效的。

法国常被称许为数百年来为创造共同文化而实行文化上同化最成功的欧洲国家。一开始是各式各样的日耳曼部落、高卢残部、来自罗马帝国各地的移民组成了后来成为法兰西人的贵族阶级。然后有了自认是法国人的中产阶级。等到法国大革命发生以后，这种认同渐渐扩及一般大众。到了19世纪，教育普及加上征召所有年轻男性服役，产生了我们现在所知的法国民族。这个民族的国家愿意同化一些移民，但是对于拒绝成为"法国人"的人并不是十分宽容（Geary 2002，5-6；A. Smith 1986，90-91；E. Weber 1976）。

近代以前的帝国一般实行的政策大都接近容许保持差别特性，换言之，是实行真正的多元文化，不强迫不同的族裔群体（大都是不同的宗教群体）接受强势的语言、文化、宗教信仰的同化。这种宽容只限于对社群内部事务，并不容许差异族群涉入政府事务。凯伦·巴基（Karen Bakey）谈到奥斯曼帝国的犹太人、希腊人、亚美尼亚人时指出，他们都是"自成一个社群，对内部事务有自己的管辖权。……但是自治的范围从未超过社群管理的限度"。他们可以维持自己的宗教信仰与社群内的习俗，但是帝国政府不许他们影响其他的族群，更不准他们涉入帝国政府的权势（Barkey 1994），就这种政策适合少数族群本身而言，并不能算是一种隔离政策，但也不是近代以来的美国人所谓的多元文化主义。

虽然不算多元文化，比起奥斯曼帝国后来试图现代化而变成统一民族国家的政策，仍是宽容平和得太多了。因为从法国率先开始，欧洲民族国家的模范都成为文化上相当同质的、可以形成统一的国家经济的、战争时可以动员人民的形态，奥斯曼帝国起而效尤，结果政策转向，不再宽容，变成强迫同化。由于强迫同化不成功，20世纪初期的奥斯曼帝国诉诸宗教信仰与族裔性，坚持帝国是土耳其人与穆斯林的国家。凡是与这个模子不合的人，尤其是大批的非穆斯林少数族群，后来都遭到暴力驱逐与灭族屠杀而被清除掉了。结果，不过五十年时间，奥斯曼帝国就变成几乎清一色穆斯林的社会，其中绝大多数人自认是土耳其人（Bozdoğan & Kasaba 1997, 28-30）。

这个政策达到了目的，付出的代价却是一百多万希腊人与亚美尼亚人死亡，以及大量基督徒被逐出土耳其，大量穆斯林又被逐出希腊（希腊也仿效这个民族国家化政策，只保留奉基督教的希腊人）。土耳其政府虽然积极赞同这样民族国家化，却产生了与少数族群库德族的冲突。奉伊斯兰教的库德族奋力抵抗不包容的同化政策，到20世纪90年代爆发土耳其的内战，导致上万人死亡。现在的土耳其无意把库德族人消灭或驱逐，但是，强迫同化的政策（不承认库德族裔与库德语，以库德人为主的土耳其东南部一直陷于贫穷）并没有发生作用。唯有改采比较宽容的政策，同化与接纳至少些许程度的多元文化主义并行，比较可能达到和平解除困境的目的（McDowall 1997, 395-444）。

联邦主义是多元文化主义的一种，等于将政府的权力分配给地方。联邦主义给予少数族群的地区相当程度的自治权，也有益促进和平的适应。瑞士就是用这个方法，才促成宗教（有天主教徒有新教徒）上和语言（法语、德语、意大利语都通行）上都分歧的国家团结统一。（瑞士的第四官方语是罗曼什语，即 Romansch，通行于东南部与外界隔绝的山区，使用的人口不到全国总人口的百分之一。）乔纳森·斯坦伯格（Jonathan Steinberg）在讨论瑞士的一本专著的序文中说，瑞士是"欧洲的理想成真，瑞士躲掉了欧洲躲不掉的近代世界带来的中央集权政府与经济"（1996）。20世纪以前的瑞士原是等于完全自治的多个州组成松散的联邦，到了20世纪，瑞士联邦已经是一个有自觉的统一国家，中央比较能集权了，但是文化的多样性依旧。如今，瑞士人自己和瑞士以外的人都不大在意瑞士总统是什么人，因为他没有多大权力。

加拿大的经历有些类似。魁北克说法语的人长久以来怀恨强势的加拿大英语族群，一直有强烈的分离主义动向。因为加拿大是省自治权相当大的联邦体制，使用法语的魁北克以法语自治。虽然时有要脱离加拿大的动作，目前为止没有一次成功，如果借公民复决达成了这个目的，一般人也都认为不会有暴力发生。魁北克人持续未断的怨恨，几十年来已被加拿大的联邦制度吸收，也因为法语的地位依法与英语平等而化解。魁北克的知识分子讨论时局虽然不看好前景，不过，加拿大就算发生分裂，也将是从宽容的多元文化主义转为宽容的分离（Bothwell 1995）。

印度的情形较不平静，独立以来的印度不断有分离主义的内战发生，却一直以高度多样的形态在运作。虽然有些省份的族裔宗教暴力冲突很激烈，事实却证明，贫穷的国家采用联邦制也行得通。因为印度既是联邦制又是民主国家，反对党可以表达意见，地方上居优势的族裔宗教群体虽然是国内的少数族群,并不属于强势的北部印度教文化的一分子,却享有充分的自治权。印度没有分裂败亡,能够维持国家意识,主要应该归功于重整了省与省的边界,满足了少数族群语言上与宗教信仰上自治的要求(Seton-Watson 1977,296-303)。

印度一直能约束分离主义的内战(有些内战不免大肆杀害平民百姓),原因比富裕的瑞士和加拿大实行的联邦制复杂得多。要点并不只在地方族裔能有自治权。阿舒托·瓦士尼(Ashutosh Varshney)说,印度政治每次似乎要走上宗教或族裔的极端主义之路,总能及时回头。他认为这主要是因为民主政体已经巩固,地方上的强势政党(往往是基于族裔或宗教信仰而建立的政党)为了争取中央政权不得不妥协。瓦士尼也指出:"印度的族裔布局是分散的,不是向中心聚焦的。自独立以来,没有一种认同的或分裂的意识——不论是宗教信仰的、语言的、种姓的——能够强制压倒国家层级的认同。……政治人物要在德里掌握权势,就必须在裂痕上搭建桥梁、结起联盟。换言之,因为印度是多元文化并存的,政治是朝着意识形态中间路线定位的。"(Varshney 2002,73-74,85)因此,即便地方上发生过血腥战争,印度中央政府从未考虑要用灭族屠杀或族裔净化来掌控局面,如果这么做,会逼得许多省里的不同族裔和宗教信仰离心,印度的统一也将告终。所以印度始终维持着多元文化的民主体制。

多元文化的联邦制并不是无往不利的。前文说过,南斯拉夫的联邦制导致两个地区——塞尔维亚与克罗地亚——成为强势,其领导者不惜利用恐惧外族的心理来稳固自己的权势,结果就是导致内战、灭族的净化,以及国家瓦解。追究其原因,南斯拉夫统一时并未实施民主,区域性强势的族裔协议时没有包括选举人的与国会的结盟及妥协,都有负面影响。另一方面,联邦制的捷克是实施民主的,捷克人与斯洛伐克人的族裔群体虽然关系日趋紧张,却没有酿成战争,而是导致和平的分裂。这算是宽容的排除政策,占多数的捷克人允许斯洛伐克人分离出去，另组一个比较统一而可平顺运作的民族国家（Janos 1997）。我们不需要再详细解释捷克与南斯拉夫的差异何在，事实显而易见。如果族裔分裂是无法和解的，较有益的解决之道是和平的分离，战争与净化族裔的企图都是下策，和平分离才是约束冲突不溢出合理范围的上策。值得注意的是，主张分离的魁北克人表示，如果魁北克能独立，应该以捷克为榜样（Bothwell 1995, 244-248）。联邦制度一旦失灵，下一步就是宽容的、善意的排除政策，不过前提是掌握政治大权的人必须放弃用战争划国界的策略。

还有一种模式是和多元文化以及联邦制十分近似的，即是政治学家阿伦德·李帕特（Aend Lijphart）所谓的"协同体制"（consociationalism）。这是以荷兰的多民族社会为范本的，最初出现这种制度是为了因应天主教徒与新教徒之间的冲突。这种别称为"支柱"的平行制度，是使两种宗教信仰可以各自为政，取得国家资源的机会平等，但必须归属同一国。荷兰人所谓的"支柱化"，已经扩大到没有宗教信仰的族群，而且已经在讨论要将伊斯兰教的"支柱"也包括在内，以便移民融入（Lijphart 1977；Zijderveld 1998）。李帕特进而谈到其他多元文化的国家，也都是借不同族群分权的多元文化共容而维持统一的。

他举的一个包容的协同体制维持统一的例子是马来西亚。他指出，马来西亚主要的族裔宗教问题是，为数甚多的华人非穆斯林少数族群掌握庞大经济实力，较贫穷的、平均教育程度较低的、信奉伊斯兰教的大多数却控制着政治权柄。族裔群体的混合比例十分复杂，而且一直随着时间改变，不只是因为生育率与移民率有差异，也因为族群归属的定义在变（C. Hirschman 1987）。马来半岛于1957年结束英国殖民统治而独立的时候，国内的华人也许是比马来人多的。到和平排除新加坡以后，马来西亚的马来人才形成较大多数。以后，马来人因为生育率较高终于成为国内的大多数，华人所占的人口比例缩小了。除此之外，人口结构还包括数目甚多的印度裔，以及婆罗洲的非穆斯林马来人。到了20世纪90年代,马来半岛(拥有马国绝大多数人口及经济实力)的人口有57%是马来人,华人占29%,印度人约占1%(Lee 2000, 29)。

马来西亚政府的政策并不是没收华人的财产或驱逐华人,或用残暴手段压制华人,而是积极赞助马来人,给马来人的企业优惠。华人文化在大约20世纪90年代以前是受限制的,但是没有受打压,自1991年起更变得相当自由。华人可以组织政党,其中最强势的一个党与最大的马来人政党结盟,从而得以维护华人的权益。华人一直可以自办中、小学,公立大学虽然以差别待遇独厚马来人,私立大学仍可照顾华人(Lee 2000)。

更重要的一点也许是,许可私人创业,接受大量外国投资。这带动了三十年的经济大幅成长,也使各个族群都富起来(Lim & Gosling 1997, 285)。以1965年计,英国资本的事业仍占绝大多数,华人占了约23%,马来人的占不到2%,印度人的不到1%,外资多达62%——多为英国资本。其余的是国营事业,也算是马来人的事业,加上那不到2%的马来民营事业,马来人自己掌控的仍不过14%而已。到了1995年,英国资本大幅缩减,日本成为显著扩大的马来西亚经济体内的要角。马来人的资本(包括国营公司与马来人经营的特殊信托公司)增加到总资本额的29%,华人占到41%,印度人占1.5%,外资只有28%(Jomo 1997, 245)。

马来西亚不能算是宽容政策的完美模范,但是马国政策结合了便利企业界的少数族群、优惠贫穷大多数、接受多元文化。这种结合不但使经济快速成长惠及所有社群,造就了强固的马来人中产阶级,也大大舒缓了族裔冲突。1969年间,马来西亚发生多起华人与马来人之间的冲突暴乱,有上百人因而丧命。按当时的情形看,免不了要爆发激烈的族裔战争。但是三十多年过去了,不同的社群依然并存,依然各有不同的利害与族群意识,却没有发生什么暴动。从1970年到

1995年，马来人的平均所得增加830%，华人的平均所得也增加635%。因此，1970年的华人平均所得曾是马来人的2.29倍，到1995年已经略降至1.81倍（Lee 2000，18，25-26）。

从以上的例子可以明显看出，能够缓和族裔冲突的政策，其实也能缓和基于宗教信仰的认同歧异。宗教信仰的认同与族裔认同，往往近似一体的两面。多数（不是全体）马来人是奉伊斯兰教的。马来西亚的华人多数（不是全体）是佛教徒或基督徒。克罗地亚人多数为天主教徒，塞尔维亚人多数是东正教信徒。地域观念也会变成与族裔认同很近似。区隔族群的主要界限之中，经济阶级是不同的，却可以用类似的策略来调和分歧。

我们应当注意，假使阶级意识很强，阶级利益却超越了族裔、宗教、地域的区隔界限，那么，采行宽容与化解冲突策略的可能性就会增高。所以，马来西亚的中产阶级经营企业的马来人，利益考量是与华人中产阶级一样的，族裔之间的冲突也就变少了。最近的研究的确显示，经济成长带来了跨族裔的结盟，却也使各个族裔内部产生了裂痕（Lee 2000，26）。这是可能加剧阶级冲突的，却也降低了族裔战争爆发的可能性。

可惜并不是所有分享权力的努力都能成功。即便是在有真正民主过程的条件下，"协同体制"和联邦制都不一定能担保宽容或和平可以熬过危机。协同体制失败的最明显例子就是黎巴嫩。黎国本来是东正教徒、天主教徒、逊尼派穆斯林、什叶派穆斯林、德鲁兹派穆斯林等族群之间小心维持着权力均衡，却演变成1975年到1991年间的激烈内战（El-Knazen 2000；Khalidi 1986）巴勒斯坦民兵介入，叙利亚与以色列直接派兵干预，都是情况恶化的重要原因。但是，穆斯林人口增加得比基督宗教人口快，所以要求掌控更大的权力，这是当初的权力均衡安排未能考虑到的。由于各个不同的族裔宗教群体分配到的力量能够维持短暂和平，却一直不能凝聚国家认同的共识，所以也就不能促成各个族群团结一致反对外力介入，也不能克服不同族群之间的猜忌与敌意。

宽容的同化，不同结构的宽容多元文化主义，甚至将国家分割一部分出去的和平排除政策，通常都能降低暴力冲突发生的几率，即使发生了暴力行为也比较容易控制约束。让不同的社群有一定程度的自治，尊重不同社群的文化，把不同社群的精英阶级吸收笼络到中央的政治结构里，都有这样的功用。可是，要如何促进这样的宽容政策，才能够防止像黎巴嫩或南斯拉夫那样一再导致族裔净化与灭族屠杀的不宽容政策？

重返奥斯曼帝国式的保持不同社群的个别原貌与其内部自治，在如今的世界是不切实际的。因为那个时代的国家政府提供的服务极少，政府需求的资源也不多。只要各个社群缴的税足够维持中央的势力不衰，而且无意站上与中央权势平等的地位，中央政府也就不去干预其自治了。那种农业帝国的时代早已过去。如今的国家政府按理是拥有较多资源也该供给较多资源的，所以，哪个族群能不能掌控政府也比以前重要得多。因此，以往相对宽容的帝国那种权势不平等，如今已经不被接受；少数族群在分享国家资源的要求上都是多多益善的。如果得不到企求的资源，如果自认受到资源不足之害，就有可能发生冲突了。如果没有一套恰当的管理机制，爆发屠杀暴行的可能性就会提高。

我们再回头看苏丹的例子。地方能保有相当程度自治的联邦体制之下，本来应该有一套处理地方问题与需求的方法，不必诉诸灭族净化。但是中央政府必须对文化的、经济的差异保持宽容态度（如印度政府的作为），不可试图强制单一族裔或宗教信仰的霸权。资源不足一直会引发冲突，但是后果比较不严重。苏丹在1972年到1982年间有一段时期的和平，正是因为有这样的制度安排。后来和平破裂，是因为苏丹政府企图迎合北部阿拉伯人基本教义派穆斯林的意识形态，借此巩固统治权。由于南部人口大都不是穆斯林，北南之间战火重燃，穆斯林阿拉伯人于是根本弃《古兰经》的告诫于不顾。基本教义派穆斯林在宗教信仰上不容异己，加上他们的政治势力打乱了结构性调适的运作，和平便这样终结了。唐纳德·罗思柴尔德（Donald Rothschild）谈到苏丹的这段历史时强调，利益是可以协商的，原则却不能（1997，229-239）。

血腥战争于2004年转移到达尔富尔，显示苏丹政府虽然迫于必要有意和南部协商，却仍然认为总体战是解决之道，因为抗议中央政策的南部人力量没有大到能把政府逼上谈判桌。就促成南方休战而言，这当然是不好的兆头，以统一的苏丹国家意识维系团结的希望更是渺茫到极点。按目前情况看，让苏丹这个庞大而纷乱的国家分裂虽不是国际议定的方针，而且必会遭到想继续掌控全国资源的北部强势阿拉伯人的反对，但是为长期和平着想，这也许是势在必行的*。

21世纪现有的国际系统，也是第二次世界大战结束以来主导国际局势的系统，并不主张所谓的主权国家分裂。也许就是基于这个缘故，如今许多内战都拖得比以往的久（Hironaka 2005）。非洲唯一受到国际承认的是厄立特里亚省（Eritea）从埃塞俄比亚分裂出来，其实许多其他的内战显然也可以这样处理。苏丹如果不分裂，另一个对策（也是波斯尼亚自1995年实施的）是让国际武力介入，施加比较宽容的政策模式，迫使内部分裂且有灭族屠杀之虞的国家建立联邦制或是协同体制。这样做的困难度高，而且结果不一，所以必须审慎考虑。此外，这个对策的代价极高，而且可能不够务实，因为并没有从爆发屠杀的问题源头治本。

---

* 2011年7月10日，南苏丹正式独立。——译者注

用国际武力介入国家内部的冲突

　　宗教信仰早已界定公义之战与不义之战的规则,之后又有国际约定的正当作战规范,历史也相当悠久。但是一直到相当晚近,才有为了阻止集体杀害、族裔净化、戕害人权等事由而强行占据领土与主权国家的行动。19世纪时基督教欧洲介入奥斯曼帝国事务,就某些方面而言算是人道行为,是为了解除激烈的族裔冲突,但是因而受惠的只限于奉基督教的少数族群(Kaiser 2000,308-310)。而且,欧洲诸强介入调解除了是为关注基督教少数族群,也为了利己的贸易及经济考量。后来,从奥斯曼帝国切割出来的基督教巴尔干诸国在19世纪到20世纪初期激战屠杀不止,西欧诸强并没有基于人道立场而介入,反倒是各有偏好的援助对象,趁机进行策略联盟(Glenny 2000)。

　　美国于1898年干预西班牙的行为,说是为了扶助受西班牙殖民政府滥权之害的古巴人,以及为了解放菲律宾群岛。可以说是与西欧诸强的情形相似。古巴当时的确在反抗西班牙的统治,而且受到严厉的镇压,但是美国的介入迅速变成一场帝国主义战争,把古巴变成受间接统治,又把菲律宾从西班牙掌握中直接抢过来。原本希望脱离西班牙而独立的菲律宾人拼死抵抗美国占据,结果引发持续了三年之久的镇压战争。美国人的战术凶残——包括大规模屠杀菲律宾百姓,死亡人数在一二十万之间(Valentino 2004,83,210-214;Walzer 1977,102-104;Zakaria 1998,159)。以人道干预而言,这些都不是值得效法的榜样。

　　第二次世界大战的恐怖暴行,改变了世人对于战时大屠杀的看法。纳粹的灭族屠杀手段太过残暴,已经不能当作是战争难免的副作用而不予追究,因此才设立了战犯法庭,最为世人所熟知的就是审判德国战犯的纽伦堡法庭。纽伦堡大审定下了联合国1948年反灭族屠杀会议的基础(东京战犯审判也有此意义,但影响小得多),也成为

20世纪末与21世纪初的国际干预及审判灭族屠杀罪行的先例（Weitz, 2003, 253）。并没有证据显示英、美、苏当初参战是为了反对德、日两国的恐怖暴行。耶胡达·鲍尔（Yehuda Bauer）认为，即便美、英政府已经看到了德国人屠杀欧洲犹太人的确凿证据，仍旧迟迟不肯相信这是事实。两国也不愿意作出显然以救助犹太人为主的行动，因为这可能会影响两国军队的正当性。当时的反犹太人思想仍很普遍，况且，在没有确实打败德国之前，他们也解决不了这个问题（Bauer 2002, 213-224）。同盟国是以自救为目的而参战，但是，一旦打败了轴心国，特别是在解放了恐怖的纳粹死亡集中营之后，看法就改变了。

因为恐怖真相令西方舆论震惊，加上其他原因，才定下了基于人道理由进行军事干预的惯例。但是真正用这个干预手段的例子非常少，因为成本太高，也因为各方对于屠杀暴行的性质与起因的认定不一。至于犯下暴行的政府，并不会因为国际批评或事实被揭发就住手。事实是，最残暴的政府最不可能在遭受道德谴责时动摇。要阻止最恐怖的大规模屠杀，终究必须诉诸武力。主要原因是，政治性的屠杀与族裔净化十之八九由于不同社群之间的关系破裂。犯下暴行的一方与受害的一方先后都认为屠杀灭族是一场生死存亡的搏斗，没有规则可循。开始原本是政治领导阶层计划且鼓励的事，后来却变成群众都揽进去的事件。在这种情况下，只凭规诫改变不了引发灭族屠杀的环境条件，指摘屠杀者是罪犯也不会使他们罢手，因为他们也许正在害怕不把对方赶尽杀绝会使自己灭亡。2003年至2005年曾有两年时间在辩论达尔富尔的屠杀与族裔净化，结果毫无效用，原因就在此。

国际武力干预的行动当然还是发生了几次，有的及时遏阻了酝酿中的灭族屠杀，即便依旧未能在敌对社群之间建立互信的良性氛围。1971年间，东巴基斯坦（即现今的孟加拉国）反抗西巴基斯坦统治，西巴基斯坦军队就发动了镇压之战。各方估计的死亡人数不一，因为无人负责作确实的记录,但大约是在五十万到三百万之间(Valention 2004,77)。如果把逃到难民营的人们的高死亡率也计算进去,很可能有至少一百万人死亡。事件的主要起因是,东巴基斯坦的孟加拉人想要自治,在相对自由的选举中又赢得压倒性的多数席次。强势的西巴基斯坦人非但不拿出诚意与东巴基斯坦谈条件(双方虽然同样信奉伊斯兰教,语言与文化却都是相异的),反而着手镇压异议分子。他们利用居住在东巴的西巴人(即所谓的比哈尔人,其实并不是来自印度比哈尔省的)以及强大的巴国军队发动一连串的屠杀、放火烧村、强奸、刺杀孟加拉领导阶层。孟加拉人组织起来抵抗,并且以暴行戕害比哈尔人与印度来的移民,其中有些人至今仍是印度与孟加拉境内的贫困难民(Horowitz 2001,164,174;L. Kuper 1981,76-80)。

这场激战如果继续下去,不知道还会死多少人。由于孟加拉人口稠密而众多,屠杀行为已经引起战争,东西两边相距又远,西巴基斯坦的镇压不可能无限期地支持下去。结果向来与巴基斯坦为敌的印度入侵了东巴基斯坦,西巴基斯坦军很快就败下阵来,孟加拉独立了,印度便撤了军。这无疑是一次人道的干预行动,使本来可能再造成上百万人丧命的灭族之战提前结束。虽然印度是趁此机会把宿敌巴基斯坦撕裂了,但是印度的确在促成孟加拉人胜利之后迅速撤出。按迈克尔·沃尔泽(Michael Walzer)的描述,印度这一次的行动是"公义之战"(1997,105-107)。要点是,国际上的关注忧虑不能阻止屠杀,强国的军事行动才能。这样的干预行动虽有其缺失,在极端紧急的情况下却非如此不能解决问题。

比较晚近的一个自私考量较不明显的例子,是美国两度对南斯拉夫进行军事干预,一次是1995年协助击败了波斯尼亚的塞尔维亚人,一次是1999年阻止塞尔维亚人驱逐科索沃的阿尔巴尼亚人。第一次行动是北大西洋公约组织决议的高潮,由美国为首协助克罗地亚建立能够击败塞尔维亚人的军队。就在1995年7月,联合国部队坐视塞尔维亚人屠杀斯雷布雷尼察（Srebrenica）的八千穆斯林之役，美国终于扬言要直接介入，并且派出美国空军轰炸塞尔维亚据点。米洛舍维奇自知不可能打败以美国为主的北约军事力量，就不再支持波斯尼亚的塞尔维亚人，同意了"代顿协定"（Dayton Accord）。这个内容复杂的和约担保波斯尼亚将是多元文化的、宽容的、联邦的体制。不幸的是，波斯尼亚的和平很脆弱，至今仍是这样（Glenny 2000，642-652）。虽然有情况好转的迹象，而且没有战争发生；但是，在欧洲的监督与大批维和部队进驻已达十年的情况下，塞尔维亚人、克罗地亚人、穆斯林之间的协议只是勉强维持，既没有真正包容的征兆，更没有和解的意思（Abadie 2004）。

科索沃的情况更不安定，更不平和。阿尔巴尼亚人多年来饱受塞尔维亚人形同隔离政策的压迫，既抓不到权力也得不到国家提供的福利，终于展开反叛行动。塞尔维亚人的政府压制不住了，米洛舍维奇便于1999年进行下一步骤——族裔净化。北约组织的对策是，派出以美军为主的武力轰炸塞尔维亚，迫使塞尔维亚人撤出科索沃。但是接踵而来的就是，科索沃多数地区的阿尔巴尼亚人对境内的塞尔维亚人少数族群进行杀害与净化（Glenny 2000，661-662）。美国与欧洲的部队，以及后来由欧洲国家为首的联合国占领军，根本推动不了宽容政策，甚至维持不了阿尔巴尼亚人与塞尔维亚人的休战协议。科索沃的杀戮持续不断，塞尔维亚人若不是有武装的保护，整个族裔会被清除掉。但是，如果外力不介入，塞尔维亚可能会侵入再占领科索沃（《经济学人》2004a；Wood，2004）。外力干预确实阻止了集体谋杀与族裔净化，却不能使科索沃自行维持和平。

外力干预南斯拉夫的假定胜绩之一，就是米洛舍维奇于2000年10月被不耐长久陷于孤立贫穷的塞尔维亚人赶下台，于2001年6月交由国际法庭审判其战争罪行。这件事，以及在卢旺达犯下灭族屠杀罪行的人也进入国际法庭受审，都经常被举为范例，证明国际法治能够惩处下令灭族屠杀的领袖，也能先酝酿氛围再采取行动来防止灭族屠杀。

这次审判的法律基础是联合国1993年的决议，即成立审判前南斯拉夫暴行的国际刑事法庭。这项决议又是根据纽伦堡大审判而来（Grosscup 2004，335-381）。刑事法庭确实起诉了南斯拉夫战争期间犯下集体屠杀罪行的少数其他人，米洛舍维奇的案子却一直拖到他于2006年死亡仍未决，耗用了大量经费之外，对于化解这个地区的族裔仇视并没有多大帮助（Judah 2004，23-25）。

卢旺达的情形也差不多，国际刑事法庭耗费很大，案子也拖了很久。南斯拉夫和卢旺达的案例都证明，如果没有军事行动（卢旺达的图西叛军战胜，美军为首的北约武力介入南斯拉夫内战），灭族屠杀和族裔净化是不会结束的。第二次世界大战后的纳粹头子与日本领导人受审当然也是如此，审判（姑且不论功过如何）是在德、日两国被击溃之后跟着全面胜利来的。南斯拉夫和卢旺达的审判没有带来多少和解或宽容，如果塞尔维亚人和胡图族具备持续抵抗的武力，外力介入将是徒然。

《经济学人》有一篇专论达尔富尔事件的社评，说出了原因："各大强国的行进方向并不一致。对苏丹实施武器禁运本来应该是个起步，正在出售喷射战斗机给苏丹的俄罗斯却可能反对。石油禁运应该是更有效的一招。（苏丹是仰赖石油出口的。）法国却可能不赞成，因为该国石油业都在苏丹有投资。"（2004b）

这篇社评并且提议按科索沃的模式由"有意愿者组成联盟"进行国际干预，但部队由非洲成员组成。这恐怕不易推动。美、英两国2003年至2004年攻打伊拉克也是"有意愿者的联盟"，结果几乎全世界都不以为然，甚至美、英两国国内的人民也不赞成。既有这样的经验，还有哪个强国会愿意这么做？至于采用非洲人组成的部队，非洲并没有一个可以担起苏丹和平重任的军事首府，而且，苏丹的穆斯林阿拉伯人会说这是基督徒的侵略，可能号召伊斯兰教舆论反对（Sengupta 2004）。

国际干预对高压政府无效的另一个令人遗憾的例子是缅甸。美国对缅甸实施经济制裁已有十五年，因为缅甸政府压迫人民、不提供人民福利、监禁异议人士、迫害少数民族、从事贪腐的毒品买卖。欧洲执行的制裁却比较不严格，亚洲国家则是完全不予制裁。因此，缅甸的军人统治者与其家人、亲信、盟友都安逸享乐，绝大多数的其他缅甸人却生活困苦。《纽约时报》（*New York Times*）的简·裴尔列（Jane Perlez）就曾指出，经济制裁不但不会使缅甸的统治阶级受到损失，可能反而使一般人民的生活更艰难（Perlez 2004；Chirot 1996）。卢旺达的情况更糟，图西人与胡图人本来有联合国支持下确立的共享权力的协议，结果胡图领导阶层却发动灭族屠杀，目的就是要使协议规条变成无效（Prunier 1997，223-229）。

非武力的国际干预当然并不是完全无用的东西。有了限制冲突的规定，即便仍不能把冲突消除，但总比没有好。等到类似的国际审判法庭渐渐成为常例以后，就可以划出国际能接受的限度，完成几个起诉案——哪怕只是象征性的——有益建立常例。盖伊·莱塞（Guy Lesser）不久前撰文讨论米洛舍维奇的案子，文中说："如果能使这种法庭有效运作，这种法庭获得世人尊重之后，也许有助于判定什么情况下需要强制执行和平，什么时候国际社会必须采取集体的行动。将来，决策者如果在发现别国有悲剧发生时认为自己依法有责任采取行动，这个论点也许会渐渐获得支持。"（2004，46）所以，国际干预行动虽然极少发生，而且不能担保问题会和平解决，但至少能使采取国际干预有些许防止未来悲剧发生的作用。

使用国际压力惩处罪行

循法律途径建立世界性的人权系统，使犯下屠杀罪行与违反人权者受到审判，就是从这个想法开始的。普林斯顿大学的"法律与公共事务方案"(Program in Law and Public Affairs) 拟了一套"全球司法管辖"的原则，由许多国家的法学专家集思广益。玛丽·罗宾森（Mary Robinson）当时担任联合国人权代表，她为《普林斯顿普遍管辖原则》(*Princeton Principles of Universal Jurisdiction*, 2001) 所撰写的引言之中列举了一些具前景的先例。例如，比利时愿意起诉他国违反人权的官员，英国上议院就皮诺切特（Augusto Pinochet，智利前独裁者，被控自1974年上台起刑求屠杀数千人）的案子裁定卸任国家元首依法不得在英国享有豁免权。联合国于2002年接管塞拉利昂以结束其血腥内战，曾特别声明，特赦和减刑不适用于1948年会议认定的国际灭族屠杀罪犯（第一章开端引述过）。罗宾森认为，"实施全球司法管辖有可能为全世界人权严重受侵害的人更全面地伸张正义"。(2001，17-18)

但是，"普林斯顿原则"与其他类似的法律补救措施一样，有三个难题：国家主权有争议，认定有问题，强制执行有困难。赞同国际审判原则的人士针对第一个问题所作的回答是："如果犯下国际法所定的重罪（海盗、奴役、战争罪行、危害和平、危害人类、灭族屠杀、刑求），被控者的正式职位，不论是国家元首、政府首长，都不可以开脱其刑事责任或减轻罚责。"（29，31）这也就是说，假如某主权国家声明某人（例如卸任元首或一位将军）是无罪的，国际管辖当局仍可以起诉此人，被控的这个人造访起诉国的时候更是将其起诉的良机。换言之，"普林斯顿原则"不承认国家主权的这个面向。

即使某些罪行是国际司法管辖可以起诉的，谁可以认定是否犯了这些罪行，仍是一个问题。在民主体制的西方国家里，这个问题显然不会模糊不清。但即便在西方民主国家里，也会受意识形态和政治考量的影响。投原子弹轰炸广岛算不算是灭族屠杀？有的人会说是，有的人会答否。美国投入越战是不宣而战，美国领导人认为这场战争是为了维护和平的更重要目标而对抗共产党独裁，不论想法对或错，美国的领导人是不是犯了罪行？有人会说是，也有人会说不是。"普林斯顿原则"换了一个方式提出问题，指出"某些政府会滥用国际司法管辖来进行政治意图的起诉。唯利是图的政府与不负责任的公诉人会设法起诉与自己在政治上有歧异的国家中的元首或公务员"(43)。不幸的是，如此滥用国际司法管辖权的，并不是限于最明显"唯利是图"的政府和"不负责任"的公诉人。像以色列与巴勒斯坦的冲突、土耳其政府与库尔德族的纠纷、危地马拉的革命与反革命战争、阿尔及利亚基本教义派穆斯林与政府的敌对等诸多根深蒂固的政治问题，都有这种情形。这个问题没有明白的答案，除非我们假定人人都同意，为了维护自己的国家或社群的利益是可以诉诸极端暴行的。

第三个问题，前文说过，必须是犯罪的一方丧失了权势或没有强势政府支持的情况下，才可能强制执行。像垮台的非洲政府，或塞尔维亚这样无力抵抗强国攻击的政府，对其犯下恶劣暴行的官员强制执行司法管辖，倒是不成问题的。可是，如果只能对弱势者强制执行，对强势者却不能，这样的司法公平吗？

这不是无计可施时的搪塞，因为建立规则确实可以约束暴力恶行。但是这提醒我们，用国际干预解决这类问题是欠牢靠的，如果有能力或有意愿采取军事行动的国家太少，或是强势国家不大可能服从规则的时候，就更难有执行效果了。话虽如此，在舆论能有影响力的民主国家里，有国际法规许可对犯下恶行的人进行干预审判，多少有助于重建古代那种战争规则，一如本章之首所录的《古兰经》规诫。我们如果能记得，约束杀戮是比建立绝对公义或和平更合实际的选择，那么，只要能够强化战争规则就是正向的发展。读者应记得，第三章谈到昔时的冲突规则逐渐发展为能限制战争带来的损伤，即便没有强制执行的机制，规则仍持续发挥作用了相当长的时候。由此可见，行事准则虽不能严格执行，仍是可能确立的。

然而我们应切记，约束冲突的那些规则，对于建立宽容氛围，或是解除可能引发暴力的族群争端，是没有什么用的。若要改变社会态度、建立能够促进宽容的制度，必须凭借别的方法。宏观层级的、纯粹政府主持的、可以从上而下推动的，而且有充分宣传的相关制度改革，当然是有用的。但是层次较低的处理方法也一样重要，甚至可能更为有效。我们稍后再谈政府主持的宏观政治性作为，现在要先来谈较低层级的约束族群冲突的方法。这些方法未必是完备的解决之道，但如果不用这些方法，范围笼统的补救措施迟早会失灵。

怎样约束申冤与报复的要求

开始谈低层级的约束方法之前，我们先略提一下介于大规模制度改革与真正微观对策之间的作为，也就是南非政府开的先例。

南非白人政府于1994年将政权转移给曼德拉（Nelson Mandela）的"非洲民族议会"（African National Congress），结束了黑人奋斗数十年的废除隔离政策运动，国家大权不再由荷兰裔的南非人与说英语的白人独占。许多说英语的南非人是来自欧洲的移民或欧洲移民后裔，其中包括为数不少的犹太人。南非的族裔情势之复杂还不仅止于此，因为多个人数众多的非洲语族群都自认是与其他族群不同的民族，而且还有亚裔人口，其中包含东亚人，但主要是印度人，都是在南非仍是英国殖民地的时代就移入的。黑白混血的人（即所谓的 coloureds）又是人口之中的另一个族群。在实行隔离政策的时代，黑白混血与亚洲人可以享有比黑人更多的权力，但仍是次于白人的人种（A. Marx 1998, 84-119, 194-216）。

让一个族裔独揽统治大权凌驾于其他族裔之上，不论是用什么方式，都将以灾祸收场。曼德拉很清楚这一点。非洲民族议会与白人政府的对抗曾经演变为内战，导致数千人被捕或下狱（曼德拉自己就是从 1962 年入狱至 1990 年才出狱），也有很多人遭到政府刑求。如果在政权转移之后报复曾经迫害黑人的白种人，必将导致白人逃离，从而使南非尚称繁荣的经济崩溃。如果由他自己所属的这个非洲族裔独揽大权，则会引起与国内其他族裔的内战。况且当时已经有近似内战的冲突存在，一边是非洲民族议会的势力，另一边是祖鲁人与白人政府的策略联盟。此外，非洲民族议会本身也有分歧，强硬路线的左派人士想要实行社会主义经济，把富有白人的采矿、制造业、农业等资产充公。另一派人士则愿意接受政权与逐步改善穷苦且教育程度低的黑人处境。自从隔离政策在 20 世纪 90 年代初开始瓦解，白人政府就与非洲民族议会协商政权转移，这时候黑人社群之间的暴力冲突不减反增，以至于 1990 年到 1994 年间有将近一万五千人丧命，几乎是前一个五年的三倍之多（Hamber 2001，239-240；Sparks 1995）。

熟知情况的人几乎不看好后续的发展，曼德拉却凭着他的道德权威，以及因倡导和平变革闻名全世界的圣公会主教戴斯蒙·图图（Desmond Tutu）的支持，设计了一条脱困之路，即是成立真相和解委员会（Truth and Reconciliation Commission，简称 TRC），使曾经为追逐政治权而犯罪行的人可以认错并接受特赦。这个委员会的目的是使各方人士都能舒解痛苦，使旧伤疗愈，也要表明，这些罪行不论是白人或是黑人犯的，都不能故意隐瞒了事。除了少数几个犯了极端罪行的人之外，认罪的人都可以赦过不罚（Hamber 2001，246-256；Villa-Vicencio & Verwoerd 2000）。

这是史无前例的做法，结果成效不凡。南非成为一个可以正常运作的民主国家，经济没有崩溃，人们实行了正式的和解。一般人都认为是真相和解委员会的功劳，但也有许多人认为不是。在真相和解委员会现身的黑人受害者，有许多都觉得这是难堪的经验（Byrne 2004）。他们听到经济补偿的承诺，但是实质上没得到什么。他们以为会看到犯罪的人痛悔自责，认错的人之中却有不少人是面无表情照本宣科说出自己的罪状。这样做就能够带给发言认错者本人特赦。有些受害者的语言里没有"特赦"的意思,他们以为政府与真相和解委员会规定他们必须宽恕犯过者。总之,受害者从真相和解委员会的经验中得到了什么,我们无从确知。

数以百万计的南非人以观众身份从真相和解委员会得到的经验,也许才是更具政治意义的。有些人在现场聆听了认罪发言,比较多的人是从电视上看到,更多的人是从收音机广播听闻。虽然在真相和解过程播出以前、当时、以后并没有作观众听众意见调查,不能按此估计族群之间的态度与组成"彩虹民族"的乐观指数,但是有大致相似功用的调查。

真相和解过程(1995年至2001年)完毕之后,2001年间作了民意调查以便评估人们是否接受了整个过程传达的信息(Gibson 2004),信息包含五个部分:隔离政策是伤害人类的罪行,隔离政策背后的想法是恶劣的,为了维持隔离政策而努力是非正义的行为,努力维持与努力推翻隔离政策的人都做过不可原谅伤害人的行为,在隔离政策下犯恶行的不是少数的恶人而是政府制度。调查结果显示,接受这些信息的人比不接受的人较能以积极态度面对族群之间的问题。因此,至少对接受了信息的人而言,看待族群关系的心态已改善。多少人心态有改变,没有确实统计,但是相较于真相和解行动以前的高度敌对而言,这已经是很好的成绩了。

南非目前的和平与民主能维持多久,又是另一个问题,因为21世纪初的黑人失业率仍高达40%到50%;没有外移的白人仍然比大多数的黑人富裕得多;犯罪率很高;许多黑人仍然认为正义没有伸张。但是南非也有与马来西亚相同的情形,马来人的中产阶级和工商阶级与华人的中产工商阶级有了相同的利害关系,南非的黑人正在逐渐扩大的中产阶级并不希望损害自己的荣景,黑人中产阶级为了经济利益考量,必须赞成宽容白人的富裕(Hamber 2001,250-251;Murphy

2002）。当然会有很多人认为这样的发展是不公正的，要求更严格地惩罚白人与强制重新分配财富（Frost 1998；Mamdani 1996）。其实也正是因为这样大而化之的妥协，南非才奇迹般地摆脱了可能一发不可收拾的暴力冲突。（参阅 Rotberg & Thompson，2000 各篇）不论实情究竟如何，一般多认为真相和解委员会有一些功劳，所以认为许多其他的冲突状况也可以用这个方法解决。

　　世界各地为冲突所苦的社会现在已有许多"真相委员会"（Humphrey 2002）。问题出在南非的模式往往与"公理"的要求恰恰相反。如果坚决认为解决内战就必须惩处在内战中曾经诉诸杀人、刑求，甚至犯下族裔净化等极端罪行的人，会难以领会南非模式的用意。他们如果只是刑事犯，可以直截了当判刑，但是这些政治行为不是单纯的犯罪，而是等于利益考量、恐惧、意识形态综合动机的行为。假如公理指的就是处罚犯过者，不是南非那样的招供之后纯粹象征式的认罪，犯了罪行的人在没有完全被击败之前大可不必出来自首。这些人如果担心自己认罪之后可能受处罚、财产会被没收、要坐牢，甚至被处死，他们是不可能接受折中和平的。假如南非白人政府、数千的军人和警察、政治显要、精英阶级认为自己会有这样的下场，他们可能就会再坚持十几二十年，或者逃离南非而使全国经济停摆。要求"公理"的目的真是这样吗？

　　思考这个问题的人士看法各有不同。著名的人权运动者阿里耶·奈尔（Aryeh Neier）采取不妥协的立场，认为有罪的人就应当受惩罚，但是没有说明白下令与执行集体谋杀的人应当从上至下追究到什么层级（1998）。玛莎·米诺（Martha Minow）则认为，真相委员会不采取以牙还牙是有益解决冲突的（2002，24-29）。加里·巴斯（Gary Bass）赞成依法审判少数领导阶层的犯罪者，认为这样远比广泛的报复或全体起诉要可取得多。如果实在评估这种公理程序的优点，不得不承认效果有限。但是这种审判至少可以留下有关所犯恶行的确实记录，这种资料对于解决冲突倒是有用的（Bass 2000，276-310）。

只要论点是针对为数不多的领导者，公理与报复的方法有用之说是可以成立的。一旦有集体镇压的情事，尤其是达到集体杀害与族裔净化的程度时，就应另当别论了。如果有很多人犯下罪恶暴行，甚至可能是在全体社群赞同的情况下犯的——即便赞同的人没有实地参与行动，事态又复杂棘手得更多。就实际面而论，如果大量惩罪犯过者，比较可能使憎恨加深，不大可能因而解除冲突。

第二次世界大战后的西欧国家就有过这样的理解，当时，曾经被德国占领的国家都有爆发内战的可能，反抗敌人者与配合敌人者是敌对的。经过一些有限的报复与审判之后，既往不咎才是谋求社会重建的更为可取的一条路。除了既往不咎，还要营造一种神话：战争中的一切恐怖情事都是德国人和一小撮通敌者做的。更荒诞的神话是：大多数的国人都曾经参与反抗德国占领军的游击队。德国人倒是接受了纳粹恶行的咎责，知道受指摘的人会比较少，受刑罚的人相对更少。德国人对于东欧与苏联驱逐杀害许多德国人的事也没有提出回报的要求。不这样又能如何？（Judt 2000，294-303）

半个世纪以后再来指责戴高乐（Charles de Gaulle）等当时的欧洲国家领袖，说他们不该为了国家和解罔顾公理（执行公理免不了要进行大规模的惩处与报复），这是在说风凉话。比较晚近的关于第二次世界大战后的学术研究，很偏好讲述完整公理正义之必要的大道理。但是，追究到底的做法会不会使战争带来的仇恨和分裂继续下去？东尼·贾德（Tony Judt）虽然谴责 20 世纪 40 年代末与 50 年代初的一致神话化与故意的失忆症现象，却也承认这样做毕竟有其功用。他说："回归族裔文化的旧有典范，毫无芥蒂地认同重生的欧洲，这样可以使我们不再陷入两次世界大战之间曾经污染公共部门的那些语言和心态的泥淖。"（2000，314）的确是因为有 20 世纪 30 年代的激烈政治辩论、民族主义过头的恐外心理、阶级斗争的呼声、贬低少数族群、对于异议不妥协不包容，法西斯主义才得以壮大，残酷暴行才会在 1939 年战争爆发后横行于欧洲。反之，既往不咎，假装事实并不是已经发生的那样，为战后西欧建立善意氛围打下了基础。

这令我们想到法国历史哲学家埃内斯特·勒南（Ernest Renan）说的话："国家的本质即是其中所有的个人都有许多相同之处，所以所有人都忘却了许多东西。"（B. Anderson 1991，199）勒南接着谈到 16 世纪法国新教徒与天主教徒的激烈宗教之战，以及 13 世纪法国镇压阿尔比派（Albigensians）异端的宗教之战。关键在于，这些事情如果不是过去就不再提了，如果一直被牢记而维持怨恨与报复的念头不灭，就不可能建立同时包纳新教徒与天主教徒的法国国家意识，恐怕也不可能形成法国各有不同宗教信仰倾向的多个地区。为了"历史正义"而投入族裔战争或宗教战争的人高呼谨记过去，与勒南所说的恰恰相反。诗人叶慈（William Butler Yeats）曾有诗云：

从爱尔兰我们来。
大仇恨，小空间，
从一开始就伤残我们。

他所描写的爱尔兰，到了 21 世纪才开始有面对三百年前就存在的族裔宗教分裂事实的迹象。

我们于是又回到核心的问题：怎样才能促进彼此宽容？有曼德拉这样不凡的领导者当然是重要的助力；能够面对现实，知道为了减少未来冲突最好能忘记过去，也是正确的态度。我们不妨自问，假如米洛舍维奇有曼德拉这样的人格，后果会是怎样呢？会不会与现在的状况不一样？当然会不一样。可是，心理学家和政治学家没有什么办法使领导者不那么有仇必报、不那么自私。我们且看一看与曼德拉呈鲜明对比的邻国津巴布韦的总统罗伯特·穆加贝（Robert Mugabe）。他在 20

世纪80年代掌得大权时杀害了至少两万五千恩德贝里人（Naebeles），恩族人是与他自己所属的绍纳族（Shona）对立竞争的。之后他渐渐趋于宽厚，却又在政治越来越腐败时丧失了民心与正当性。恼羞成怒的穆加贝不但拿他以往宽容的白人农场主开刀，然后又和以往与他作对的他族人为敌，并且与多族裔组成的在野党派为敌。结果就使津巴布韦经济崩溃，饥荒接踵而来，人民饱受暴政摧残。他遂了报复之愿，却付出可怕的代价。由于外国都不愿干预，穆加贝的滥权是毫无节制的（Power, 2003）。不幸的是，极多的非洲知识分子和领袖只看他没收白人财产的事实，为这样伸张"正义"的作为喝彩，即便这么做毁了津巴布韦的经济。

除了期望有好的领导人，或是偶尔发生的国际干预之外，还有别的办法吗？萨曼莎·鲍尔（Samantha Power）在她的得奖之作《来自地狱的难题》(*A Problem from Hell*, 2002) 里说，像美国这样的强国，在知道有灭族行为发生的时候有责任出面干预。但是这是难得一见的，代价又非常高。此外，前文说过，这种事件很难取得广泛的国际共识。国际干预也不会处理"小型灭族"，所谓小型，是指每次杀人不过三五千的有系统的迫害，因为人数"少"，并不引起国际重视。

有些制度架构，有些真正的联邦制与民主制度，是可以帮助多族裔的或多宗教信仰的社会减少冲突的。但是，能不能从促进宽容着手呢？不论制度如何，因为有宽容的观念，联邦制与民主都可以变成宽容的版本，这可行吗？就这个观点而言，我们有必要放下宏大的国家政策与中央赞助的什么委员会，转而走向微观的、地方层级的方法。

促进宽容的方法

直接的国际干预——尤其是军事干预，或是有远见的领袖进行的政治协商，也许是迅速遏阻灭族行为的唯一办法。但是，即便这种办法有效，却不能担保促成改变，从而导向心胸更开放的社会。好的办法是要推动相争的族群——不分是族裔上、宗教信仰上、地域上、意识形态上、阶级上对立的族群——走向以宽容和平的态度解决冲突，或起码肯学习约束可能突发的暴行。近二十年来推行的办法是借逐步建立冲突群体人对人的关系，以促成基层的态度改变。

在社群之间建立友谊

在冲突群体间建立和平的最通俗的方法是以"接触假说"为依据的。这个假说认为：两个群体之中的个体如果有机会彼此认识，敌意与暴力主张就会减少。一般认为这个观念来自戈登·奥尔波特（Gordon Allport）的经典之作《偏见的本性》（*The Nature of Prejudice*，1954）。奥尔波特当然知道，冲突的群体之中的成员如果有接触，往往会使敌意与暴力恶化，如果是在竞争状态中相遇，冲突会更严重。他却认为，在四种条件下发生的接触会有正向的影响，即个人与个人的接触，可能形成友谊，接触的人认为彼此地位对等；有权威的支持，最重要的是，接触涉及为共同的目标而合作。

这个方法的明显缺点是，族群之间如果正有激烈冲突，很难安排这样的接触。尤其困难的是必须为共同的目标而合作，除非是细末琐事的共同目标，否则很不容易在教室或周末工坊里安排。我们将在下一节讲到，充分整合的公民社会制度其实是一个必要条件。有了这个条件，不同的群体再为共同目标合作的几率可能大得多。

假如接触假说的条件都能符合，假如个体能渐渐了解并喜欢"敌营"的个性，接触能带给群体间关系正向影响的说法就可以成立。既已认识喜欢了这个群体的个别成员，还可能仇恨这整个群体吗？很多从未听说过奥尔波特或他的假说的人都会这样想。许多以接触为主的和平教育，都是从这个想法得到灵感。

这类和平教育的投资有多大，可以从以下的例子得见一斑。美国的大学院校有大约三分之二设有某种形态的"多样性研习班"或"多元文化教育",让来自不同族裔群体的人共聚一堂讲述各自的歧视待遇与偏见经验(McCauley, Wright & Harris 2000)。此外,许多美国企业也在用类似的方法改善职场中族裔群体之间的关系。以色列每年有大约900万美元的捐款(多为美国人捐赠)专供以色列境内犹太人与阿拉伯人共存的接触教育计划之用(Maoz 2006)。北爱尔兰政府每年花费大约800万英镑在改善新教徒与天主教徒的关系上,包括针对特定政治暴行组成接触和解群体(Knox & Hughes 1996)。

借着接触促成和平的计划成绩如何?以这种干预方式为题的研究才刚起步。最直接的评估就是比较参加研习班前后对于"外群体"的态度有什么差别。研习班大都是某一天的几小时时间,或是周末两日的,一系列课程为期超过一个月的比较少。已发表的数十篇研究报告,似乎有一些共同的缺失。多数报告是在研习班结束的时候估量看待外群体的心态;但是都没有追踪记录研习结束时的心态改变是否持续下去。多数研究结果是对于他群体成员的想法、感觉、意图的问卷数据。几乎都没有调查参与研习者实际行为的数字。极少数的研究包含行为观察,是参与研习的不同族群成员在**课程进行期间**的互动,这是假定参与研习期间如果没有表现出协调尊重,研习结束后行为改变的几率也很小(Maoz 2005)。

既有这些缺失,研究的结果如何?检讨以色列的以巴接触和解的各项研究,发现多数都指出学员对于课程中认识的"敌营"个体有很正向的观感(Maoz 2005)。对于外群体的一般观感也至少有小幅的改进。阿拉伯人对犹太人的看法开始变得略微正向,犹太人对于阿拉伯人的一般看法也有改善。检讨美国的多元文化教育,也可看见类似的结果,预测观感改善的最准确指标就是课程中有或没有包括与外群体成员接触(Stephan, Renfrow & Stephan 2004)。

总之,证据逐渐显示,以接触为主的和平教育课程对于改善族群间的观感虽然只小有帮助,却是有重要意义的。与敌对族群的个体成员相识,继而产生好感,有助于将敌人"人性化",这是很重要的。但是这种用接触课程进行的干预确实有其局限。由于建立一对一的相识关系是需要时间的,这种干预方式的效果来得很慢。即便是在以色列这样的小国家里,就国民所得而言投下的资本已经算是很大的了,调查结果却显示,每七名成年以色列人之中只有一人参加以阿接触和解计划(Maoz 2006)。此外,接触和解是以个人对个人为主,族群冲突的起因却是族群对族群的。如果我认为你的族群在羞辱、威胁、欺压我的族群,即便我知道你的族群里有一些很好的人,并不能消除我的敌意。不过,接触和解教育确实可以使学员的心态往正向发展,即便周遭的种族差异本质化在增强,也能看出种族刻板印象是有害的,能够更自在地面对来自他族的陌生人(McCool, DuToit, Petty & McCauley 2006)。

如果说借个人相识来缔造和平太慢,借国家制度与领导阶层缔造和平又太困难,还有一条介于两者之间的,规模既不太大又不很小的路可走。"公民社会"的制度可以成为约束族群冲突暴行的力量。我们认为,这种力量可以衔接个人之间与族群之间的互动,是稳定的支持,也是处理族群之间竞争与冲突的比较平和的方法。

建立公民社会——从头做起

阿舒托·瓦士尼在他首开先河的族裔冲突研究中证实,印度的各个城市有或没有发生穆斯林与印度教徒暴力冲突的一个最重要的决定因素,就是公民社会的力量够不够强。如果某城市的社群领袖经常通过整合的公民组织彼此接触,而且能够相互担保自己的社群会在政治紧张加剧的时候保持平静,这个城市就几乎不会发生暴行,哪怕邻近的地方已经陷入流血的族裔暴动。只凭两个社群日常生活有例行互动,不会有这样的结果。仅仅认识其他社群的人,天天与之互动,符合了接触假说，但如果要防御政客存心极化族群差异，却不如地方精英阶级有正式联系、能够互信的作用牢靠（Varshney 2002，3-15；McCauley 2005）。

这一点极为重要。有些心理学作业特别着重使冲突的派系中的精英阶级组成非正式的团体，让双方在讨论共同的问题中学习包容。赫尔伯特·克尔曼（Herbert Kelman 1997）的方式常被引为范例。他安排以色列的犹太人与巴勒斯坦人同聚一堂，地点通常是以巴以外的中立场所，参加者（有的人持续超过一年）渐渐都能一同规划未来可以同时照顾到双方需求的办法。但是问题出在参加者在集会之后返回的那个情境，那里的人如果没有参与克尔曼的接触互信的经验，很难接受学习包容的新观念。

犹太人与阿拉伯人之间的族群合作在2000年以后迅速瓦解，领袖之间建立互信也几乎全盘失败。由此可见，精英领导阶层的接触如果是非官方的，是与既有制度及组织衔接不上的，效用还是很有限。像以色列与巴勒斯坦这样的关系，可能自从20世纪30年代起双方的精英领导阶层就不可能有交集，甚至更早以前就是如此（Segev 2001）。就以巴的情势而言，必须借国际施加的力量促成切合实际的分离，让两个社会成为两个国家，双方也应刻意抛下一切所谓历史正义的计较。

专攻接触和解的心理学家，对于不同社群彼此接触（即使接触假说的四个条件都符合）是否必然可促进包容，看法并不一致。本书作者之一（McCauley 2001，359）就是采取怀疑态度的（另参考 Forbes 1997），但多数心理学家则予以肯定（Pettigvew & Tropp 2000）。瓦士尼说得很清楚，一般的接触也许是有用的，但如果没有公民社会的机构制度支持，又没有社群领袖的积极互动，这样的接触不大可能抵抗得了政治紧绷情势下的极化行为。

这证明，许多研究族裔暴力与宗教冲突的政治学文献说得没错。

这类的暴力行为几乎都不是"自发性的",而是领导者指挥煽动的。领导力量可能来自最顶层,例如德国纳粹党和卢旺达胡图领袖组织的有系统的灭族屠杀,塞尔维亚领导人在南斯拉夫发动族裔净化,都是最高层下达的指令。有些领导力量是地方的,或某一政党在地方上发动的,印度就是典型的例子(Brass 1997)。瓦士尼认为,假如地方上的社群领袖有心维持和平,假如他们彼此能互信,假如他们与自己的社群沟通流畅,那么,政治投机分子想要动员社群诉诸暴力就困难多了(Bock & McCauley 2003)。强固的公民社会制度虽然未必挡得住从外面开进来的重型武装军队,却至少可以阻止本社群的人加入而使暴力伤害扩大。而且,只要社群知道彼此都与外力施加的暴行无关,暴行过后的和解也会容易得多。

前文曾经讲过,防堵集体杀害的办法之一是,政治结构顶层有主张包容的领导者坐镇,但是想建立国家的或国际的制度以担保领导者这样做,却相当困难。通过地方社群的领导力量也是同样重要的办法,而且更容易影响有计划的行事。

建立社群为基础的制度,也可能在有政治危机和群体冲突的时候发挥平息冲动的作用。"公民社会"指的就是这个意思:从家庭以上国家政府以下的层次组织群体,共商一切社会的、政治的、宗教信仰的、经济的活动。如果已经有这样的组织,要予以强化;如果还没有,应该着手去做。这类制度组织并不是个个都摆明了以促进社群间包容与合作为目标,但不论其宗旨是什么,都可以导引到这个方向。此外,如果这样的制度组织运作之中能使不同社群的领袖共聚一堂,就已经提供了可能缓和敌意冲突的机制了。

许多组织都试过确立这一类制度的方法,近年来的非政府组织尤其不断实验各种方法。美国国际援外合作署(Cooperative for Assitance and Relief Everywhere,简称CARE)于2003年至2004年在科特迪瓦投入的行动(作者之一曾经参加),就是一个例子。科特迪瓦是撒哈拉以南非洲国家独立后经济发展成功的特例之一。一直到1980年以前，以热带作物出口为主的经济成长都很快速。因为需要劳动力，外国移民受到欢迎，政府为咖啡与可可生产业开辟新农地，国内有大约六十个语言族群，分别信奉伊斯兰教、基督教、万物有灵等，彼此混合相处，只偶尔有并不严重的冲突。虽然各个族群不是一片祥和，但因为普遍都得到利益，争执并不会扩大。而且，总统乌弗埃—博瓦尼（Houphouët-Boigny）颇能善用有形的、荣衔的分配来拉拢地方领袖。但是问题出在这些资源分配都是从顶层而来，并没有发展可以联系族群领袖的独立公民社会组织。不同族群的接触是在国家政治层级，并且在这个层级上竞争权力与报酬（Berthélemy & Bourgugnon 1996；Rothschild 1997；Zolberg 1969）。

由于人口持续快速增长的同时经济停止成长，这个体制在20世纪80年代渐渐失灵了。乌弗埃—博瓦尼于1993年逝世，1995年的选举展望使整个局势失衡。北方人多数（不是全部）为穆斯林，人口扩增而超越了南方人，南方人以基督徒居多，但还占不到大多数。原来的政治领导阶层多属南方的基督徒，为了掌控大权，他们修改公民权法，剥夺了多数北方人参选议员的机会。这种行为也危害到北方人和北边邻国移民的财产权，北方来的移民大多数原籍布基纳法索与马里，都在一二十年前开垦的土地上从事咖啡与可可种植。之后是一连串有弊端的选举，南方宪警官员骚扰北方人越来越严重，南方人夺取长久以来属于北方人的土地，然后便是政变与反政变不断。

2002年的一次企图政变，终于把科特迪瓦分裂为南北两半。双方都拥有自己的军队，这种情况持续到2006年未变。南方发生了屠杀北方人的事件，南方大城阿比让（Abidjan）是族裔与宗教混合的地方，屠杀的状况尤其惨烈；北方也有屠杀南方人的事件。总共多达万人丧命，在国内逃亡的人与逃到外国的人超过百万。每个地区都有土地与其他资源（例如捕鱼权）的争执，这些又牵扯到国家政治与控国家资源的斗争，可能酿成数十万人死亡与族裔净化的后果。结果，独立前殖民统治科特迪瓦的法国军事介入，派了四五千人的军队坐镇南北中间，联合国也派了六千人的部队（Berthéleny & Bourguignon 1996；Chirot 2005；Human Rights Watch 2001；S. Smith 2003，2004b）。

CARE、世界银行以及其他国际组织都很清楚，想约束叛乱的北方或政府控制下的南方政治当局行为，是不会有多少效用的。法国政府、联合国担心内战扩大拖累邻国的非洲国家，都努力过，但成效不一。夺权冲突的混乱杀戮之中浮现了许多地方上的问题，都是促成动乱地区不同族群间互相猜疑恐惧的原因。科特迪瓦的大部分地区，尤其是南北交界的中部地带，都是不同族裔与宗教并存的。但是战争使不同族群壁垒分明，切断了以前存在的联系（Chirot 2003）。

CARE 借着世界银行提供的有限经费，促请布瓦凯（Bouake，位于科特迪瓦的中心，是叛军首府）地区的显要人士组成程序委员会。这个委员会包括关键社群——伊斯兰教徒、天主教徒、新教徒——的代表，主要族裔语言群体的代表，主要移民族群代表。由这个程序委员会向各个城乡地区发出信息，要大家都组成地方上类似的委员会，申请内战损害的重建经费。这包括了修缮学校、诊疗所、水井，以及提供资金恢复市场和小商家的运作。获取经费的唯一条件是，主持这些重建工作的地方委员会必须尽量把所有不同的族群包括在内，这样才可以借经常沟通建立互信基础。地方委员会提出各种重建计划，由中心地区程序委员会审核，核准的计划可获拨经费，一般为 2000 至 4000 美元（Chirot 2004）。

这些虽然都是短期的小规模计划，却在几个月内有了不平凡的成果。在内战未爆发以前，城乡团体也可以把自己的要求呈交中央政府，但由于准或不准是凭政治上的好恶决定，所以只会使冲突更严重。这种过程使国家大权之争的利害关系更明显，让得不到补助的团体猜疑更重，对于不同族裔的合作有害而无益。反之，核准小额经费而交给多族裔多宗教的委员会管理,可以鼓励族群合作、包容、共同商议重要问题。

凯瑟琳·布恩(Catherin Boone)的研究指出,科特迪瓦境内各地的乡村制度本来是有很大的地方性差异。以土地争执引发杀戮最严重的西南部为例,本来是没有地方整合机构的。因此,内战一旦爆发,中央政府和地方机构都束手无策。她说:"这种情境下地方制度建立,可以说是调整空间最大的。……我们会想到各种不同可行的方式。"(2003,326)显而易见的是,不论国家政策的层级有什么解决问题的方案,如果没有建立起地方上配合的机构,迟早会发生新的冲突。

CARE 的另一个较早的方案是在尼日尔推动的。马拉迪省(Maradi)的定居农民和牧民共组委员会,商议如何划定牛群走动吃草的路径才不会伤害到农田。由于人口密度增加耗竭了非洲稀树草原和撒赫勒地区(Sahel,从大西洋至撒哈拉沙漠以南红海的农牧混合干燥地带)的资源,这样做是十分重要的。近三十年来,牧民和农民一向的紧绷关系因为干旱与人口成长而加剧恶化,本来只是地方性的小争执,却演变成大规模的族裔战争。类似的委员会在尼日尔成立以后,可以解决不同族裔之间的水权争端。中央政府对于这种牧场、水权之争几乎束手无策,这种争端却极易引发族裔战争(苏丹即是实例),从省的层级来化解也许是防患于未然的唯一办法。这些措施消除不了人口增长与资源短缺的问题,却可以建立族群交换意见的调解制度,从而约束冲突可能造成的伤害 (CARE 2004;Thébaud 1998, 2002)。

苏丹的达尔富尔地区谋求缓和冲突,需要的正是这种制度,而不只是国际军事力量施加的和平,也不能只靠国际法庭审判该为灭族屠杀负责的人。同时也需要解决地方争端、约束族裔竞争冲突的机制。

像 CARE 在非洲西部这样的行动,在许多地方都试过。只要不企求立竿见影,这样从小处做起的努力是可以成功的,所建立的或重建的公民社会机制与瓦士尼在印度所见的方针相同,可以在政治局势紧张时促进地方上的安定。长远来看,这些地方机制甚至可能由地方上的非政府组织领袖形成国家层级的理事会,借助这些领袖的力量抵消敌对的政治势力,创造更能宽容互谅的大环境。即便没有定下这么大的目标,地方上也有一定的效用。这种行动其实是有事前防范功能的,可以在火苗尚未燎原之前予以扑灭,以免政治斗争到处点火以后再救将为时已晚(Archibald & Richards 2002;Biabo 2003;Brusset, Hasabamagara & Ngendakuriyo 2002;Millie & Paiwastoon 2003;Ndayizeye 2002;UNDP 2001;Young 2002)。

科特迪瓦的动乱是因为地方机制抗拒不了来自中央的政治施压,以致夺权斗争变成内战而使地方遭殃。这种情形不是只发生在科特迪瓦,有些地方甚至本来是不同族群相处尚称平和的,一旦中央秩序瓦解,以往不诉诸暴力的族群也会迅速发生杀戮冲突。南斯拉夫的情形正是如此,不过多族裔的地方机制是曾经试图抵抗的,却被从外面来的军事干预击垮了(Oberschall 2001,123-124,144-148)。当然这是因为南斯拉夫以前一直是极度的社会主义中央集权的缘故,所以,能够抵抗军事干预压力的地方多族裔非政府公民社会机制是不多的。

地方机制再怎么强,都未必抵抗得了武装的外人大举侵入。一旦军人或佣兵、激进好战分子、帮派能够破坏政府执行暴力的垄断权,而且声称"代表"地方上的其他社群,那么公民整合机制所能做的就十分有限了。但即便在这种情况下,公民社会的力量仍然可能使内战的破坏缓慢下来,并且在秩序恢复后提供社会重建与和解的基础。公民社会的机制绝不是避免族群间暴力冲突万无一失的保护,但除此之外也许没有其他方法更能有效缓和地方层级的冲突了。

权力下放与民主体制

前文说过约束冲突的宏观政治对策之一是联邦体制,或是将权力下放到地方与社群的做法。这虽不是面面俱到的办法,却做到了不让资源竞争的伤害扩大。前文也说过,在民主的环境里,政治竞争可以用选举解决而无需诉诸暴力,这种办法的效用最能发挥。美国第四任总统麦迪逊(James Madison)认为这正是美国应该做的,因为中央将权力分散可以确保"分成多个部分的、利益多样的、有不同阶层公民的社会之中,个人权利或少数族群权利不会受到有利害关系的多数族群力量的侵害"[Madison (1788) 1941]。

研究南亚与西非民主制度可以归纳的结论是,权力下放的确有益民主实践与社会和平。但是,最能彰显权力下放功能的,是已有强固的地方公民社会机制的环境。因此,权力下放在印度的卡纳塔卡邦(Karnataka)发挥了促进民主监督政府的作用,从而使资源竞争趋于平和而不至于有冲突。在孟加拉的效果就不如印度,科特迪瓦的效果又更加不及,主要的原因是,印度(卡纳塔卡邦)的公民社会机制本来就强得多,地方上的精英领导阶层受到较大的信赖,而且各个社群与政府的沟通管道能保持畅通。研究者发现,科特迪瓦并没有这些条件,内战是在研究者搜集资料之后十年爆发,结果却不幸被言中。这份研究(Crook & Manor 1998)中,孟加拉与加纳部分地区的地方公民社会运作成绩不如印度,但是比科特迪瓦略强。重点是,地方群体如果能有效掌握较多资源,而且资源分配的过程是透明且相当公平的,那么,争夺中央政府大权就不是太重要的事,地方社群不必诉诸中央政府权威就可以化解彼此的冲突了。这也使得国家政治少了几分险恶。

强有力的公民社会机制可以促进民主、优质管理、更加包容,从而使权力下放更能发挥效用,因而推动借助权力下放的策略来减少政治竞争可能带来的损害。这样说好像是在兜圈子,其实不然,因为这凸显了重要的事实:如果社会基础倾向不容异己,而且没有解决地方冲突的实务经验,多谈宏观政治结构也没用。我们倒是应该从这里学到一个教训：支持并逐步建立地方组织来集合不同社群共商解决争端的对策，是大有益处的。

如今的国际非政府组织与开发部门，以及支持宽容民主制度的人士，都热衷于促成公民社会体系，他们也不应该就此忽略古典政治哲学家一向抱持的保留态度。托克维尔称赞19世纪初叶美国的公民社会制度，因为这些制度巩固了地方权力，多数暴政便难以得逞。他认为，中央的大权不论赢得多少民心，多么受多数人的支持，都不能仗势在全国实行多数暴政。但也正是因为权力分散，美国发生了19世纪最恶劣的滥用自由与宽容的行为——即南方的蓄奴制与西部边疆的驱逐印第安人的灭族（Wolin 2001，262-268）。

所以，我们不能以为有了公民社会的制度和地方层级的方案就可以约束族群之间的暴力竞争，也不能以为实行民主制度和权力下放就是万灵丹。从非洲的一些例子以及南斯拉夫的事上，可以看得出，突然转向民主只会激起更严重的褊狭心态。因为这样的突然改变没有担保输的一方可以存活，只会使竞争更加剧烈，也让走极端的政客有机会利用族裔的、宗教的冲突（Hayden 1922；Sandbrook 2000）。科特迪瓦的情形正是这样，主要政党的"赢者全拿"心态怂恿主政者展开不容异己的压制，不让北方人在选举中获胜。就解决族群间竞争暴行的问题而言，强有力的公民社会是有帮助的，权力分散与民主制度也是有帮助的，但哪一个都不是万灵丹。必须许多约束暴力的机制多管齐下，才能养成抵挡得了偶发危机的宽容习惯。多管齐下的方法之中当然也包括我们在本章前文谈过的现代中央政府与宏观政治的变革。

国家政府在促进和平交流中的关键角色

第三章曾经谈过，不同群体在交流中定下行为分寸是有益缓和冲突的。这与其他约束冲突的策略一样，算不上完美，而且是可能失效的。但是一般而言，不同族裔之间、宗教信仰之间、地域之间、领导阶级之间——包括政府之间——交流越多，发生你死我活之争的几率越小。同理，不同族裔的、宗教信仰的、国籍的群体之间如果有通婚、贸易的行为，可以减少极端冲突爆发的几率。

怎样才能促进族群之间的交流？强迫不同族群通婚是不成的，但是可以从取消禁止异族群通婚的规定着手，像美国与南非等，以前曾有黑白不准通婚的法律。至于促进商贸交流，方法很多。但是，增加商业交流往往会带来特定族群专做某一行业的后果。例如，20世纪初期以前的波兰犹太人一直是资金掌控者，印度尼西亚与马来西亚的华人至今仍是多数商店的老板与资本家。商业交流越多，越可能令人感觉不平等，居多数的族群可能就变得越来越容不下这些有钱的少数族群（Chirot & Reid 1997）。现代世界的经济成长大大加快了交流率，如果交流的结果是某些族群获利比其他族群多，就有可能使冲突恶化。一个少数族群如果获利大于一个多数族群，尤其容易引起摩擦（Chua 2003）。

重点是，凡是能使不同族群接触的行事系统，都有助于建立彼此共遵的约束冲突的规则，但是也会导致新的竞争。这也就是说，国家之内与对国外的开放贸易系统，使个人较能自由选择对象通婚的开放婚姻安排，广纳所有阶级、地域、族裔成员在内的制度和军队，都可以促进社会宽容。然而，如果某些族群觉得自己落后吃亏了，冲突的可能性反而会提高。

遇到这种情形，国家政府层级以下的机制能起的作用小得多，需要的是没有私心的强势政府。假如中央政府可以担保个人会受到保护与公平对待，个人就比较不需要仰仗自己的社群、族裔或宗教的排他主义也就不那么有吸引力了。因此，强势的政府若能培养国人共同的国家意识，就会成为两面有刃的剑。政府若是造就了"超级部落"的意识，也会提高与他国爆发战争的风险；如果把某些族群排除在国界之外或未能予以同化，就有可能在危急时刻引起大屠杀或族裔净化。但是，如果没有强势的中央政府，相争的族群就有可能在不太平的时候为固守自己的阵营而战。就是因为南斯拉夫的中央权威崩溃，各个地区不再相信政府有能力保护他们，所以联邦制度失灵，族裔战争随即爆发。

想要强化地方公民社会机制，或是推行联邦制、协同体制，或任何有助于减少地方冲突的其他权力下放的做法，都会面临这样的两难，因为权力分散也会削弱中央政府的权威。地方与中央、非政府的公民社会与国家政府、地方分权与国家主义，彼此都必须在权力上平衡。谋求恰当的平衡是永无止境的挑战，必须反复应对宽容政策的新危机与阻碍。

第二次世界大战以后出现的欧洲联盟，是建构大型政治制度的一个杰出范例。许多人认为这是一种取代国家的制度，因为欧盟形同一个权威不强的中央政府，虽有一些实权，却维持一种联邦架构，各邦的权力要比中央来得大。由于欧盟把第二次世界大战结束以前经常爆发战争的国家团结在一起，所以有效地抑止了彼此的激烈竞争，也使各国之内的旧有地区变得更有自治权。法、德、西班牙等原始参与国不必担忧自己因为控制省区和人民的力量减少而在军事上竞争不过别的国家。各国的居民也不必企求国家像以往那样保护人民，因为他们同时享有欧洲健全的宽容政策保护。因此，在新的权力平衡之中，既能更团结，又能更包容多样歧异，维系的力量是欧盟之内的贸易率大增，以及人们跨国界的活动大增。在这样的情况下，爆发战争的可能性微乎其微。这个实验虽然仍有许多问题待解，但整体而言是成功的。即便欧盟始终没有在政治上整合，各国仍保有自己原来的样貌特征，但是，多少世纪以来战争频仍的欧洲能做到这样已经是很大的成就了（Caporaso 2000；Mckay 2001）。

从米尔华德的《战后欧洲经济史》可以看出，因为欧洲比以前团结了，所以欧洲的民族国家不必再背负曾以民族主义之名恐怖激战的恶名，也可以重建受战争摧残的经济与社会（Milward 1992）。如果欧盟的这些国家本来没有很强的国家意识、没有团结的精神，也许不可能组成这么有效的欧盟。能够实行民主、把有限的权力交给欧盟，并且逐渐让国内的一些区域有更多的自主权，这些都必须以国家有充分自信与团结为基础。此外，创立欧盟的这些西欧国家都坚守着尊重个人权利的启蒙思想意识形态。纳粹主义的教训已经使他们认清，离弃启蒙思想是后患无穷的。欧盟的前提就是以民主与包容为创建精神，以自由贸易与人们能自由行动为宗旨。

接下来就要讲到最终的一个关键要点。如果领导者和精英阶层不能完全接受异中求同的价值观，包容政策终将失败。从中央和地方层级调整制度是重要的，但并不是制度调整好就够了。促进公民社会制度，是族群关系更和谐的一个坚固基础。增加交流机会、强化政府给予权益的保护，也是减少暴力冲突的要件。最关键的一步——多数约束暴行的努力后来失败都是因为欠缺这一步，乃是培养应有的社会关系认知。第三章结尾曾经提到这一点，但是没有列入缓和族群冲突的方法之中讨论，即是有关社会价值观与政治哲学的部分。

个人权利与多元文化的历史

2003年4月间，本书作者希罗在科特迪瓦北部的叛军首府布瓦凯进行访问，以便了解人们认为导致国家分裂的内战是因何而起的。当时城中街道完全由武装叛军用路障控制，操控路障的这些男人和少年态度粗暴，而且经常喝得醉醺醺的。叛军开着偷来的车横冲直撞。几个月前城中发生了屠杀南部人警察与公务员的事件。多数商店都被暴民洗劫过，加油站的汲油泵都不见了。战斗时烧毁的车辆弃置在街上。叛军的"保安长官"——一位名叫达乌达·科纳特（Daouda

Konaté）的长官——在指挥部下竭力搜刮不敢反抗的百姓身上的现款。（他随后又参与一桩银行大劫案，带了一笔为数不少的钱溜之大吉。）南部人之中的公务员、医生、教师大都逃亡了，但有许多属于南部族裔的人留在境内，曾经遭到谋杀、劫掠、强奸，而且依旧生活在威胁之中。

访问之中有一则是一些北部族裔社群领袖发表的意见，是在一处中庭的大树荫之下进行的。例行的寒暄与喝了果汁冷饮之后，其中的资深长老拿出厚厚一沓文件，开始以法语宣读。读了将近两小时，内容都是科特迪瓦的族裔关系历史，从殖民时代以前，经过整个殖民时代，一直到1960年独立以后。大意很明白。南部人是懒惰而不文明的。他们仰赖北部人的勤奋才享受了科特迪瓦一度繁荣的生活。北部人曾经建立优良的酋长辖域和邦政府，深知尊重权威与传统的意义。南部人一直到殖民时代以前都在森林里过着无政府状态的混乱生活方式。法国人把太多的权力授予南部人，也是不值得信任的。必须南北分享权力，南部人承认北部人的贡献，才可能重建和平。但是由于南部人生性恶劣，所以和平是不大可能的。

如果除去细节不看，这是常听到的历史故事，换成别的样子就可以搬到世界上任何地方去讲。这种故事结合了两种元素：一是神化式了的、充满受欺凌之怨愤的历史，一是把认定为敌人的族群贬为十恶不赦的叙述。可想而知，南部人的观点也是同一个模子刻出来的。按照南部人提出的详细说明——尤其是受了高等教育的专业人士提出的说法，南部人宅心仁厚，允许北部人来到南部的土地上工作，共享土地的财富。岂料落后的北部人忘恩负义，想要夺权而主宰本来不属于他们的国家。南部人的种族歧视意识形态走到极端便形成了所谓的"青年爱国党"，也就是总统巴博（Gbagbo）的亲信效忠者，奉派到南部大城阿比让去杀害威吓北部人与巴博的政敌（Chirot 2003）。缓和地方层级冲突的方法很多，但是，一旦这种刻板印象的群体形象和历史仇恨普遍被人接受了，主张包容的政治领袖也很难有所作为。

我们探讨20世纪的、现今的许多导致灭族屠杀或族裔净化的形势，发现超因值得辩论。灾难发生是因为经济的、政治的压力吗？是因为偏执的文化弥漫吗？是因为固执于意识形态的或纯粹是机会主义的领导者行为吗？有关纳粹暴行动机何在的争议，都离不开这些问题。戈尔德哈根（Daniel Goldhagen）的《希特勒的志愿刽子手》(*Hitler's Willing Executioners*, 1966) 一书尤其引起各界辩论。他认为，纳粹对犹太人的灭族屠杀，背后其实存在着弥漫德国的、有数百年历史的反犹太人文化。批评他的人却说这是太过简化的言过其实，忽略了欧洲其他国家也有反犹太主义。虽然德国的反犹太主义很普遍，大多数是颇温和的，并没有主张灭族，到了纳粹的时代才变了。那是因为希特勒利用民粹，又提出种族混杂有害、犹太人是污染的种族等谬论，借此将他自己的极端思想合理化（Bauer 2002，93-118）。与戈尔德哈根论点更明显相反的是瓦伦蒂诺(Benjamin Valentino) 提出的，他说一般的灭族屠杀并没有广泛的群众支持或深层结构性原因，主要都是一小撮正好抓到大权的意识形态倡导者的作为，纳粹的罪行尤其是如此（2004，30-65）。

犹太人被灭族屠杀是最常被当作研究题目的例子，其实所有重大的近代大屠杀事件都引起过类似的争议。我们认为——这些论点都有其事实根据。理由不会只有一个，犯下灭族屠杀罪行的人提出的狡辩不会只有一个理由，心理学的分析也不会。对于其他族裔、宗教、阶级、地域一向抱持的看法是重要的原因，走极端的领导者——不论是地方的或中央的层级——也是。使得竞争更剧烈、恐惧加深的危机有重要影响，国际行动亦然。只想找出单纯理由的人会认为问题能用简单的方法解决，这些人都想错了。以德国的情况而论，如果反犹太主义本来并不普遍，党纲包括恶毒反犹太言论的一个政党应该不会赢得大众支持。假如德国不曾在第一次世界大战战败后受屈辱，继而遭到一连串的经济危机，纳粹党应该会停留在边缘地位。假如希特勒和他的那一小撮亲信不是对种族在意到了走火入魔的地步，应该不会发生灭族屠杀。

我们应当切记，当时德国有许多重要的思想家与精英领导阶级在风潮导引之下，认为德国为求超脱失败腐化，必须从净化种族除掉犹太人开始。犹太人被指为滥用又利用现代生活的商业化，所以应当为现代生活带来的疏离与痛苦负责（Herf 1984）。假如没有精英阶级的意识形态偏颇先创造了条件，纳粹的宣传机器不可能促成德国人一致地接受。纳粹既有宣传打下的基础，掌握大权之后再执行消灭犹太人的政策，也就比较能被一般大众接受了。集体屠杀进行的时候，许多德国人也许不清楚残酷手段的细节，但大家都知道有这样的事在发生，却几乎没有反对的声音；纳粹党政府也依旧受到大多数德国人的支持，希特勒个人受拥戴更不在话下（Craig 1982，207-210；Friedländer 1977；Weiss 1996）。

我们检视亚美尼亚人的灭族屠杀、卢旺达的灭族屠杀，以及其他规模较小的事例，会发现背后都有类似的复杂起因，而且都有关于族裔和国家的历史神话制造的氛围帮忙极端的主张一举大胜。2003年到2004年的科特迪瓦也差不多是如此，虽然没有发生灭族屠杀，却有集体杀害的行为，而且极有可能爆发规模更大、死伤更惨重的内战。科特迪瓦只是从古到今世界各地都发生过的无数事件之一。除了结构性的原因、经济困境、政治无能导致内战，另外还有意见潮流的影响，上述的北部人长老与南部极端分子讲的故事，要在这种潮流中才能发酵。要想营造可以让极端分子理直气壮跃上舞台的思想风气，并不需要先读过尼采（Friedrich Nietzsche）或海德格尔（Martin Heidegger）这样老练的哲学家的作品，甚至不需要先读过希特勒的《我的奋斗》。

这类故事有两个特别重要的成分。一个是以偏赅全，把"他们"说成都是一个样子——所以应该当作单一个体对待。这一点在第二章中已有详细讨论。要想抵挡这种以偏赅全，必须有以启蒙思想价值为本的政治文化之中才有的特殊意识形态。这种意识形态承认个人毕竟是比社群重要的，个人不但有权利，而且应当被判定为对自己行为负责的个体，不仅仅是任何群体的一员。因为我们会发现，把群体本质化、把不同的个人打成一个社群、作以偏赅全的判断都是轻而易举的，所以，在群体之间有竞争冲突的时候仍然能区分个人，是格外难能可贵的。

以赛亚·柏林（Isaiah Berlin）曾指出，古希腊罗马、古犹太、古中国，以及所有古文化之中的法律，几乎一律没有关于个人自由的信条（1998，201）。个人意识当然是有的，但是立法传统是以社群为本，不是从个人义务与权利出发。个人在社群之内活动，但不是自主的个体，应享的权利也不能高于社群的权利。个人在社群之中有不可侵犯的权利，却是启蒙思想的立法观的核心。洛克的《政府再论》（*Second Treatise*）的宗旨即是关注个人如何在社群或国家之内保有独立性，以及该如何确保个人不可或缺的自由不受政府的侵犯。按康德（Immanuel Kant）的叮嘱，启蒙思想就是每一名（成年的）个人不受他人指导的钳制，也就是说，个人有自由不接受社群、当权者，或自己的判断以外的任何其他来源的公认意见［（1784）1950，85-92］。

这些哲学主张当然都是理想化的，但是，个人权利的观念如果能灌输给一个社会而广泛被接受，就可以削弱以偏赅全的思考模式。这样做并不容易，因为这违反了人的深层冲动，也同时违背了传统式思考与当代的社群主义思想。以赛亚·柏林苦思社群团结与个人权利的平衡之道，认为我们必须相信自己不只是某个社群的一员，要相信我们"有多元的效忠对象，属于多种不同的社群，理解相互冲突的角色的经验"（见Gray 1996，103）。

在西方自由开放的社会里教导这种观念已经是难事了，如果是在没有多少启蒙哲学思想传统的社会里，当然更加困难，但这却是降低族群冲突暴力发生几率的重要一步。纳粹思想是摆明了反对个人主义而主张群体团结一致的,比这温和得多的社群主义思想如果也否定个人权利与自主而赞成所谓的群体必须的团结,就有可能走上滥用团结的不归路(Chirot 1995)。

科特迪瓦这样用历史解释内战与各自立场的故事,其中的第二个重要成分是,所有社群——尤其是具有自觉意识的族裔的、宗教信仰的、民族的社群——都有这种故事,故事都以记忆中的经历为依据。然而,这些记忆不但经常是不实的,而且就记忆自己受他人欺凌的程度而言,只会延续仇恨而更难推动宽容妥协。

人类社会借历史过程理解自己,所以《圣经》开头的五卷是一套律法概要,加上记述斗争杀戮的故事,旨在说明上帝宠爱的人们为何在顺从上帝时得胜,在不顺从上帝时失败。这些书卷也包含很长的家族系谱。就是这些故事加上系谱,给了犹太民族和犹太信仰应有的位置和定义。这种历史的陈述几乎是万变不离其宗的。而且,每一套历史传统都会纳入近期发生的事,历史也会为了方便容纳这些事件而改写。例如科特迪瓦的、德国的、卢旺达的、柬埔寨的历史都经过改造,以便过往发生的事能合乎下令屠杀的人最在意的冲突和意识形态,这样他们才能够站在理字上鼓动追随者。改写历史有时候会包括无中生有的捏造,但是也会一再重提过往经历的欺侮、失败、悲剧,以便凝聚报仇的意念,并且煽动恐惧,使群众以为若不诉诸大屠杀必将有更大的后患。

勒南说得不错,必须忘记过去才能谋求社会和平,南非的真相和解委员会试图掩盖近期的不义行为是对的。这样忘记过去是可以教导的吗?应该教人们学着忘记过去吗?记忆是不可能彻底消除的,也不应该抹得一干二净。任何群体的自我意识都有一部分是根据其成员的历史认知而建立。为了确保社会和平与政治安定而把一切都忘光,也许并不可取,因为这可能导致否认过去曾经犯的错。伊恩·布鲁玛(Ian Buruma)说得很中肯,德国能教导其国民反省过去的伤天害理行为，是值得称许的。日本没有做到这一点，所以很多人都怀疑日本人是否真心反省认错了（1994）。要点不在于应该忘掉或记住什么，而在于应该**怎样**解读历史。

我们应该反对利用历史延续社会的怨恨，反对把现在的人当作过去曾经犯下罪行的那一群人看待。承认德国人曾经大肆屠杀犹太人是事实，这是对的；如果因此就说，所有德国人、现今存在的一切曾与纳粹合作的机构仍然应该负责，而且永远应该负究责，这就太过分了。我们必须承认，世界上某些地方仍有恐怖屠杀和族裔净化的事件；但是如果因而指控整个社群和他们的后代子孙都是罪人，势必引来更多灾难。

达成恰当的平衡殊非易事，是否达成平衡也不是明显看得出来的，但是只要有冲突就必须努力去做。因为事实必然是复杂的，所以，我们对于往昔知道得越清楚，神话式的简化历史越被破解阐明，想要利用历史来指控过去敌手的人就越难如愿，改写历史来配合当下的政争也就更困难，而促进和解也就变得比较容易了。我们在此并不打算解决是否有所谓客观历史的辩论。如今研究历史的人几乎都不会同意伯里（J. B. Bury）显然很天真的说法：历史是一门科学（见 Berlin 1998，x）。但是我们深信，如果我们教历史的时候不再是传授一套公认的真相，不再只讲一套简化了的道德故事，如果我们讲授给下一代的历史是一门可以按启蒙思考探讨科学的方式来研究的科目，那么我们终究可以造就更有包容性的大环境。按盖尔纳的描述就是：

> 世上没有可以未经观察剖析就假定是独立存在的真实。这样……便排除了神圣不可侵犯的[至少排除了历史、科学之中的神圣不可侵犯的真实]。所有的事实和所有的观察者都是平等的[因为声称的事实应当受检验以确定它是否可被支持]。没有什么确定无误的信息来源是豁免检验的，所有信息来源都是

可以质疑而探究的。探究时可以把所有的事实与特征分开：永远都要质问是否除了原先假定的组合之外就不可能有其他组合。换言之，世事不是整批一次交货的——传统文化中惯常是这样呈现[在强国的政治意识形态与宗教信仰中亦然]，而是一件一件逐个来的。(Gellner 1992, 80。方括号部分为笔者所加)

世界上大多数地方的学校历史课不会这样教，也许全世界没有一个地方会这样教。年青一代不会听到自己社群的长老这样讲授历史。通常只会在优质的大学里听到这样讨论历史，而且是在有牢固启蒙思想传统的自由民主国家里。

对于普遍被接受的事实能先怀有疑问再进行探究检验，这样的态度如果能充分推广，知识界和政界的领袖也就比较不会口口声声离不开"我们的"种族纯正与目标绝对正义的社群神话了。有些领袖能够兼顾动员群众支持正义目标的需要，以及避免把敌人打成十恶不赦，我们会把这种领袖之中的佼佼者视为了不起的英雄。像林肯、尼赫鲁(Jawaharlal Nehrus)、曼德拉这样的人物是难得一见的。如果能按这样读历史的方式教育未来的社会精英，必然可以使各种阶层产生这类领袖的几率增高。寄望这么长远的计划好像不切实际，其实这正是高等教育的一个目的。如今的世界似乎是在往相反的方向走，更有理由斟酌这么做。这是我们要提出的最终建议，是与其他提议一样重要的，也是降低政治性大屠杀风险的牢靠方法必须具备的元素。

结论
最终的答案

> "对付悲伤的上策,"梅林答,呼吸变得急促起来,"是学到一点什么。这是唯一屡试不爽的。你会变老,身体不听使唤,你会在夜里躺着听自己血管在失调,你会遗憾得不到唯一的爱,你会看见周围的世界被邪恶的疯子糟蹋光了,或是知道你的荣誉在小人之心的臭水沟被践踏了。这时候只有一个办法——学到教训。明白人世沧桑是怎么一回事,是什么造成的。"
>
> ——特伦斯·H. 怀特 (Terence H. White)
> 《永恒之王》(*The One and Future King*, 1958)

不同群体之间发生暴力冲突的理由没有逐渐减少的迹象,基于经济的、族裔的、宗教信仰的、意识形态的歧异而起的冲突,在国家内部发生的几率现在比国与国之间的几率大多了。这并不表示国际战争不会再发生,国际战争也不会与理解灭族屠杀及族裔净化无关。柬埔寨的灭族屠杀就是从国际性的越南战争开始的冲突演变而来;卢旺达的灭族屠杀则是导致了刚果(布)与刚果(金)之战,而且牵连非洲多国,死亡人数超过三百万;中东地区、印度与巴基斯坦之间、朝鲜半岛都有可能爆发国际战争而导致灭族屠杀,甚至可能触发核子战争。

阿米泰·埃齐奥尼 (Amitai Etzioni) 认为,敌对竞争的国家应该互让一步而接受类似社群主义的秩序（2004）。恐怕只有昧于事实的理想主义者相信这种事即将成真。虽然许多博学的观察者认为族裔意识和民族主义激情都是过了时的危险东西，它们却没有逐渐减少（Hobsbawn 1992）。学者们强调族裔特征的分野已经模糊，这类分野经过几代时间已经变了，因此，族裔特征是想象出来的，是人为制造的，所以应该算是非理性的表面功夫，或是类似马克思立义者一向所谓的"虚假意识"（B. Anderson 1991）这种论点或许有其知识价值，对于多数人却起不了作用，也除不掉多数人中普遍存在的牢固族裔意识——美国人和西欧人也不例外。

心理学家兼人类学家法兰西斯科·吉尔—怀特（Francisco Gil-White）根据有力的证据指出，不论用功的学者怎么说族裔特征是人为制造的、是想象出来的、是可以变通的，真实生活里的人却不这么认为。吉尔—怀特以蒙古的例子为主要依据，同时也举了许多可作比较的例子，认为人类本有很强的要认同特定族裔群体的倾向，而且会认为自己的归属是根本的、生理的、不会改变的（1999）。多数人类认为自己的族裔群体是一个很大的大家庭，所以应该忠于它，并且指望它提供庇护（Pinker 2002, 323）。

莫妮卡·托夫特（Monica Toft）前不久发表的研究（2003），题目是因苏联解体而发生的族裔争端，以及当代族裔领土争端的比较研究。她的结论是，假如国家境内有分布稠密的少数族裔，这些少数族裔其实是所在地区之中的多数族群，而这些少数族裔又对强势的中央政府怀有严重的怨愤，那么，中央政府的控制力一旦变弱，就可能爆发激烈内战。假如上述状况的少数族群是恪守本族裔生活方式的，而且没有离开本族裔的领域，爆发激烈内战的可能就更大。

车臣就是一个明显的例子。俄罗斯军队进入车臣与车臣人激战，互相屠杀的事件不断。俄罗斯若不诉诸灭族的肃清行动，很难打胜这一场战争，而俄罗斯正是朝着这个方向走的（Lieven 1998；Toft

2003）。托夫特将鞑靼斯坦（Tatarstan）与车臣做了对照，俄罗斯境内的穆斯林鞑靼人太分散，在各个地区都没有形成明显的多数，势力不足以组织起反叛行动，也不足以鼓吹独立，所以虽有族裔宗教意识却没有导致战争。第四章讨论过的捷克情形又不同，捷克人和斯洛伐克人从来没有互争过地盘，人口也只在少数大都市有密切融合的情形，本来就是分开的，所以两个族群可以友好地一分为二。南斯拉夫却不是这样，尤其是波斯尼亚与科索沃，因为彼此都有一批批的小群集中人口分布在对方的领域里，领域所有权重叠，导致十分血腥的战斗。

按这个道理也就不难明白以色列和巴勒斯坦的问题所在。以巴是两个不同的族裔，而且宗教信仰不同，却又领土所有权重叠，所以不可能借权利共享或双方完全同意的妥协来解决（Toft 2003）。这并不表示妥协是不可能的，而是说，妥协不免要求一方或双方放弃自认为理所当然的，所以可能使一方或双方的许多人愤愤不平。托夫特要指出的是，当代西方学者往往忘记族裔特性和领土问题是造成重大冲突的主要原因，我们若不能每个人都学会再回头来注意这两件事，对于世界上发生的许多暴力行为都是无从了解的。身为从事研究的人，我们会知道，原始的族裔情绪感想严格而论不是真的。我们有充分的证据指出族裔的分界线是会变的，试图证实血统纯粹的那些族裔世系和历史也往往是编出来的；但是这并不能否定族裔群体本身的认知体会。毕竟，是他们的感想在决定他们面对其他族群时的行为，并不是研究者重建的历史事实在决定一切。

同理，我们以为宗教意识形态引起的战争应该是古代历史的遗物，现在这种战事似乎又回到正常议程里来了。这种情形在伊斯兰教的意识形态中最为明显，近期的研究证实，与西方国家、印度、俄罗斯、以色列等敌对开战的那些基本教义派不但态度激烈，而且是现代化的（Kepel 2004；Roy 2004）。不过基本教义派的意识形态绝不是只有伊斯兰信仰才会产生的现象，其实是在基督徒、犹太教徒、印度教徒，以及其他团体之中都有衍生出这种支派（Juergensmeyer 2000）。

学者虽然曾经压低族裔特性与领土的重要性，20世纪90年代与21世纪初的战争与屠杀已经重新凸显其意义。而学者认为意识形态已经终结的说法，同样也是言之过早了（Bell 1965；Fukuyama 1992）。一个时代的意识形态之争，可能在世界情势改变的时候渐渐显得失去意义。法西斯主义——自由的资本主义民主制度的大敌——曾经被打败，其他意识形态却仍然在号召人群，在提出因应社会生活困境的方法，在供应族群自我意识给那些相互冲突的团体及社会。不但如此，一度似乎已在衰退的自我认知与意识形态，很容易更新了元气再度跃上舞台。以前是共党统治的许多地区，从巴尔干半岛到高加索山区以至中亚地区，都已经出现这种情形，现代的世界原本应该是政教分离日益明确的，然而事实证明，走极端的宗教信仰意识形态反而比几十年前更盛行，许多西方学者对这种现象大感意外，其实，以为宗教不再有影响力是过于天真的，与相信族裔排他主义、极度民族主义已成过去是不相上下的。

马丁·加法尔（Martin Jaffee）析论三大一神教信仰的文章曾经引发争论。他指出，犹太教、基督宗教、伊斯兰教都是从"亚伯拉罕"（或易卜拉欣）的传统而来，许多人会说这同源衍生的三个宗教是彼此可以相容的，崇信的唯一神是同一位，三者也的确有共通的宗教哲学传统。但是加法尔也指出，一神教信仰若是"架构成一种道德必要，必须在信奉神的旨意行动中使历史的社区脱胎换骨"，就具有引发群体间暴力冲突的力量（2001）。古希伯来先知传统宣示的这种道德必要，就是上帝召唤它的选民组成一个社群，把人类秩序变成符合上帝旨意。违抗上帝旨意的群体很容易被视为我们在前文中说过的那种与集体杀戮有关的威胁和污染。这种基本教义思想，甚至可能在有启蒙思想传统和重视人权文化的已开发国家里壮大。

马丁·马蒂（Martin Marty）与斯科特·阿普利（Scott Appleby）

曾经指导进行一项大规模的全世界基本教义派发展趋势的研究。他们认为，一神教的"圣经民族"——也就是犹太教徒、基督徒、穆斯林——特别适于基本教义思想发展。但他们也指出，东亚有些地区已经写出一些新的文本，其中不乏与一神教的亚伯拉罕传统信仰的古经文一样的主张。他们归结世界各地兴起基本教义派的原因，乃是快速社会变迁令人感到不安，以及因为不安而企求能有更安全、更确定无疑的群体自觉意识（Marty & Appleby 1994，817-833）。甚至在美国，越是政治、经济、社会变迁导致人心惶惶的时候，基本教义派的基督教会信徒越多——往往是从圣公会、长老会等传统主流教会转过去的（McCann 1999）。

如今最激烈的基本教义派信仰虽然都是现代产物，基本教义派信徒通常都引经据典声明自己自古以来就是正统。他们都驳斥世俗科学的进步观，把不与他们同路的人划定为敌人，认为必须使敌人接受他们的信仰，服从他们的指挥，或是必须把敌人消灭。这也就是说，他们秉持高度的意识形态自信之外，还结合了对外人的敌意与恐惧，认为外人危及他们的生存（Marty & Appleby 1994，817-833）。正是这种意识形态，会在相互竞争的社群或国家之间发生冲突的时候，顺理成章地引发灭族暴行。即便冲突是经济与政治竞争的成分多，意识形态歧异的成分少，结果也一样。

意识形态——不论是世俗的、族裔的、民族主义的、宗教信仰的——不是引发冲突的唯一起因。当今世上许多地方都有已失败的或正在失灵的政府，在中东地区、中亚、高加索地区、拉丁美洲、加勒比海地区都有，非洲尤其严重，这些都是国际与国内动乱的起因（Fukuyama 2004）。正是在政府不能运作的国家里，人民最可能投向封闭的族裔或宗教团体以寻求保护，并且依赖走极端的意识形态应许的救赎。也是在这种情况下，争夺稀少资源的行为最可能酿成暴力冲突。

前文一再说过，灭族的大屠杀是一种常态暴行，虽然这种暴行极少达到最恐怖的事例那种程度,如果硬要说这种事不会再发生,或只是病态心理产生的异常行为,对于解决问题是没有帮助的。身陷战争之中的人,自己与亲人都面临威胁的时候,格外容易想要把敌人杀光算了。平克在讨论人类暴行的时候曾说:"不如说,认为暴力是脱轨行为的想法才是危险的,因为这种想法使我们大意而想不到安静的地方多么容易突发暴力。"(Pinker 2002,314)。政治性的集体杀害也是如此。

《美国军人》(American Soldier,1949)是一部开创先河的著作(Stouffer et al. 1949, 158),其中标题《地面部队战斗动机》的这一章里有一幅图表,足以证明无意间酿成大屠杀是多么容易的事。1944年3月至4月,研究者针对4064名有过太平洋战区与日军作战经验的美军步兵做了一项调查。选择题是:"你希望看见战后日本人有什么样的下场?"结果有43%选了"惩处其领导人,但不惩罚一般日本人",9%选了"让日本人受很多苦",42%选了"把日本民族全体消灭",其余无意见。

读者也许会认为,有这么多人赞成把日本人全体消灭是因为自己在与日军作战中经历了痛苦与损伤。但是,1943年11月、1944年4月对1022名曾在欧洲战场作战的步兵做了同样的调查,赞成把日本民族全体消灭的高达61%。1944年2月就472名在美国境内受训中的步兵做同一问卷,结果有67%赞成把日本人全体消灭。换言之,在战场上与德军交锋的美国军人,甚至还不曾上战场的美军,赞成把日本人全体消灭的比真正与日军作战过的美军还多。

认同一个群体,特别是所认同的群体之中有成员受敌人伤害之苦比我自己受苦更甚,因而产生的仇恨敌人之心,显然比自己受敌人伤害更为强烈。1944年3月至4月针对太平洋战区美军做的调查中,选择题问:"苦得快要撑不下去的时候,想到多么痛恨敌人有多大激励作用?"4734名作答的军人之中,46%表示想到多么痛恨敌人"有很大激励作用"(Starffer et al. 1949, 174)。虽然两种问题的作答者不是同一批人，赞成把日本人全部消灭的人（42%）之中也许有很多人会觉得想到多么痛恨敌人能帮自己熬过困难。

这些数字要凸显的不是美国人特别嗜杀且充满仇恨，而是痛恨敌人的心理太容易与把敌人杀光的冲动衔接，甚至在重视个人权利与公民权利的已开发国家里成长的人也不例外。如果美国的领导人战后决定集体屠杀日本人，以此惩罚日本人在第二次世界大战中的行为，美国军中必定有不少人乐于执行这个命令。

倡导人权的人士认为，推广人道精神可以约束世界上的冲突，并且使全世界的统治方式与解决冲突的方式都能更为仁厚。他们想得没有错。但是提摩太·麦丹尼尔（Timotgy McDaniel）提醒，这是西方国家特有的观念，在世界上其他地区被指为族裔自我中心与伪善。他引用了摩洛哥"宗教学者会议"答辩人权要求时说的一段话："我们在伊斯兰教中从一开始就已经是有人权的。我们对白种人、黑种人、犹太教徒、穆斯林是一视同仁的——人人都是自由的。我们国内从来没有像法国和英国那样迫害过犹太人。"(2000)

这段话中引述的过往先例未必属实，但是这段话反映了西方国家以外的世界——包括中国和亚洲大多数地区——的一个共同观点：国家如何控制内部的冲突与外人无干，在面临极度威胁时诉诸极端的、大规模的暴力是理所当然的。我们也不能很有把握地说，西方民主国家在认为巨大威胁临头时不会有这样的反应。事实上，西方强国在第二次世界大战中，在"二战"以后发生的第三世界战争中，都曾有过度的危害人权的行为。

不容异己与认同的冲突造成的问题根源之深，远远超过单纯结构性的问题——例如贫富不均、资源竞争、政府功能瓦解等等。我们的社会生活基本上是以群体认同为核心，而群体认同是凭差异界定的。换言之，是划分我们与其他群体的界限定下的，如果其他群体与我们正有竞争，界限尤其清楚。这些群体的性质和界限可能改变，但是变了仍然一样重要。多个小家族可以组成部落。几个部落可以形成国家。国家的边界可能改变。宗教信仰可能从纯粹地方性的变成包纳非常大的地区，世界观超越族裔与国家。但是群体认同始终是我们每个人的生活中一个极为重要的部分，每个群体认同都有自家人与外人的分别。这种界限可能长期处于半休眠状态，然而，一旦竞争趋于激烈就会立即被强化，在群体认为险恶的外人要欺侮我们的时候成为重要的争论点。肯·乔伊特（Ken Jowitt）说这种敌我界限形成"设栅栏"的实体："其第一要务就是与所认定的有害者'绝对'隔开……拥有用栅栏围起来的共同身份的成员之间的社会的、宗教的、意识形态的、文化的、政治的联系，必须武断而歇斯底里地界定并且保卫着。与非成员之间的切割也是如法炮制。……各个设栅栏的实体之间的暴力行为往往是一再发生的。诉诸暴力的门槛非常低。"(2001，28-29)。

归根究底，我们必须做的是尽一切力量避免用栅栏把自己与他人隔开。朝这个方向做的第一步就是学习。我们如果能像章首录的那一段话中梅林所说的，"明白人世沧桑是怎么一回事，是什么造成的"，我们必会变得更能包容异己。我们越能彼此认识，越能相互交流，就越不容易落入把对方简化的陷阱，也比较有可能学会谈判与妥协，学会更恰当地控制自己的情绪。我们越能这样做，就越能找到原始问题的最终答案。

为什么不把他们全部杀掉？因为他们和我们是一样的。

致　　谢

我们要感谢赛利格曼（M. Seligman）推荐并协助我们进行这一次研究计划。感谢梅隆基金会（Andrew W. Mellon Foundation）的支持，为此提供部分活动资金给宾夕法尼亚州大学的所罗门·阿施族裔政治冲突研究所（Solomon Asch Center）以及华盛顿大学的索耶专题系列讲座（Sawyer Seminar Series）。美国和平研究中心（United States Institute of Peace）在本书撰写最后阶段给予齐洛特协助，布林·毛尔学院（Bryn Mawr College）也于同时期特别给予麦考利休假。感谢戴维考克（David Kauck）不但提供意见，又助成希罗在非洲的实地研究。保罗·罗金（Paul Rozin）与罗斯（Marc Ross）首先提出族裔政治冲突的议题给麦考利，卡罗尔·里特纳（Carol Rittner）是最先力促麦考利动笔写这个题目的人。埃德·罗伊兹曼（Ed Royzman）剖析仇恨的概念被我们用在本书第二章里。美国援外合作署（CARE）的纪尧姆·阿盖唐(Guillaume Aguettant)与布赖恩·卡瓦纳（Brian Cavanagh）二位提供的直接协助，以及构成本书第四章重要内容的实务建议。莱萨特·卡萨巴（Resat Kasaba）、布洛希（Peter Blossey）、辛迪·希罗（Cindy Chirot）帮我们读了校样，也提出重要的建议。简·格罗斯给予我们的支持是很大的助力。在此一并感谢。我们也要向编辑多尔蒂（Peter Dougherty）致谢。末了，我们要表达对于庞菲勒·科内（Pamphile Koné）的感谢与怀念，希罗多亏她帮忙才能在科特迪瓦叛军区完成工作，她却不幸于2005年逝世，令人惋惜！

参考书目

Abadie, Laurent. 2004. "À Mostar, la symbolique du vieux pont reste assez éloignée du réel." *Le Monde*, July 27. Electronic edition at http://www.lemonde.fr/.

Adnir, Fikret. 2001. "Armenian Deportations and Massacres in 1915." In Chirot and Seligman, eds., *Ethnopolitical Warfare*, 71-81.

Allport, Gordon. 1954. The *Nature of Prejudice*. Cambridge, Mass.: Addison-Wesley.

Anderson, Benedict. 1991. *Imagined Communities*. Rev. and expanded ed. London: Verso.

——1998. *The Spectre of Comparisons: Nationalism, Southeast Asia, and the World*. London: Verso.

Anderson, David L. 1998. *Facing My Lai: Moving beyond the Massacre*. Lawrence University of Kansas Press.

Anderson, William L., ed. 1991. *Cherokee Removal: Before and After*. Athens: University of Georgia Press.

Archibald, Steve, and Paul Richards. 2002. "Seeds and Rights: New Approaches to Postwar Rehabilitation in Sierra Leone." Atlanta: CARE.

Arendt, Hannah. 1951. *The Origins of Totalitarianism*. New York: Harcourt, Brace.

——. 1963. *Eichmann in Jerusalem: A Report on the Banality of Evil*. New York: Viking.

Aron, Raymond. 1951. "Du Marxisme au Stalinisme." In Aron, *Les guerres en chaîne*, 159-177. Paris: Gallimard.

Axelrod, Robert. 1984. *The Evolution of Cooperation*. New York: Basic Books.

Banac, Ivo. 1984. *The National Question in Yugoslavia: Origins, History, Politics*. Ithaca, N.Y.:

Cornell University Press.

Barany, Zoltan. 2002. *The East European Gypsies: Regime Change, Marginality, and Ethnopolitics*. Cambridge: Cambridge University Press.

Barany, Zoltan, and Robert G. Moser, eds. *Ethnic Politics after Communism*. Ithaca, N. Y. : Cornell University Press.

Barkey, Karen. 1994. *Bandits and Bureaucrats: The Ottoman Route to State Centralization*. Ithaca, N. Y. : Cornell University Press.

Barkey, Karen, and Mark von Hagen, eds. 1997. *After Empire: Multiethnic Societies and Nation-Building*. Boulder, Colo. : Westview.

Barth, Fredrik. 1973. "Descent and Marriage Reconsidered. " In Goody, ed. , *The Character of Kinship*, 3-19.

Bass, Gary Jonathan. 2000. *Stay the Hand of Vengeance: The Politics of War Crimes Tribunals*. Princeton, N. J. : Princeton University Press.

Bauer, Yehouda. 2002. *Rethinking the Holocaust*. New Haven, Conn. : Yale University Press.

Bauman, Zygmunt. 1989. *Modernity and the Holocaust*. Ithaca, N. Y. : Cornell University Press.

Baumeister, Roy, Ellen Bratslavsky, Catrin Finkenauser, and Kathleen D. Vohs. 2001. "Bad Is Stronger Than Good. " *Review of General Psychology* 5 (4): 323-370.

Beal, Merrill D. 1966. *I Will Fight No More Forever: Chief Joseph and the Nez Perce War*. Seattle: University of Washington Press.

Bell, Daniel. 1965. *The End of Ideology: On the Exhaustion of Political Ideas in the Fifties*. Glencoe, Ill. : Free Press.

Beller, Steven. 1989. *Vienna and the Jews 1867-1938: A Cultural History*. Cambridge: Cambridge University Press.

Bergsma, Wiebe. 1995. "Britain and the Dutch Republic. " In Davids and Lucassen, eds. , *A Miracle Mirrored*, 196-228.

Berkowitz, Leonard. 1989. "Frustration-Aggression Hypothesis: Examination and Reformulation. " *Psychologcal Bulletin* 106 : 59-73.

Berlin, Isaiah. 1998. *The Proper Study of Mankind*. New York: Farrar, Straus and Giroux.

Berndt, Ronald M. 1964. "Warfare in the New Guinea Highlands. " *American Anthropologist* 66 (4): 183-203.

Berthélemy, Jean-Claude, and François Bourguignon. 1996. *Growth and Crisis in Côte d'Ivoire*. Washington, D. C. : World Bank.

Biabo, Prosper. 2003. "Community Action for Reintegration and Recovery for Youth and Women Project, Republic of Congo. " Brazzaville: United Nations Development Programme Mission in Congo.

Blackburn, Robin. 2000. "Kosovo: The War of NATO Expansion. " In Wasserstrom, Hunt, and Young, eds. , *Human Rights and Revolutions*, 191-210.

Blass, Thomas. 1999. "The Milgram Paradigm after 35 Years: Some Things We Now Know about Obedience to Authority. " *Journal of Applied Social Psychology* 29 : 955-978.

Blick, Jeffrey P. 1988. "Genocidal Warfare in Tribal Societies as a Result of European-induced Culture Conflict. " *MAN* 28 (4) (December): 654-670.

Bock, Joseph G. , and Clark McCauley. 2003. "A Call to Lateral Mission: Mobilizing Religious Authority against Ethnic Violence. " *Mission Studies* 20 (Spring): 9-34.

Bonte, Pierre, ed. , 1994. *Épouser au plus proche*. Paris: École des Hautes Études en Sciences Sociales.

Boone, Catherine. 2003. *Political Topographies of the African State: Territorial Authority and Institutional Choice*. Cambridge: Cambridge University Press.

Botev, Nikolai. 1994. "Where East Meets West: Ethnic Intermarriage in the Former Yugoslavia, 1962-1989. " *American Sociological Review* 59 (3) : 461-480.

Bothwell, Robert. 1995. *Canada and Quebec: One Country, Two Histories*. Vancouver: University of British Columbia Press.

Boxer, Charles R. 1965. *The Dutch Seaborne Empire 1600-1800*. New York: Knopf.

Bozdoğan, Sibel, and Reşat Kasaba, eds. 1997. *Rethinking Modernity and National Identity in Turkey*. Seattle: University of Washington Press.

Brass, Paul. 1997. *Theft of an Idol: Text and Context in the Representation of Collective Violence*. Princeton, N. J. : Princeton University Press.

——. 2003. "The Partition of India and Retributive Genocide in the Punjab, 1946-1947: Means, Methods, and Purposes. " *Journal of Genocide Research* 5 (1): 71—101.

Bratton, Michael, and Nicolas van de Walle. 1997. *Democratic Experiments in Africa: Regime Transitions in Comparative Perspective*. Cambridge: Cambridge University Press.

Braudel, Femand. 1973. *The Mediterranean and the Mediterranean World in the Age of Phillip II* . Vol. 2. New York: Harper and Row.

Brook, Timothy, ed. 1999. *Documents on the Rape of Nanking*. Ann Arbor: University of Michigan Press.

Browning, Christopher R. 1992a. *The Path to Genocide*. Cambridge: Cambridge University Press.

———. 1992b. *Ordinary Men: Reserve Police Battalion 101 and the Final Solution in Poland*. New York: HarperCollins.

Brubaker, Rogers. 1992. *Citizenship and Nationhood in France and Germany*. Cambridge, Mass. : Harvard University Press.

Brubaker, Rogers. 1996. *Nationalism Reframed: Nationhood and the National Question in the New Europe*. Cambridge: Cambridge University Press.

Brusset, Emery, Joseph Hasabamagara, and Augustin Ngendakuriyo. 2002. "Evaluation of the Bunsndi Community Rehabilitation Project 1999-2002. " Washington, D. C. : World Bank and United Nations High Commission for Refugees.

Burke, Peter, ed. 1980. *The New Cambridge Modem History*. Vol. 13, *Companion Volume*. Cambridge: Cambridge University Press.

Burleigh, Michael, and Wolfgang Wippennann. 1991. *The Racial State: Germany 1933-1945*. Cambridge: Cambridge University Press.

Buruma, Ian. 1994. *The Wages of Guilt: Memories of War in Germany and Japan*. New York: Farrar, Straus and Giroux.

Byrne, Catherine. 2004. "Benefit or Burden: Victims' Reflections on TRC Participation. " *Peace and Conflict: Journal of Peace Psychology* 10 (3): 237-256.

Caesar, Julius, and Aulus Hirtius [51-50 B. C.] 1980. *The Battle for Gaul*. Translated by Ann Wiseman and Peter Wiseman. Boston: David R. Godine.

Canny, Nicholas. 1989. "Early Modem Ireland, c. 1500-1700. " In Foster, ed. , *The Oxford History of Ireland*, 88-133.

Caporaso, James A. 2000. *The European Union: Dilemmas of Regional Integration*. Boulder, Colo. : Westview.

CARE. 2004. "Niger Projects NER 048, 053, 067. " http: //www. careusa. org. (Click "CARE's Work, " country of Niger, and, respectively, "Dakoro Household Livelihood, " "DANIDA-Diffa Pastoral HLS, " and "Capacity and Good Governance in Southern Maradi. ")

Carneiro, Robert. 1990. "Chiefdom-level Warfare as Exemplified in Fiji and the Cauca Valley. " In Haas, ed. , *The Anthropology of War*, 190-211.

Chagnon, Napoleon A. 1988. "Life Histories, Blood Revenge, and Warfare in a Tribal Population (Yanomamo Indians of Amazonas). " *Science* 239 (February 26): 985-992.

——. 1990. "Reproductive and Somatic Conflicts of Interest in the Genesis of Violence and Warfare among Tribesmen. " In Haas, ed. , *The Anthropology of War*, 77-104.

Chalk, Frank, and Kurt Jonassohn. 1990. *The History and Sociology of Genocide: Analyses and Case Studies*. New Haven, Conn. : Yale University Press.

Chan, Hok-lam. 1988. "The Chien-wen, Yung-lo, Hung-his, and Hsuän-te Reigns. " In Mote and Twitchett, eds. , *The Cambridge History of China*, 7: 182-304.

Chang, Iris. 1998. *The Rape of Nanking: The Forgotten Holocaust of World War II*. New York: Penguin.

Chang, Maria Hsia. 2004. *Falun Gong: The End of Days*. New Haven, Conn. : Yale University Press.

Chazan, Robert. 2000. *God, Humanity, and History: The Hebrew First Crusade Narratives*. Berkeley: University of California Press.

Chirot, Daniel. 1995. "Modernism without Liberalism: The Ideological Roots of Modern Tyranny. " *Contention* 5 (1): 141-166.

——. 1996. *Modem Tyrants: The Power and Prevalence of Evil in Our Age*. Princeton, N. J. : Princeton University Press.

——. 2003. "Proposals for Future CARE Programs in Côte d'Ivoire: Understanding the Political Crisis, Dealing with Its Consequences, and Mitigating Ethnic Conflict. " Unpublished report. Atlanta: CARE USA.

——. 2004. "Suggestions for Reconstruction, Reinsertion, and Rehabilitation (RRR) Projects to Be Financed by the Government of Côte d'Ivoire with World Bank Funding and a Preliminary Evaluation of RRR Pilot Projects in the Region of Bouaké. " Unpublished report. Atlanta: CARE USA.

——. 2005. "What Provokes Violent Ethnic Conflict? Political Choice in One African and Two Balkan Cases. " In Barany and Moser, eds. , *Ethnic Politics after Communism*, 140-165.

Chirot, Daniel, and Antttony Reid, eds. 1997. *Essential Outsiders: Chinese and Jews in the Modern Transformation of Southeast Asia and Central Europe Seattle*: University of Washington Press.

Chirot, Daniel, and Martin E. P. Seligman, eds. 2001. *Ethnopolitical Warfare: Causes, Consequences, and Possible Solutions*. Washington, D. C. : American Psychological Association Press.

Chua, Amy. 2003. *World on Fire: How Exporting Free Market Democracy Breeds Ethnic Hatred and Global Instability.* New York: Doubleday.

Cialdini, Robert. 2001. *Influence: Science and Practice.* Boston: Allyn and Bacon.

Clifton, Robin, 1999. "An Indiscriminate Blackness? Massacre, Countermassacre, and Ethnic Cleansing in Ireland, 1640-1660. " In Levene and Roberts, eds. , *The Massacre in History*, 107-126.

Codere, Helen. 1967. "Fighting with Property. " In McFeat, ed. , *Indians of the North Pacific Coast*, 92-101.

Cohen, Mark R. 1994. *Under Crescent and Cross: The Jews in the Middle Ages.* Princeton, N. J. : Princeton University Press.

Collier, Paul, and Anke Hoeffler. 1998. "On Economic Causes of Civil War. " *Oxford Economic Papers* 50 (4) (October): 563 -673.

Courtois, Stéphane et al. 1999. *The Black Book of Communism: Crimes, Terror, Repression.* Cambridge, Mass: Harvard University Press.

Craig, Gordon A. 1982. *The Germans.* New York: G. P. Putnam's Sons.

Crook, Richard C, and James Manor. 1998. *Democracy and Decentralization in South Asia and West Africa.* Cambridge: Cambridge University Press.

Crouch, Harold. 1978. *The Army and Politics in Indonesia.* Ithaca, N. Y. : Cornell University Press.

Crouzet, Denis. 1990. *Les guerriers de Dieu: La violence au temps des troubles de religion (vers 1525-vers 1610).* Seyssel, France: Champ Vallon.

Dardess, Jonh W. 1983. *Confucianism and Autocracy : Professional Elites in the Founding of the Ming Dynasty.* Berkeley: University of California Press.

Davids, Karel, and Jan Lucassen, eds. 1995. *A Miracle Mirrored: The Dutch Republic in European Perspective.* Cambridge: Cambridge University Press.

Davis, Natalie Z. 1975. "The Rites of Violence. " In Natalie Z. Davis, *Society and Culture in Early Modem France*, 152-187. Stanford, Calif. : Stanford University Press.

Davis, Robert Penn. 1979. "Chaos in Indian Country. " In King, ed. , *The Cherokee Indian Nation*, 129-147.

Deák, István. 1997. "Holocaust Views: The Goldhagen Controversy in Retrospect. " *Central European History* 34 (2): 295-307.

Deák, István, Jan T. Gross, and Tony Judt, eds. 2000. *The Politics of Retribution in Europe:*

World War II and Its Aftermath. Princeton. N. J. : Princeton University Press.

Dedering, Tilman. 1999. " 'A Certain Rigorous Treatment of All Parts of the Nation' : The Annihilation of the Herero in German South West Africa, 1904. " In Levene and Roberts, eds. , *The Massacre in History*, 205-222.

Degler, Carl N. 1991. *In Search of Human Nature: The Decline and Revival of Darwinismin American Social Thought*. New York : Oxford University Press.

Deng, Francis M. 1995. *War of Visions: Conflict of identities in the Sudan*. Washington, D. C. : Brookings Institution Press.

de Vries, Jan, and Ad van der Woude. 1997. *The First Modem Economy: Success, Failure, and Perseverance in the Dutch Economy, 1500-1815*. Cambridge: Cambridge University Press.

Díez Medrano, Juan. 1995. *Divided Nations: Class, Politics, and Nationalism in the Basque Country and Catalonia*. Ithaca, N. Y. : Cornell University Press.

Dittmer, Lowell. 1987. *China's Continuous Revolution: The Post-liberation Epoch 1949-1981*. Berkeley: University of California Press.

Djilas, Aleksa. 1991. *The Contested Country: Yugoslav Unity and Communist Revolution 1919-1953*. Cambridge, Mass. : Harvard University Press.

Dollard, John, Leonard W. Doob, Neal E. Miller, O. H. Mower, and Robert R. Sears. 1939. *Frustration and Aggression*. New Haven, Conn. : Yale University Press.

Donald, Lelan. 1997. *Aboriginal Slavery on the Northwest Coast of North America*. Berkeley: University of California Press.

Doran, Michael S. 2004. "The Saudi Paradox. " *Foreign Affairs* 83 (1): 35-49.

Douglas, Mary. 1984. *Purity and Danger: An Analysis of the Concepts of Pollution and Taboo*. London: Routledge.

Dower, John W. 1986. *War without Mercy: Race and Power in the Pacific War*. New York: Pantheon Books.

———. 1999. *Embracing Defeat: Japan in the Wake of World War II*. New York: W. W. Norton.

Drechsler, Horst. 1980. *"Let Us Die Fighting": The Struggle of the Herero and Nama against German Imperialism (1884-1915)* . London: Zed Books.

Duby, Georges. 1977. *The Chivalrous Society*. Berkeley: University of California Press.

Dumont, Jean-Paul. 1987. "Quels Tasadays? De la découverte et de l'invention d'autrui. " *Homme* 27 (103): 27-42.

Dumont, Louis. 1980. *Homo Hierarchicus: The Caste System and Its Implications*. Chicago: University of Chicago Press.

Dwyer, Leslie, and Degung Santikarma. 2003. "When the World Turned to Chaos: 1965 and Its Aftermath in Bali, Indonesia." In Gellately and Kieman, eds., *The Specter of Genocide*, 189-214.

Early, John D., and John F. Peters. 2000. *The Xilixana Yanomami of the Amazon: History, Social Structure, and Population Dynamics*. Gainesville: University Press of Florida.

Economist. 2004a. "Thick Skin Required: Kosovo's Future; A Power Vacuum in the UN's Balkan Mission." May 22.

——. 2004b. "The World Notices Darfur: Sudan" and "The World Can't Wait: Genocide in Darfur." July 31.

El-Khazen, Farid. 2000. *The Breakdown of the State in Lebanon, 1967-1976*. Cambridge, Mass.: Harvard University Press.

Ellingson, Ter. 2001. *The Myth of the Noble Savage*. Berkeley: University of California Press.

Elster, Jon. 1999. *Alchemies of the Mind: Rationality and the Emotions*. Cambridge: Cambridge University Press.

Etzioni, Amitai. 2004. *From Empire to Community: A New Approach to International Relations*. New York: Palgrave Macmillan.

Evans-Pritchard, Edward E. 1940. *The Nuer*. Oxford: Oxford University Press.

Farb, Peter. 1968. *Man's Rise to Civilization as Shown by the Indians of North America from Primeval Times to the Coming of the Industrial State*. New York: E. P. Dutton.

Farmer, Sarah B. 1999. *Martyred Village: Commemorating the 1944 Massacre at Oradour-sur-Glane*. Berkeley: University of California Press.

Fearon, James D., and David D. Laitin. 1996. "Explaining Interethnic Cooperation." *American Political Science Review* 90 (4) (December): 715-735.

Fein, Helen. 1990. "Genocide: A Sociological Perspective." *Current Sociology* 38 (1) (Spring): 1-126.

Fenton, Steve. 2003. *Ethnicity*. Cambridge: Polity Press.

Ferguson, Brian R. 1984. "A Reexamination of the Causes of Northwest Coast Warfare," 267-328. In Brian R Ferguson, ed., *Warfare, Culture, and Environment*. Orlando, Fla.: Academic Press.

——. 1995. *Yanomami Warfare: A Political History.* Santa Fe, N. M. : School of American Research Press.

Fest, Joachim C. 1970. *The Face of the Third Reich.* New York: Pantheon.

——. 1975. *Hitler.* New York: Vintage.

Fine, John V. A. , Jr. 1994. *The Late Medieval Balkans: A Critical Survey from the Late Twelfth Century to the Ottoman Conquest.* Ann Arbor: University of Michigan Press.

Finkelstein, Israel, and Neil Asher Silberman. 2001. *The Bible Unearthed.* New York: Free Press.

Fitness, Julie, and Garth J. O. Fletcher. 1993. "Love, Hate, Anger, and Jealousy in Close Relationships. " *Journal of Personality and Social Psychology* 65: 942-958.

Fitzpatrick, David. 1989. "Ireland since 1870. " In Foster, ed. , *The Oxford History of Ireland*, 174-229.

Fogel, Joshua A. , ed. 2000. *The Nanjing Massacre in History and Historiography.* Berkeley: University of California Press.

Forbes, Hugh Donald. 1997. *Ethnic Conflict: Commerce, Culture, and the Contact Hypothesis.* New Haven, Conn. : Yale University Press.

Fortes, Meyer. 1969. *Kinship and the Social Order.* Chicago: Aldine.

Fossier, Robert. 1986. "The Great Trial. " in Robert Fossier, ed. , *The Middle Ages: Volume III (1250-1520)*, 52-118. Cambridge: Cambridge University Press.

Foster, Robert F. , ed. 1989. *The Oxford History of Ireland.* Oxford: Oxford University Press.

Frank, Richard B. 1999. *Downfall: The End of the Imperial Japanese Empire.* New York: Random House.

Fraser, Angus. 1995. *The Gypsies.* Oxford: Blackwell.

Freeman, Michael. 1995. "Genocide, Civilization and Modernity. " *British Journal of Socioiogy* 46 (2) (June): 207-223.

Fried, Morton, Marvin Harris, and Robert Murphy, eds. 1986. *War: The Anthropology of Armed Conflict and Aggression.* Garden City, N. J. : American Museum of Natural History Press.

Friedländer, Saul. 1997. *Nazi Germany and the Jews.* New York: Harper Collins.

Frijda, Nico H. 2000. "The Psychologst's Point of View. " In Lewis and Haviland-Jones, eds. , *Handbook of Emotions*, 59-74.

Frost, Brian. 1998. *Struggling to Forgive: Nelson Mandela and South Africa's Search for Reconciliation.* London: HarperCollins.

Fukugama, Francis. 1992. *The End of History and the Last Man*. New York: Free Press.

———. 2004. *State Building: Governance and World Order in the 21st Century*. Ithaca, N. Y. ; Cornell University Press.

Gallagher, Tony. 2001. "The Northern Ireland Conflict: Prospect and Possibilities. " In Chirot and Seligman, eds. , *Ethnopolitical Warfare*, 205-214.

Garrett, Stephen A. 1993. *Ethics and Airpower in World War II: The British Bombing of German Cities*. New York: St. Martin's Press.

Gaylin, Willard. 2003. *Hatred: The Psychological Descent into Violence*. New York: Public Affairs.

Geary, Patrick J. 2002. *The Myth of Nations: The Medieval Origins of Europe*. Princeton, N. J. : Princeton University Press.

Gellately, Robert, and Ben Kiernan, eds. 2003. *The Specter of Genocide: Mass Murder in Historical Perspective*. Cambridge: Cambridge University Press.

Gellner, Ernest. 1983. *Nations and Nationalism*. Ithaca, N. Y. : Cornell University Press.

———. 1992. *Postrnodemism, Reason and Religion*. London: Routledge.

Gibson, James L. 2004. "Does Truth Lead to Reconciliation? Testing the Causal Assumptions of the South African Truth and Reconciliation Process. " *American Journal of Political Science* 48 (2): 201-217.

Gil-White, Francisco. 1999. "How Thick Is Blood?" *Ethnic and Racial Studies* 22 (5): 789-820.

Glenny, Misha. 1993. *The Fall of Yngoslavia: The Third Balkan War*. London: Penguin.

———. 2000. *The Balkans: Nationalism, War and the Great Powers, 1804-1999*. New York: Viking.

Glover, Jonathan. 2000. *Humanity: A Moral History of the Twentieth Century*. New Haven, Conn. : Yale University Press.

Goldhagen, Daniel J. 1996. *Hitler's Willing Executioners: Ordinary Germans and the Holocaust*. New York: Knopf.

Goodson, Larry P. 2001. *Afghanistan's Endless War: State Failure, Regional Politics, and the Rise of the Taliban*. Seattle: University of Washington Press.

Goody, Jack, ed. 1973. *The Character of Kinship*. Cambridge: Cambridge University Press.

Gottesman, Evan. 2003. *Cambodia afer the Khmer Rouge*. New Haven, Conn. : Yale University Press.

Gould, Roger. 1999. "Collective Violence and Group Solidarity: Evidence from a Feuding

Society." *American Sociological Review* 64 (3) (June): 357-381.

Grant, Michael. 1984. *The Ancient History of Israel.* New York: Charles Scribner's Sons.

Gray, John. 1996. *Isaiah Berlin.* Princeton, N. J.: Princeton University Press.

Greenfeld, Liah. 1992. *Nationalism: Five Roads to Modernity.* Cambridge, Mass.: Harvard University Press.

Greengrass, Mark. 1999. "Hidden Transcripts: Secret Histories and Personal Testimonies of Religious Violence in the French Wars of Religion." In Levene and Roberts, eds., *The Massacre in History*, 70-87.

Gregor, Thomas. 1990. "Uneasy Peace: Intertribal Relations in Brazil's Upper Xingu." in Haas, ed., *The Anthropology of War*, 15-124.

Gross, Jan T. 1979. *Polish Society under German Occupation: The General-gouvernement, 1939-1944.* Princeton, N. J.: Princeton University Press.

——. 1988. *Revolution from Abroad: The Soviet Conquest of Poland's Western Ukraine and Western Belorussia.* Princeton, N. J.: Princeton University Press.

——. 2001. *Neighbors: The Destruction of the Jewish Community in Jedwabne, Poland.* Princeton, N. J.: Princeton University Press.

Grosscup, Scott. 2004. "The Trial of Slobodan Milošević: The Demise of Head of State Immunity and the Specter of Victor's Justice." *Denver Journal of International Law and Policy* 32 (Spring): 355-381.

Guilmartin, John F., Jr. 1989. "Ideology and Conflict: The Wars of the Ottoman Empire, 1453-1606." In Rotberg and Rabb, eds., *The Origins and Prevention of Major Wars*, 149-175.

Gurr, Ted Robert. 1993. *Minorities at Risk: A Global View of Ethnopolitical Conflict.* Washington, D. C.: United States Institute of Peace.

Gurr, Ted Robert, and Barbara Harff. 1994. *Ethnic Conflict in World Politics.* Boulder, Colo.: Westview.

Haas, Jonathan, ed. 1990. *The Anthropology of War.* Cambridge: Cambridge University Press.

Hall, John A., and Charles Lindholm. 1999. *Is America Breaking Apart?* Princeton, N. J.: Princeton University Press.

Hamber, Brandon. 2001. "Who Pays for Peace? Implications of the Negotiated Settlement in Post-apartheid South Africa." In Chirot and Seligman, eds., *Ethnopolitical Warfare*, 235-258.

Hamilton, Alastair. 2000. "Introduction, " 1-9. In Alastair Hamilton, Alexander H. deGroot, and Maurits H. van den Boogert, eds. , *Friends and Rivals in the East*. Leiden: Brill.

Handlin, Oscar, 1973. *The Uprooted*. 2nd ed Boston: Little, Brown.

Hardin, Russell. 1995. *One for All: The Logic of Group Conflice*. Princeton, N. J. : Princeton University Press.

Harmand, Jacques. 1984. *Vercingétorix*. Paris: Fayard.

Harris, Marvin. 1996. "Yanomami Warfare: A Political History. " *Human Ecology* 24 (3): 413-416.

Hart, Marjolein't. 1995. "The Dutch Republic: The Urban Impact upon Politics. " In Davids and Lucassen, eds. , *A Miracle Mirrored*, 57-98.

Hartz, Louis. 1955. *The Liberal Tradition in America*. New York: Harcourt, Brace and World.

Haslam, Nick O. , Louis Rothschild, and Donald Ernst. 2000. "Essentialist Beliefs about Social Categories. " *British Journal of Social Psychology* 39: 13-127.

Hay, Denys, ed. 1975. *The New Cambridge Modern History*. Vol. 1, *The Renaissance 1493-1520*. Cambridge: Cambridge University Press.

Hayden, Robert M. 1992. "Constitutional Nationalism in the Formerly Yugoslav Republics. " *Slavic Review* 51 (4): 654-673.

Hechter, Michael. 2000. *Containing Nationalism*. Oxford: Oxford University Press.

Hefner, Robert W. 1990. *The Political Economy of Mountain Java: An Interpretive History*. Berkeley: University of California Press.

——, ed. 1998. *Democratic Civility: The History and Cross-cultural Possibility of a Modern Political Ideal*. New Brunswick, N. J. : Transaction Publishers.

Heider, Karl G. 1970. *The Dugum Dani: A Papuan Culture in the Highlands of West New Guinea*. Chicago: Aldine.

Hemley, Robin. 2003. *Invented Eden: The Elusive, Disputed History of the Tasaday*. New York: Farrar, Straus and Giroux.

Herbst, Jeffrey. 2000. *States and Power in Africa: Comparative Lessons in Authority and Control*. Princeton, N. J. : Princeton University Press.

Herf, Jeffrey. 1984. *Reactionary Modernism: Technology, Culture, and Politics in Weimar and the Third Reich*. Cambridge: Cambridge University Press.

Heuveline, Patrick. 2001. "Approaches to Measuring Genocide: Excess Mortality during the Khmer

Rouge Period. " In Chirot and Seligman, eds. , *Ethnopoliticai Warfare*, 93-108.

Hilberg, Raul. 1992. *Perpetrators, Victims, Bystanders: The Jewish Catastrophe 1933-1945*. New York: HarperCollins.

Hilsman, Roger. 1996. *The Cuban Missile Crisis: The Struggle over Policy*. Westport, Conn. : Praeger.

Hinton, Alexander L. , ed. 2002. *Annihilating Difference: The Anthropology of Genocide*. Berkeley: University of California Press.

Hironaka, Ann. 2005. *Neverending Wars: The International Community, Weak States, and the Perpetuation of Civil War*. Cambridge, Mass. : Harvard University Press.

Hirsehfeld, Lawrence A. 1996. *Race in the Making: Cognition, Culture, and the Child's Construction of Human Kinds*. Cambridge, Mass. : MIT Press.

Hirschman, Albert O. 1977. *The Passions and the Interests*. Princeton, N. J. : Princetoh University Press.

Hirschman, Charles. 1987. "The Meaning and Measurement of Ethnicity in Malaysia: An Analysis of Census Classifications. " *Journal of Asian Studies* 46 (3): 555-582.

Hitler, Adolf. [1925-1926] 1971. *Mein Kampf*. Translated by Ralph Manheim. Boston: Houghton Mifflin.

——. [1941-1943] 1973. *Hitler's Table Talk 1941-1943*. Introduced by Hugh R. Trevor-Roper. London: Weidenfeld and Nicolson.

Hobsbawm, Eric J. 1987. *The Age of Empire 1875-1914*. New York: Pantheon.

——. 1992. *Nations and Nationalism since 1780: Programme, Myth, Reality*. Cambridge: Cambridge University Press.

Hochschild, Adam. 1999. *King Leopold's Ghost*. Boston: Houghton Mifflin.

Hodson, Randy, Dusko Sekulic, and Garth Massey. 1994. "National Tolerance in the Former Yugoslavia. " *American Journal of Sociology* 99 (6): 1, 534-558.

Hoig, Stanley W. 1998. *The Cherokees and Their Chiefs*. Fayetteville: University of Arkansas Press.

Holt, Mack P. 1995. *The French Wars of Religion 1562-1629*. Cambridge: Cambridge University Press.

Homans, George C. 1974. *Social Behavior: Its Elementary Forms*. New York: Harcourt Brace Jovanovich.

Horowitz, Donald L. 2001. *The Deadly Ethnic Riot*. Berkeley: University of California Press.

Hughes, Robert. 1988. *The Fatal Shore*. New York: Vintage.

Human Rights Watch. 2001. *The New Racism: The Political Manipulation of Ethnicity in Côte d'Ivoire*. New York: Human Rights Watch.

Humphrey, Michael. 2002. *The Politics of Atrocity and Reconciliation: From Terror to Trauma*. London: Routledge.

Hunt, Lynn. 2000. "The Paradoxical Origin of Human Rights. " In Wasserstrom, Hunt, and Young, eds. , *Human Rights and Revolutions*, 3-17.

Huntington, Samuel P. 2004. *Who Are We? The Challenges to America's National Identity*. New York: Simon and Schuster.

Ignatieff, Michael. 1997. *The Warrior's Honor: Ethnic War and the Modern Conscience*. New York: Henry Holt.

International Crisis Group. 2004. "Sudan: Now or Never in Darfur. " Africa Report no. 80. http://www.crisisweb.org/home/index.cfm?id=2765&1=1 (accessed May 23).

IRIN News. org. 2004. "Chad-Sudan: Janjawid Militia in Darfur Appears to Be out of Control. " U. N. Office for the Coordination of Humanitarian Affairs. http://www.irinnews.org/repor.asp?ReportID=41067 (accessed July 18).

Isiguro, Yoshiaki. 1998. "The Japanese National Crime: The Korean Massacre after the Great Kanto Earthquake of 1923. " *Korea Journal* (Winter): 331-332.

Jaffee, Martin S. 2001. "One God, One Revelation, One People: On the Symbolic Structure of Elective Monotheism. " *Journal of the American Academy of Religion* 69 (4) (December): 753-775.

Janos, Andrew C. 1997. *Czechoslovakia and Yugoslavia: Ethnic Conflict and the Dissolution of Multinational States*. Berkeley: International and Area Studies of the University of California.

Japanese Ministry of Education. 1937. "Kokutai no Hongi" ("The Unique National Policy"). In Morris, ed. *Japan 1931-1945: Militarism, Fascism, Japanism?*, 46-52.

Jelavich, Barbara. 1983. *History of the Balkans*. Vol. 2, *Twentieth Century*. Cambridge: Cambridge University Press.

Johnson, James T. 1999. *Morality and Contemporary Warfare*. New Haven, Conn. : Yale University Press.

Jomo, K S. 1997. "A Specific Idiom of Chinese Capitalism in Southeast Asia: Sino-Malaysian Capital Accumulation in the Face of State Hostility. " In Chirot and Reid, eds. *Essential Outsiders*, 237-257.

Jones, James R. 1996. *The Anglo-Dutch Wars of the Seventeenth Century*. London: Longman.

Jordan, William C. 1996. *The Great Famine: Northern Europe in the Early Fourteenth Century*. Princeton, N. J. : Princeton University Press.

Jowitt, Ken. 1992. *New World Disorder: The Leninist Extinction*. Berkeley: University of California Press.

——. 2001. "Ethnicity: Nice, Nasty, and Nihilistic. " In Chirot and Seligman, eds. , *Ethnopolitical Warfare*, 27-36.

Judah, Tim. 1997. *The Serbs: History, Myth and the Destruction of Yugoslavia*. New Haven, Conn. : Yale University Press.

——. 2004. "The Fog of Justice. " *New York Review of Books* (January 15): 23-25.

Judt, Tony. 2000. "The Past Is Another Country: Myth and Memory in Postwar Europe. " In Deák, Gross, and Jude, eds. , *The Politics of Retribution in Europe*, 293-323.

Juergensmeyer, Mark. 1993. *The New Cold War: Religious Nationalism Confronts the Secular State*. Berkeley: University of California Press.

——. 2000. *Terror in the Mind of God: The Global Rise of Religious Violence*. Berkeley: University of California Press.

Kaiser, David. 2000. *Politics and War: European Conflict from Philip II to Hitler*. Cambridge, Mass. : Harvard University Press.

Kamen, Henry. 1998. *The Spanish Inquisition: A Historical Revision*. New Haven, Conn. : Yale University Press.

Kant, Immanuel. [1784] 1959. *"Foundations of the Metaphysics of Morals" and "What Is Enlightenment?"* Indianapolis: Liberal Arts Press of Bobbs Merrill.

Kapelle, William E. 1979. *The Norman Conquest of the North: The Region and Its Transformation, 1000-1135*. Chapel Hill: University of North Carolina Press.

Karpat, Kemal H. 1973. *An Inquiry into the Social Foundation of Nationalism in the Ottoman State*. Princeton, N. J. : Center for International Studies, Princeton University.

Kasaba, Reşat. 1997. "Kemalist Certainties and Modern Ambiguities. " In Bozdoğan and Kasaba, eds. , *Rethinking Modernity and National Identity in Turkey*, 15-36.

Kaufman, Stuart J. 2001. *Modern Hatreds: The Symbolic Politics of Ethnic War*. Ithaca, N. Y. : Cornell University Press.

Kedourie, Elie. 1960. *Nationalism*. London: Hutchinson.

Keegan, John. 1978. *The Face of Battle: A Study of Agincourt, Waterloo and the Somme.* London: Penguin Books.

———. 1994. *A History of Warfare.* New York: Knopf.

Keil, Frank C. 1989. *Concepts, Kinds, and Cognitive Development.* Cambridge, Mass.: MIT Press.

Keller, Edmond J. 1998. "Transnational Ethnic Conflict in Africa." In Lake and Rothchild, eds., *The International Spread of Ethnic Conflict*, 275-292.

Kelman, Herbert C. 1997. "Group Processes in the Resolution of International Conflicts: Experiences from the Israeli-Palestinian Case." *American Psychologist* 52: 212-220.

Kepel, Gilles. 2004. *The War for Muslim Minds: Islam and the West.* Cambridge, Mass.: Harvard University Press.

Kershaw, Ian, and Moshe Lewin. 1997. "Introduction. The Regimes and Their Dictators: Perspectives and Comparisons." In Ian Kershaw and Moshe Lewin, eds., *Stalinism and Nazism: Dictatorship and Comparison.* Cambridge: Cambridge University Press.

Khalidi, Rashid 1986. *Under Siege: P. L. O. Decisionmaking during the 1982 War.* New York: Columbia University Press.

Kiernan, Ben. 1985. *How Pol Pot Came to Power.* London: Verso.

Kiernan, Ben. 1996. *The Pol Pot Regime: Race, Power and Genocide in Cambodia under the Khmer Rouge, 1975-1979.* New Haven, Conn.: Yale University Press.

———. 2001. "Myth, Nationalism, and Genocide." *Journal of Genocide Studies* 3 (2): 187-206.

Kieval, Hilel. 1997. "Middleman Minorities and Blood: Is There a Natural Economy of the Ritual Murder Accusation in Europe?" In Chirot and Reid, eds., *Essential Outsiders*, 208-233.

Kinealy, Christine. 1997. *A Death-Dealing Famine: The Great Hunger in Ireland.* London: Pluto Press.

King, Duane H., ed. 1979. *The Cherokee Indian Nation: A Troubled History.* Knoxville: University of Tennessee Press.

Knox, Colin, and Joanne Hughes. 1996. "Crossing the Divide: Community Relations in Northern Ireland." *Journal of Peace Research* 33 (1): 83-98.

Konner, Melvin. 1990. *Why the Reckless Survive—And Other Secrets of Human Nature.* New York: Viking.

Kressel, Neil J. 1996. *Mass Hate: The Global Rise of Genocide and Terror.* New York: Plenum Press.

Kugel, lames L. 1997. *The Bible as it Was*. Cambridge, Mass. : Harvard University Press.

Kuper, Adam. 1994. *The Chosen Primate: Human Nature and Cultural Diversity*. Cambridge, Mass. : Harvard University Press.

Kuper, Leo. 1981. *Genocide*. New Haven, Conn. : Yale University Press.

Lacey, Marc. 2004. "Despite Appeals, Chaos Still Stalks the Sudanese" and "Amnesty Says Sudan Militias Use Rape as Weapon. " *New York Times*, July 18 and 19, respectively.

Lake, David A. , and Donald Rothchild, eds. 1998. *The International Spread of Ethnic Conflict: Fear Diffusion, and Escalation*. Princeton, N. J. : Princeton University Press.

Lamaison, Pierre. 1994. "Tous cousin? De l'héritage et des stratégies matrimoniales dans les monarchies européennes à l'âge classique. " In Bonte, ed. , *Épouser au plus proche*, 341-367.

Lamin, Abdul Rahman. 2003. "Building Peace through Accountability in Siena Leone: The Truth and Reconciliation Commission and the Special Court. " *Journal of Asian and African Studies* 38 (August): 295-321.

Lane Fox, Robin. 1992. *The Unauthorized Version: Truth and Fiction in the Bible*. New York: Knopf.

Langer, Walter C. 1972. *The Mind of Adolf Hitler*. New York: Basic Books.

Lape, Peter V. 2000. "Political Dynamics and Religious Change in the Late Pre-colonial Settlement in the Bunda Islands, Eastern Indonesia. " *World Archeology* 32 (1): 138-155.

Laqueur, Walter. 1990. *Stalin: The Glasnost Revelations*. New York: Scribner's.

Lardy, Nicholas. 1983. *Agriculture in China's Modern Economic Development*. New York: Cambridge University Press.

Larson, Deborah W. 1997. *Anatomy of Mistrust: U. S. -Soviet Relations during the Cold War*. Ithaca, N. Y. : Cornell University Press.

Lee Hock Guan. 2000. "Ethnic Relations in Peninsular Malaysia: The Cultural and Economic Dimensions. " *Social and Cultural Issues* (Singapore: Institute of Southeast Asian Studies) 1 (August) .

Lemarchand, René . 1996. *Burundi: Ethnic Conflict and Genocide*. Cambridge: Cambridge University Press.

Lemkin, Raphael. 1944. *Axis Rule in Occupied Europe*. Washington, D. C. : Carnegie Endowment for International Peace.

Lesser, Guy. 2004. "War Crime and Punishment: What the United States Could Learn from the

Milošević Trial. " *Harper's Magazine* (January): 37-52.

Lester, Robert E. 1996. *The Peers Inquiry of the Massacre at My Lai*. Microfilmed from the Judge Advocate Generars School, U. S. Army, Charlottesville, Va. Bethesda, Md. : University Publications of America.

Levene, Mark, and Penny Roberts, eds. 1999. *The Massacre in History*. New York: Berghahn Books.

Lévi-Strauss, Claude. 1969. *The Elementary Structures of Kinship*. Boston: Beacon Press.

Lewis, Bernard. 1984. *The Jews of Islam*. Princeton, N. J. : Princeton University Press.

Lewis, Michael, and Jeanette M. Haviland-Jones, eds. 2000. *Handbook of Emotions*. New York: Guilford Press.

Lieven, Anatol. 1998. *Chechnya: Tombstone of Russian Power*. New Haven, Conn. : Yale University Press.

Lih, Lars T. 1995. "Introduction, " 1-63. In Lars T. Lih, Oleg V. Naumov, and Oleg V. Khlevnik, eds, *Stalin's Letters to Molotov*. New Haven,Conn. : Yale University Press.

Lijphart, Arend. 1977. *Democracy in Plural Societies: A Comparative Exploration*. New Haven, Conn. : Yale University Press.

Lim, Linda Y. C. , and L. A. Peter Gosling. 1997. "Strengths and Weaknesses of Minority Status for Southeast Asian Chinese at a Time of Economic Growth and Liberalization. " In Chirot and Reid, eds. , *Essential Outsiders*, 285-317.

Lipstadt, Deborah E. 1986. *Beyond Belief The American Press and the Coming of the Holocaust, 1933-1945*. New York: Free Press.

Locke, John. [1689] 1955. *Of Civil Government: Second Treatise*. Chicago: Henry Regnery.

Lumpkin, Wilson. 1969. *The Removal of the Cherokee Indians from Georgia*. 2 vols. in 1. New York: Arno Press.

MacFarquhar, Roderick. 1983. *The Origins of the Cultural Revolution*. Vol. 2 , *The Great Leap Forward 1958-1960*. New York: Columbia University Press.

Madigan, Tim. 2001. *The Burning: Massacre, Destruction, and the Tulsa Race Riot of 1921*. New York: Thomas Dunne Books/St. Martin's Press.

Madison, James. [1788] 1941. "The Federalist Number 51. " In Alexander Hamilton, John Jay, and James Madison, *The Federalist*, 335 -341. New York: Modern Library. (Some scholars believe Alexander Hamilton may have written no. 51.)

Maier, Charles S. 1989. "Wargames: 1914-1919. " In Rotberg and Rabb, eds. , *The Origin and Prevention of Wars*, 249-279.

Mamdani, Mahmood. 1996. "Reconciliation without Justice. " *Southern African Review of Books* 46: 3-5.

——. 2001. When *Victims Become Killers: Colonialism, Nativism, and Genocide in Rwanda*. Princeton, N. J. : Princeton University Press.

Manent, Pierre. 1995. *An Intellectual History of Liberalism*. Princeton, N. J. : Princeton University Press.

Manz, Beatrice F. 1989. *The Rise and Rule of Tamerlane*. Cambridge: Cambridge University Press.

Maoz, Ifat. 2005. "Evaluating the Quality of Communication between Groups in Dispute: Equality in Contact Interventions between Jews and Arabs in Israel. " *Negotiations Journal* 31: 131-146.

——. 2006. "Moving between Coexistence and Conflict: Planned Encounters between Jews and Arabs in Israel. " In Podeh and Kaufman, eds. , *Arab-Jewish Relations*, forthcoming.

Maoz, Ifat, and Clark McCauley. 2005. "Psychological Correlates of Support for Compromise: A Polling Study of Jewish-Israeli Attitudes toward Solutions to the Israeli-Palestinian Conflict, " *Political Psychology* 26: 791-807.

Marty, Martin E. , and R. Scott Appleby. 1994. "Conclusion: An Interim Report on a Hypothetical Family, " 814-842. In Marty and Appleby, eds. , *Fundamentalism Observed*. Vol. 1. Chicago: University of Chicago Press.

Marx, Anthony W. 1998. *Making Race and Nation: A Comparison of the United States, South Africa, and Brazil*. Cambridge: Cambridge University Press.

Marx, Karl. [1848] 1977. "The Communist Manifesto, " 221-247. In *Karl Marx: Selected Writings*, edited by David McLellan. Oxford: Oxford University Press.

Massey, Garth, Randy Hodson, and Dusko Sekulic. 1999. "Ethnic Enclaves and Intolerance: The Case of Yugoslavia. " *Social Forces* 78 (2): 669-693.

Mattern, Susan P. 1999. *Rome and the Enemy: Imperial Strategy in the Principate*. Berkeley: University of California Press.

Maybury-Lewis, David. 2002. "Genocide against Indigenous Peoples. " In Hinton, ed. , *Annihilating Difference*, 43-53.

McCann, Stewart J. H. 1999. " Threatening Times and Fluctuations in American Church Membership. " *Personality and Social Psychology Bulletin* 25 (3): 325-336.

McCauley, Clark. 2000-2001. "How President Bush Moved the U. S. into the Gulf War: Three Theories of Group Conflict and the Construction of Moral Violation. " *Journal for the Study of Peace and Conflict* (annual edition): 32- 42.

——. 2001. "The Psychology of Group Identification and the Power of Ethnic Nationalism. " In Chirot and Seligman, eds. , *Ethnopolitical Warfare*, 343-362.

——. 2005. "Review of A Varshney's *Ethic Conflict and Civic Life: Hindus and Muslims in India.* " *Terrorism and Political Violence* 17 (4): 646- 653.

McCauley, Clark, Mary Wright, and Mary Harris. 2000. "Diversity Workshops on Campus: A Survey of Current Practice at U. S. Colleges and Universities. " *College Student Journal* 34: 100-114.

McCool, Alan, Fanie DuToit, Christopher Petty, and Clark McCauley. 2006. "The Impact of a Program of Stereotype Reduction Seminars in South Africa. " *Journal of Applied Social Psychology* 36 (3): 586-613.

McDaniel, Timothy. 2000. "The Strange Career of Radical Islam. " In Wasserstrom, Hunt, and Young, eds. , *Human Rights and Revolutions*, 211-229.

McDowall, David. 1997. *A Modern History of the Kurds*. London: I. B Taurus.

McFeat, Tom, ed. 1967. *Indians of the North Pacific Coast*. Seattle: University of Washington Press.

McGarry, John, and Brendan O'Leary. 1995. *Explaining Northern Ireland: Broken Images*. Oxford: Blackwell.

McKay, David H. 2001. *Designing Europe: Comparative Lessons from the Federal Experience*. Oxford: Oxford University Press.

McLoughlin, William G. 1986. *Cherokee Renascence in the New Republic*. Princeton, N. J. : Princeton University Press.

McNeill, William H. 1979. *The Human Condition: An Ecological and Historical View*. Princeton, N. J. : Princeton University Press.

Melson, Robert. 1992. *Revolution and Genocide: On the Origins of the Armenian Genocide and the Holocaust*. Chicago: University of Chicago Press.

Mendes-Flohr, Paul R. , and Jehuda Reinharz, eds. 1980. *The Jew in the Modern World: A Documentary History*. New York: Oxford University Press.

Milgram, Stanley. 1974. *Obedience to Authority*. New York: Harper and Row.

Miller, Donald E. , and Lorna Touryan Miller. 1993. *Survivors: An Oral History of the Armenian*

Genocide. Berkeley: University of California Press.

Millie, Hambastigee, and Millie Paiwastoon. 2003. *National Solidarity Program: Draft Operation Manual.* Kabul: Afghan Ministry of Rural Rehabilitation and Development.

Milward, Alan. 1979. *War, Economy and Society 1939-1945.* Berkeley: University of California Press.

——. 1992. *The European Rescue of the Nation-State.* Berkeley: University of California Press.

Minow, Martha. 2002. "Breaking the Cycles of Hatred, " 14-76. In Martha Minow, ed. , *Breaking the Cycles of Hatred: Memory, Law, and Repair.* Princeton, N. J. : Princeton University Press.

Morgan, David. 1986. *The Mongols. Oxford:* Basil Blackwell.

Morren, George E. 1984. "Warfare on the Highland Fringe of New Guinea: The Case of the Mountain Ok. " In Ferguson, ed, *Warfare, Culture, and Environment*, 169-207.

Morris, Ivan, ed. 1963. *Japan 1931-1945: Militarism, Fascism, Japanism?* Boston: Heath.

Moss, Michael. 2000. "The Story behind a Soldier's Story. " *New York Times*, May 31.

Mosse, George L. 1964. *The Crisis of German Ideology.* New York: Grosset and Dunlap.

Mote, Frederick W. , and Denis Twitchett, eds. 1988. *The Cambridge History of China.* Vol. 7, *The Ming Dynasty, 1368-1644*, pt. 1. Cambridge: Cambridge University Press.

Mukherjee, Kudrangshu. 1990. " 'Satan Let Loose upon Earth' : The Kanpur Massacre in India in the Revolt of 1857. " *Past and Present* 128 (August): 92-116.

Murphy, Scan. 2002. "The Strange Bedfellows of Justice Politics in South Africa. " B. A. honors thesis, University of Washington.

Murray, Wiiliamson A. 1995. "The West at War 1914-1918. " In Parker, ed. , *Cambridge Illustrated History of Warfare*, 266-297.

Naimark, Norman M. 2001. *Fires of Hatred: Ethnic Cleansing in Twentieth-Century Europe.* Cambridge, Mass. : Harvard University Press.

Nance, John. 1975. *The Gentle Tasaday: A Stone Age People in the Philippine Rain Forest.* New York: Harcourt Brace Jovanovich.

Naphy, William G. , and Penny Roberts, eds. 1997. *Fear in Early Modern Society.* Manchester: Manchester University Press.

Ndayizeye, Judith. 2002. "Prévention des conflicts au Burundi. " Washington, D. C. : World Bank (Postconflict Unit) .

Neier, Aryeh. 1998. *War Crimes.* New York: Random House.

Neillands, Robin. 2001. *The Bomber War: Arthur Harris and the Allied Bomber Offensive, 1939 - 1945.* London: John Murray.

Netanyahu, Benzion. 1995. *The Origins of the Inquisition in Fifteenth-Century Spain.* New York: Random House.

Nicolson, Harold. 1962. *Kings, Courts and Monarchy.* New York: Simon and Schuster.

Nierop, Henk van. 1995. "Similar Problems, Different Outcomes: The Revolt of the Netherlands and the Wars of Religion in France. " In Davids and Lucassen, eds. , *A Miracle Mirrored*, 26-56.

Nirenberg, David. 1996. *Communities of Violence: Persecution of Minorities in the Middle Ages.* Princeton, N. J. : Princeton University Press.

Nisbett, Richard E. , and Dov Cohen. 1996. *Culture of Honor: The Psychology of Violence in the South.* Boulder, Colo. : Westview.

Oberschall, Anthony. 2001. "From Ethnic Cooperation to Violence and War in Yugoslavia. " In Chirot and Seligman, eds. , *Ethnopolitical Warfare*, 119-150.

Ó Gráda, Cormac. 1999. *Black '47 and Beyond: The Great Irish Famine in History, Economy, and Memory.* Princeton, N. J. : Princeton University Press.

Öhman, Ame. 2000. "Fear and Anxiety: Evolutionary, Cognitive, and Clinical Perspectives. " In Lewis and Haviland-Jones, eds. , *Handbook of Emotions*, 573-793.

O'Leary, Brendan. 2001. "Nationalism and Ethnicity: Research Agendas on Theories of Their Sources and Their Regulation. " In Chirot and Seligman, eds. , *Ethnopolitical Warfare*, 37-48.

Olson, Mancur. 2000. *Power and Prosperity.* New York: Basic Books.

Orogun, Paul S. 2002. "Crisis of Government, Ethnic Schism, Civil War, and Regional Destabilization of the Democratic Republic of the Congo. " *World Affairs* 165: 25-42.

Oskamp, Stuart, ed. 2000. *Reducing Prejudice and Discrimination.* Mahwah, N. J. : Lawrence Erlbaum Associates.

Padfield, Peter. 1990. *Himmler.* New York: Henry Holt.

Pakenham, Thomas. 1979. *The Boer War.* London: Weidenfeld and Nicolson.

Pape, Robert A. 1995. *Bombing to Win: Air Power and Coercion in War.* Ithaca, N. Y. : Cornell University Press.

Parker, Geoffey. 1980. "Warfare. " In Burke, ed. , *The New Cambridge Modern History*, 201-219.

——, ed. 1995. *Cambridge Illustrated History of Warfare.* Cambridge: Cambridge University Press.

Parry, J. H. 1975. "The Ottoman Empire (1481-1520) ." In Hay, ed. , *The New Cambridge Modern History*, 395-419.

Patterson, Orlando. 1998. *The Ordeal of Integration: Progress and Resentment in America's "Racial"* Crisis. Washington, D. C. : Civita/Counterpoint.

Perdue, Theda. 1979. " Cherokee Planters: The Development of Plantation Slavery before Removal. " In King, ed. , *The Cherokee Indian Nation*, 110 - 128.

Perlez, Jane. 2004. "Despite U. S. Penalties, Burmese Junta Refuses to Budge. " *New York Times* August 1.

Persico, Richard V. 1979. "Early Nineteenth-Century Cherokee Political Organization. " In King, ed. , *The Cherokee Indian Nation*, 92-109.

Pettigrew, Thomas F. , and Linda R Tropp. 2000. "Does Intergroup Contact Reduce Prejudice? Recent Meta-analytic Findings. " In Oskamp, ed. , *Reducing Prejudice and Discrimination*, 93-114.

Pinker, Steven. 2002. *The Blank Slate: The Modern Denial of Human Nature.* New York: Viking.

Podeh, Elie, and Asher Kaufman, eds. 2006. *Arab-Jewish Relations.* Sussex, Eng. : Sussex Academic Press.

Power, Samantha. 2002. *A Problem from Hell: America and the Age of Genocide.* New York: Perseus Publishing.

——. 2003. "How to Kill a Country: Turning a Breadbasket into a Basket Case in Ten Easy Steps the Robert Mugabe Way. " *The Atlantic* (December): 86-94.

——. 2004. "Dying in Darfur: Can Ethnic Cleansing in Sudan Be Stopped?" *New Yorker* (August 30): 56-73.

Prawdin, Michael. 1967. *The Mongol Empire: Its Rise and Legacy.* New York: Free Press.

The Princeton Principles on Universal Jurisdiction. 2001. Compiled by the Princeton Project on Universal Jurisdiction. Princeton, N. J. : Princeton University Program in Law and Public Affairs.

Prunier, Gérard. 1997. *The Rwanda Crisis: History of a Genocide.* New York: Columbia University Press.

——. 2005. *Darfur: The Ambiguous Genocide.* Ithaca, N. Y. : Cornell University Press.

Reed, John S. 1993. *Surveying the South: Studies in Regional Socology.* Columbia: University of Missouri Press.

——. 2001. "Why Has There Been No Race War in the American South?" In Chirot and Seligman, eds. , *Ethnopolitical Warfare*, 275-286.

Reed, John S., and Dale V. Reed. 1996. *1001 Things Everyone Should Know about the South*. New York: Doubleday.

Remini, Robert V. 1977. *Andrew Jackson and the Course of American Empire*. vol. 2. New York: Harper and Row.

——. 2001. *Andrew Jackson and His Indian Wars*. New York: Viking.

Rieff, David. 2000. "A New Age of Liberal Imperialism?" In Wasserstrom, Hunt, and Young, eds., *Human Rights and Revolutions*, 177-190.

——. 2002. *A Bed for the Night: Humanitarianism in Crisis*. New York: Simon and Schuster.

Riley-Smith, Jonathan. 1987. *The Crusades: A Short History*. New Haven, Conn.: Yale University Press.

Robinson, Geoffrey. 1995. *The Dark Side of Paradise: Political Violence in Bali*. Ithaca, N. Y.: Cornell University Press.

Rodrik, Dani. 1997. *Has Globalization Gone Too Far?* Washington, D. C.: Institute for International Economics.

Rossabi, Morris. 1988. *Khubilai Khan: His Life and Times*. Berkeley: University of California Press.

Rotberg, Robert I., and Theodore K. Rabb, eds. 1989. *The Origin and Prevention of Major Wars*. Cambridge: Cambridge University Press.

Rotberg, Robert I., and Dennis Thompson, eds. 2000. *Truth v. Justice: The Morality of Truth Commissions*. Princeton, N. J.: Princeton University Press.

Rothchild, Donald. 1997. *Managing Ethnic Conflict in Africa: Pressures and Incentives for Cooperation*. Washington, D. C.: Brookings Institution Press.

Roy, Olivier. 2004. *Globalized Islam: The Search for a New Ummah*. New York: Columbia University Press.

Royzman, Edward B., Clark McCauley, and Paul Rozin. 2006. "Four Ways to Think about Hate." In Sternberg, ed., *The Psychology of Hate*, forthcoming.

Rozin, Paul, Jonathan Haidt, and Clark McCauley. 2000. "Disgust." In Lewis and Haviland-Jones, eds., *Handbook of Emotions*, 637-653.

Rozin, Paul, and Edward B. Royzman. 2001. "Negativity Bias, Negativity Dominance and Contagion." *Personality and Social Psychology Review* 5 (4): 296-320.

Ruane, Joseph, and Jennifer Todd. 1996. *The Dynamics of Conflict in Northern Ireland: Power,*

Conflict, and Emancipation. Cambridge: Cambridge University Press.

Rummel, Rudolph J. 1994. *Death by Government.* New Brunswick, N. J. : Transaction Publishers.

Sabini, John. 1995. *Social Psychology.* New York: W. W. Norton.

Salisbury, Harrison E. 1992. *The New Emperors: China in the Era of Mao and Deng.* Boston: Little, Brown.

Samson, Ross. 1991. "Economic Anthropology and the Vikings, " 87-96. In Ross Samson, ed. , *Social Approaches to Viking Studies.* Glasgow: Cruithne Press.

Sandbrook, Richard. 2000. *Closing the Circle: Democratization and Development in Africa.* London: Zed Books.

Satz, Ronald N. 1991. "Rhetoric versus Reality: The Indian Policy of Andrew Jackson. " In W. Anderson, ed. , *Cherokee Removal*, 29-54.

Schapiro, Leonard. 1987. *Russian Studies.* New York: Viking.

Scheff, Thomas J. 1994. *Bloody Revenge: Emotions, Nationalism and War.* Boulder, Colo. : Westview.

Schelling, Thomas C. 1966. *Arms and Influence.* New Haven, Conn. : Yale University Press.

Schorske, Carl E. 1981. *Fin-de-siècle Vienna: Politics and Culture.* New York: Vintage Books.

Schumpeter, Joseph. [1919] 1955. *Social Classes and Imperialism: Two Essays.* Cleveland, Ohio: Meridian Books.

Segev, Tom. 2001. *One Palestine Complete: Jews and Arabs under the British Mandate.* New York: Henry Holt.

Sengupta, Somini. 2003. "Congo War Toll Soars as U. N. Pleads for Aid. " *New York Times*, May 27.

——. 2004. "Crisis in Sudan: Thorny Issues Underlying Carnage in Darfur Complicate World's Response. " *New York Times*, August 16.

Seton-Watson, Hugh. 1977. *Nations and States: An Enquiry into the Origins of Nations and the Politics of Nationalism.* Boulder, Colo. : Westview Press.

Shand, Alexander F. 1920. *The Foundations of Character.* London: Macmillan.

Shankman, Paul. 1991. "Culture Contact, Cultural Ecology, and Dani Warfare. " *MAN* 26 (2) (June): 299-321.

Shepher, Joseph. 1983. *Incest: A Biosocial View.* New York: Academic Press.

Shenfield, Stephen D. 1999. "The Circassians: A Forgotten Genocide?" In Levene and Roberts, eds. , *The Massacre in History*, 149-162.

Singer, Peter. 1981. *The Expanding Circle: Ethics and Sociobiology*. New York: Farrar, Straus and Giroux.

Sivan, Emmanuel. 1985. *Radical Islam: Medieval Theology and Modern Politics*. New Haven, Conn.: Yale University Press.

Skerry, Peter. 1993. *Mexican Americans: The Ambivalent Minority*. New York: Free Press.

Slezkine, Yuri. 2004. *The Jewish Century*. Princeton, N. J.: Princeton University Press.

Smith, Anthony D. 1986. *The Ethnic Origins of Nations*. Oxford: Blackwell.

——. 2001. *Nationalism*. Cambridge: Polity Press.

Smith, Stephen. 2003. "La crise ivoirienne: Un condensé des caractéristiques de tout un continent. " *Le Monde*, February 20. Electronic edition at http://www.lemonde.fr.

——. 2004a. "Côte d'Ivoire: Le processus de paix menacé par le limogeage de trois ministres de l'opposition. " *Le Monde*, May 25. Electronic edition at http://www.lemonde.fr.

Smith, Stephen. 2004b. "La France et l'ONU impuissants face à la crise en Côte d'Ivoire. " *Le Monde*, June 4. Electronic edition at http://www.lemonde.fr.

Sorel, Georges. 1941. *Reflections on Violence*. New York: Peter Smith.

Sparks, Allister H. 1995. *Tomorrow Is Another Country: The Inside Story of South Africa's Road to Change*. New York: Hill and Wang.

Spence, Jonathan D. 1990. The *Search for Modern China*. New York: W. W. Norton.

——. 1997. *God's Chinese Son: The Taiping Heavenly Kingdom of Hong Xiuquan*. New York: W. W. Norton.

Spencer, Herbert. 1897. *The Principles of Socioiogy*. New York: D. Appleton.

Staples, Brent. 1999. "Unearthing a Riot. " *New York Times Magazine*, December 19.

Staub, Ervin. 1989. *The Roots of Evil: The Origins of Genocide and Other Group Violence*. Cambridge: Cambridge University Press.

——. 2001. "Ethno-Political and Other Group Violence: Origins and Prevention. " In Chirot and Seligman, eds. , *Ethnopolitical Warfare*, 289-304.

Steinberg, Jonathan. 1996. *Why Switzerland?* Cambridge: Cambridge University Press.

Stephan, Cookie White, Lausanne Renfro, and Walter G. Stephan. 2004. "The Evaluation of Multicultural Educational Programs: Techniques and a Meta-analysis, " 266-279. In Walter G. Stephan and W. Paul Vogt, eds. , *Education Programs for Improving Intergroup Relations: Theory, Research, and Practice*. New York: Teachers College Press.

Stern, Fritz. 1974. *The Politics of Cultural Despair*. Berkeley: University of California Press.

Stemberg, Robert J. 2003. "A Duplex Theory of Hate: Development and Applications to Terrorism, Massacres, and Genocide. " *Review of General Psychology* 7 (3): 299-328.

——. ed. 2006. *The Psychology of Hate*. Washington, D. C. : American Psychological Press.

Sternhell, Zeev. 1994. *The Birth of Fascist Ideology*. Princeton, N. J. : Princeton University Press.

——. 1996. *Neither Right nor Left: Fascist Ideology in France*. Princeton, N. J. : Princeton University Press.

Stouffer, Samuel A. , et al. 1949. *The American Soldier*. vol. 2, *Combat and Its Aftermath*. Princeton, N. J. : Princeton University Press.

Suny, Ronald G. 1993. "Rethinking the Unthinkable: Toward an Understanding of the Armenian Genocide, " 94-115. In Ronald G. Suny, *Looking toward Ararat: Armenia in Modern History*. Bloomington: Indiana University Press.

Taban, Alfred. 2004. "Sudan's Shadowy Militia. " BBC News, April 10. http: //News. bbc. co. uk/ lhi/world/Africa/361953. stm.

Tacitus, Cornelius. [A. D. 98] 1964. *The Agricola of Tacitus*. Translated by Alfred J. Church and W. J. Brodribb. London: Macmillan.

Tangney, June P. , and Ronda L. Dearing. 2002. *Shame and Guilt*. New York: Guilford.

Taylor, Bruce. 1997. "The Enemy within and Without: An Anatomy of Fear on the Spanish Mediterranean Littoral. " In Naphy and Roberts, eds. , *Fear in Early Modern Society*, 78-99.

Taylor, Christopher C. 2002. "The Cultural Face of Terror in the Rwandan Genocide of 1994. " In Hinton, ed. , *Annihilating Difference*, 137-178.

Taylor, Frederick. 2004. *Dresden: Tuesday, February 13, 1945*. New York: HarperCollins.

Tefft, Stanton K. , and Douglas Reinhart. 1974. "Warfare Regulation: A Cross-cultural Test of Hypotheses among Tribal Peoples. " *Behavior Science Research; Human Relations Area Files Journal of Comparative Research* 9: 151-172.

Teitel, Ruti. 1996. "Judgment at The Hague. " *East European Constitutional Review* 5 (4) (Fall): 80-85.

Thayer, Nate. 1997. "Day of Reckoning: Pol Pot Breaks an 18-Year Silence to Confront His Past. " *Far Eastern Economic Review* (October 30): 14-18.

Thébaud, Brigitte. 1998. *Élevage et développement au Niger: Quel avenir pour les éleveurs du Sahel?* Geneva: Bureau International du Travail.

——. 2002. *Foncier pastoral et gestion de l'espace au Sahel: Peuls du Niger oriental et du Yagha burkinabé*. Paris: Karthala.

Thornton, Russell. 1990. *The Cherokee: A Population History*. Lincoln: University of Nebraska Press.

Tibi, Bassam. 1998. *The Challenge of Fundamentalism: Political Islam and the New World Disorder*. Berkeley: University of California Press.

Tocqueville, Alexis de. [1835-1840] 1954. *Democracy in America*. New York: Vintage.

Toft, Monica Dufy. 2003. *The Geography of Ethnic Violence: Identity, Interests, and the Indivisibility of Teritory*. Princeton, N. J: Princeton University Press.

Trotsky, Leon. 1937. *The Revolution Betrayed: What Is the Soviet Union and Where Is It Going*? New York: Doubleday.

Tuchman, Barbara. 1962. *The Guns of August*. New York: Bantam Books.

Tucker, Robert C. 1990. *Stalin in Power 1928-1941*. New York: W. W. Norton.

Ulam, Adam B. 1977. *Stalin: The Man and His Era*. New York: Viking.

UNDP (United Nations Development Programme). 2001. *Peace-building from the Ground Up: A Case Study of UNDP's CARERE Program in Cambodia 1991-2000*. Phnom Penh: UNDP/Cambodia.

Vaksberg, Arkady. 1994. *Stalin against the Jews*. New York: Knopf.

Valentino, Beniamin A. 2004. *Final Solutions: Mass Killing and Genocide in the 20th Century*. Ithaca, N. Y.: Cornell University Press.

Varshney, Ashutosh. 2002. *Ethnic Conflict and Civic Life: Hindus and Muslims in India*. New Haven, Conn.: Yale University Press.

Vayda, Andrew P. 1971. "Phases in the Process of War and Peace among the Maring of New Guinea." *Oceania* 42: 1-24.

Villa-Vicencio, Charles, and Wilhelm Verwoerd, eds. 2000. *Looking Back, Reaching Forward: Reflections on the Truth and Reconciliation Commission of South Africa*. London: Zed Books.

Wakeman, Frederic, Jr. 1975. *The Fall of Imperial China*. New York: Free Press.

Walker, Anthony R. 1995. "The Tasaday Controversy: Assessing the Evidence," *Journal of Southeast Asian Studies* 26 (2): 458-461.

Waller, James. 2002. *Becoming Evil: How Ordinary People Can Commit Genocide and Mass Killing*. New York: Oxford University Press.

Walzer, Michael. 1977. *Just and Unjust Wars: A Moral Argument with Historical Illustrations*. New

York: Basic Books.

Warwick, Peter. 1980. "Introduction to Part Two: War," 58-64. In Peter Warwick, ed., *The South African War: The Anglo-Boer War 1899-1902*. Burnt Mill, Eng.: Longman.

Wasserstrom, Jeffrey N., Lynn Hunt, and Marilyn B. Young, eds. 2000. *Human Rights and Revolutions*. Lanham, Md.: Rowan and Littlefield.

Waters, Mary C. 1990. *Ethnic Options: Choosing Identities in America*. Berkeley. University of California Press.

Wax, Emily. 2005. "Sudan's Unbowed, Unbroken Inner Circle." *Washington Post*, May 3.

Weber, Eugen. 1976. *Peasants into Frenchmen: The Modernization of Rural France, 1870-1914*. Stanford, Calif.: Stanford University Press.

Weber, Max. [1922] 1968. *Economy and Society*. New York: Bedminster Press.

Weinberg, Gerhard L. 1994. *A World at Arms: A Global History of World War II*. Cambridge: Cambridge University Press.

Weiner, Amir. 2001. *Making Sense of War: The Second World War and the Fate of the Bolshevik Revolution*. Princeton, N. J.: Princeton University Press.

Weiss, John. 1996. *Ideology of Death: Why the Holocaust Happened in Germany*. Chicago: I. R. Dee.

Weitz, Eric D. 2003. *A Century of Genocide: Utopias of Race and Nation*. Princeton, N. J.: Princeton University Press.

Welch, David A. 1995. *Justice and the Genesis of War*. Cambridge: Cambridge University Press.

Werth, Nicolas. 2003. "The Mechanism of Mass Crime: The Great Terror in the Soviet Union, 1937-1938." In Gellately and Kieman, eds., *The Specter of Genocide*, 215-239.

White, Terence H. 1958. *The Once and Future King*. New York: Putnam.

Williamson, Jeffrey. 1996. "Globalization and Inequality Then and Now: The Late 19th and Late 20th Centuries Compared." NBER working paper no. 5491. Cambridge, Mass.: National Bureau of Economic Research.

Williamson, Samuel R., Jr. 1989. "The Origins of World War I." In Rotberg and Rabb, eds., *The Origins and Prevention of Major Wars*, 225-248.

Wilson, A. Jeyaratnam. 2000. *Sri Lankan Tamil Nationalism: Its Origins and Development in the 19th and 20th Centuries*. Vancouver: University of British Columbia Press.

Wilson, Charles. 1977. *The Dutch Republic*. New York: McGraw-Hill.

Winter, Jay M. 1985. *The Great War and the British People*. London: Macmillan.

Wolin, Sheldon S. 2001. *Tocqueville between Two Words: The Making of a Political and Theoretical Life*. Princeton, N. J. : Princeton University Press.

Wood, Nicholas. 2004. "Kosovo Report Criticizes Rights Progress by U. N. and Local Leaders. " *New York Times*, July 14.

Young, Anna. 2002. "Integrating Relief, Recovery, and Civil Society Principles in a Conflict-affected Environment. Maluku Case Study: Mercy Corps Indonesia. " Portland, Maine: Mercy Corps.

Zakaria, Fareed. 1998. *From Wealth to Power: The Unusual Origins of America's World Role*. Princeton, N. J. : Princeton University Press.

Zarinebaf-Sahr, Fariba. 1997. "Qizilbash 'Heresy' and Rebellion in Ottoman Anatolia during the Sixteenth Century. " *Anatolia Moderna* 7: 1-15.

Zijderveld, Anton C. 1998. "Civil Society, Pillarization, and the Welfare State. " In Hefner, ed. , *Democratic Civility*, 153-171.

Zolberg, Aristide R. 1969. *One-party Government in the Ivory Coast*. Princeton, N. J. : Princeton University Press.

新知文库

01 《证据：历史上最具争议的法医学案例》[美] 科林·埃文斯 著　毕小青 译
02 《香料传奇：一部由诱惑衍生的历史》[澳] 杰克·特纳 著　周子平 译
03 《查理曼大帝的桌布：一部开胃的宴会史》[英] 尼科拉·弗莱彻 著　李响 译
04 《改变西方世界的26个字母》[英] 约翰·曼 著　江正文 译
05 《破解古埃及：一场激烈的智力竞争》[英] 莱斯利·亚京斯 著　黄中宪 译
06 《狗智慧：它们在想什么》[加] 斯坦利·科伦 著　江天帆、马云霏 译
07 《狗故事：人类历史上狗的爪印》[加] 斯坦利·科伦 著　江天帆 译
08 《血液的故事》[美] 比尔·海斯 著　郎可华 译
09 《君主制的历史》[美] 布伦达·拉尔夫·刘易斯 著　荣予、方力维 译
10 《人类基因的历史地图》[美] 史蒂夫·奥尔森 著　霍达文 译
11 《隐疾：名人与人格障碍》[德] 博尔温·班德洛 著　麦湛雄 译
12 《逼近的瘟疫》[美] 劳里·加勒特 著　杨岐鸣、杨宁 译
13 《颜色的故事》[英] 维多利亚·芬利 著　姚芸竹 译
14 《我不是杀人犯》[法] 弗雷德里克·肖索依 著　孟晖 译
15 《说谎：揭穿商业、政治与婚姻中的骗局》[美] 保罗·埃克曼 著　邓伯宸 译　徐国强 校
16 《蛛丝马迹：犯罪现场专家讲述的故事》[美] 康妮·弗莱彻 著　毕小青 译
17 《战争的果实：军事冲突如何加速科技创新》[美] 迈克尔·怀特 著　卢欣渝 译
18 《口述：最早发现北美洲的中国移民》[加] 保罗·夏亚松 著　暴永宁 译
19 《私密的神话：梦之解析》[英] 安东尼·史蒂文斯 著　薛绚 译
20 《生物武器：从国家赞助的研制计划到当代生物恐怖活动》[美] 珍妮·吉耶曼 著　周子平 译
21 《疯狂实验史》[瑞士] 雷托·U. 施奈德 著　许阳 译
22 《智商测试：一段闪光的历史，一个失色的点子》[美] 斯蒂芬·默多克 著　卢欣渝 译
23 《第三帝国的艺术博物馆：希特勒与"林茨特别任务"》[德] 哈恩斯—克里斯蒂安·罗尔 著　孙书柱、刘英兰 译
24 《茶：嗜好、开拓与帝国》[英] 罗伊·莫克塞姆 著　毕小青 译
25 《路西法效应：好人是如何变成恶魔的》[美] 菲利普·津巴多 著　孙佩妏、陈雅馨 译
26 《阿司匹林传奇》[英] 迪尔米德·杰弗里斯 著　暴永宁 译
27 《美味欺诈：食品造假与打假的历史》[英] 比·威尔逊 著　周继岚 译
28 《英国人的言行潜规则》[英] 凯特·福克斯 著　姚芸竹 译
29 《战争的文化》[美] 马丁·范克勒韦尔德 著　李阳 译
30 《大背叛：科学中的欺诈》[美] 霍勒斯·弗里兰·贾德森 著　张铁梅、徐国强 译

31 《多重宇宙:一个世界太少了?》[德]托比阿斯·胡阿特、马克斯·劳讷 著　车云 译

32 《现代医学的偶然发现》[美]默顿·迈耶斯 著　周子平 译

33 《咖啡机中的间谍:个人隐私的终结》[英]奥哈拉、沙德博尔特 著　毕小青 译

34 《洞穴奇案》[美]彼得·萨伯 著　陈福勇、张世泰 译

35 《权力的餐桌:从古希腊宴会到爱丽舍宫》[法]让—马克·阿尔贝 著　刘可有、刘惠杰 译

36 《致命元素:毒药的历史》[英]约翰·埃姆斯利 著　毕小青 译

37 《神祇、陵墓与学者:考古学传奇》[德]C. W. 策拉姆 著　张芸、孟薇 译

38 《谋杀手段:用刑侦科学破解致命罪案》[德]马克·贝内克 著　李响 译

39 《为什么不杀光?种族大屠杀的反思》[法]丹尼尔·希罗、克拉克·麦考利 著　薛绚 译